本书受 教育部2012年人文社科项目（12YJAZH156） 福建省2012年科技计划项目（软科学）（2012R0010） 资助

【社会主义新农村建设研究系列】

吴锦程/著

中国农民教育供给制度研究

A Study on Supply System of
Chinese Farmer Education

人民出版社

社会主义新农村建设研究系列

顾　问：李　周

主　编：郑传芳

副主编：朱　钢　　阮晓菁

目　　录

1 导　论

在我国经济社会快速发展、社会转型不断深入的新的历史时期,"三农"问题依然是制约农村经济社会持续、全面发展的瓶颈。培育和造就"有文化、懂技术、会经营"的新型农民队伍,必须大力发展新型农民教育,这是新农村建设的迫切诉求,也是新农村建设的核心内容之一,对全面贯彻落实以人为本的科学发展观、建设和谐社会具有重要意义。

1.1　问题的提出和研究意义

1.1.1　问题的提出

1.1.1.1　党和政府的相关政策要求与农民教育的现实存在差距

新中国成立以来,党和政府一直关注和加强农民教育,农民综合素质得到了很好的提升,农民教育也取得了不少成绩,但农民教育的政府行为非常明显。然而,在新的历史时期、新的形势之下,农民教育呈现了许多新的特征和变化,既有内部需求的变化,又有外部环境的变化。从农民教育供给的角度来看,也遇到了许多新的问题和困难,尤其是供给渠道不畅、效率不高、供给形式单一等问题,给我们提出了研究的任务。

我国是一个农村人口占大多数、农村经济社会快速发展的国家,农民素质总体还不高,农村社会管理的任务尤为艰巨。这就给所有关心农民教育和农村发展的理论与实践工作者提出了这样几个问题:在社会快速转型的今天,现行的农民教育供给制度是否适应农民教育需求? 又将如何影响农民教育供给机制？如何有效实施农民教育以更好提升农村社会管理水平并加速推进城乡一体化进程？

2007年中央一号文件《关于积极发展现代农业扎实推进社会主义新农村建设的若干意见》开篇就提出了"农业丰则基础强,农民富则国家盛,农村稳则社会安"①,2010年中央一号文件强调"统筹城乡经济社会发展 夯实农业农村发展基础",这些都充分表明中央对"三农"工作的高度重视和解决好"三农"问题的坚定决心,再次向全党全社会发出只有巩固发展好农业农村形势,才能使经济社会稳定发展获得坚实支撑的明确信号。"民为邦本,本固邦宁",开展农民教育、提高农民素质,是解决农村社会问题,促进农村社会稳定的根本之道。农民教育开展的好坏不仅牵涉到社会资源的公正、合理配置,而且直接推动了统筹城乡发展的进程和农村社会管理水平的提升。这些政策一方面表明了党和政府对农民教育的关心,另一方面也是农民教育供给的现实与党和政府的要求不相适应的反映。

2004年至2012年,中央连续9年以一号文件的方式凸显国家对"三农"问题的关注。从农民增收问题到全面取消农业税,从确立"工业反哺农业,城市支持农业"的基本战略到强调发展现代农业,从统筹城乡发展到千方百计促进农民收入持续增长,把新农村建设单轮驱动转向城镇化与新农村建设双轮驱动,所有这一系列文件都不是就农说农,而是从战略和全局高度出发,紧紧围绕"三农"问题,围绕农村的发展和农业的进步,显然是承载了我国政府农村发展的目标和对全体农民群众的希望。

1.1.1.2 当前农民教育供给中出现了若干现实问题

公共产品是相对于私人产品而言的一种具有共同消费性质的产品和服务,所以一般由政府供给。但如果纯粹从西方经济学的角度来理解农民教育,它并不具备公共产品"非竞争性"和"非排他性"的典型特征,因此在供给中似乎遇到了一些问题:农民教育应该由谁提供？凭什么说农民教育主

---

① 中共中央、国务院:《关于积极发展现代农业扎实推进社会主义新农村建设的若干意见》。http://www.gov.cn/gongbao/content/2007/content_548921.htm.

要由政府供给？怎么提高农民教育供给的效率？等等，我们需要为此提供理论解释。

新中国成立后很长一段时间，为了迅速恢复国民经济，国家实现了优先发展重工业的赶超发展战略目标，通过一定的城乡有别的制度安排，以"剪刀差"的形式把农业剩余转化为工业发展所需要的资本积累，从而逐渐形成了城乡有别的二元结构制度，公共产品的供给制度也被人为地分成城乡两种不同形式。这就在一定程度上使得占全国人口大多数的农民享受了少数公共服务，不能够平等地分享新中国成立后尤其是改革开放以来的发展成果，农民无法与城市市民享受到同等的教育服务。应验了亚里士多德的一句话——"凡是属于最多数人的公共事物常常是受人照顾最少的事物，人们关怀着自己的所有，而忽视公共的事物，对于公共的一切，他至多只留心到其中对他个人多少有些相关的事务"①。

虽然在城镇化进程不断加速的发展背景下，农村人口已经发生了质的变化，但毫无疑问，今后很长一个时期我国仍将是一个发展中的农业大国。而农民人口多、素质不高的现实必然又制约着社会主义新农村建设和农村社会的持续稳定发展。所以，在深入考察我国农民教育内在需求变化的同时，积极开展农民教育研究，尤其是农民教育供给制度研究，显得十分必要和迫切。希望通过研究和交流，积极为政府决策提供服务，避免大的政策失误，少走弯路，为解决"三农"问题提供科学分析和决策依据，同时填补农民教育研究和教育经济学研究的不足。

1.1.1.3　开展农民教育，培养新型农民，是社会主义新农村建设的核心之一

农民是建设社会主义新农村的实践主体，没有千千万万"有文化，懂技术，会经营"的新型农民，农村社会建设一切都无从谈起。不少国家农村建设的成功经验告诉我们，教育农民，培养农民，向农民投资，是建设社会主义新农村最核心的内容。如荷兰作为世界上农业较发达的国家，关键就在于

---

① 亚里士多德著、吴寿彭译：《政治学》，商务印书馆1980年版，第48页。

拥有一批有文化、懂经营的高素质农民,更有一个投入巨大、发达完善的农业教育体系;韩国在 20 世纪 70 年代开始的新村运动引发了农村天翻地覆的变化,其核心在于其形成了包括"新村运动研修院"、"村民会馆"等自上而下的农民教育供给网络体系;在丹麦,其农业人口约为 13 万,却拥有约 7.45 万个农场主,成功的农民教育是其发展的重要保障。所以,在农业、农村和农民的"三农"体系中,农民是第一位重要的,"三农"的发展从根本上说取决于农民的发展。① 教育农民,培养农民,这应当是社会主义新农村建设的题中应有之意。

1.1.2 研究意义

我们说,农民是农村社会的主体,农村的任何发展最终都离不开农民的作用。如何培养高素质农民,如何提高农村公共产品供给水平尤其是农民教育供给水平,成为农村社会发展中需要考虑的首要问题。虽然农民教育的公共产品特征并不强,但农业的特殊性和农民的弱势性要求其供给必然是依靠政府为主来供给。从历史和国外的经验来看,开展农民教育是农民素质提升的重要途径,是农村基础教育的有益补充,是发展农村的基本动力。其供给的状况,不仅直接影响广大农民的素质提升,更关系到农村经济社会的持续发展,以及农村社会的和谐。因此研究农民教育供给具有重大的理论和现实意义。

1.1.2.1 是进一步解读党和政府关于农民教育供给政策的需要

科学发展观是我党在新世纪从党和国家全局出发提出的重大战略思想,是马克思主义中国化的最新理论成果,是全面建设小康社会和实现社会主义现代化的根本指导方针。改革和完善农民教育制度是贯彻落实科学发展观的客观要求。农民是农村社会的主人,但农民素质偏低的现实阻碍了农村社会的发展,拉大了城乡之间的差距。党的十七大报告提出"培育有文化、懂技术、会经营的新型农民,发挥亿万农民建设社会主义新农村的主

① 尚振海:《如何理解新农村建设的核心内容》,《甘肃日报》2006 年 6 月 7 日。

体作用"①。十一届全国人大四次会议又提出"创新和加强社会管理"的要求。在这样的背景下探讨农民教育供给问题,对进而有效开展农民教育、不断提升农民素质具有重要意义。

1.1.2.2 为进一步提高农民教育供给效率提供理论依据

农民教育供给渠道不畅、效率不高是一个现实存在的问题,更是农民教育供给制度设计不够科学的表现,所以研究农民教育供给制度变迁不仅是一个十分重要而又迫切的现实课题,也是一个对构建农民经济学、教育经济学等学科具有支撑作用的理论课题。对农民教育供给制度进行理论研究,探讨我国农民教育供给制度的历史变迁,总结当前农民教育供给制度存在的问题,进而提出完善我国农民教育供给制度的思路和对策,不仅可以丰富这些学科内容体系,还可以为深化农村发展、社会教育改革和农民教育供给制度改革提供理论依据。当前我国农民教育的供给主体还是政府各部门,几乎政府所有涉农部门都提供了形式不一的农民教育。但缺乏协调的多头供给不仅效率不高,甚至存在政府供给"一头热"的情况,缺乏对农民教育需求的真实考量。农民多在被动地接受教育,教育需求缺乏畅通的诉求渠道。因此,提高农民教育供给效率需要从理论上予以探讨研究。

1.1.2.3 对指导农民教育实践、推广农业科技具有重要的现实意义

农民是农村社会管理的积极推动者和政策受益者,也是城市社会和谐的重要建设者,而这一切离不开农民教育的积极配合。改革和完善当前农民教育供给制度是广大农民群众对各级政府提出的强烈要求。目前,从农民教育的供给数量来看还处于较为紧缺的状态,远远无法满足广大农民的客观需求。同时,有限的供给还与农民群众的真实需求存在一定的差距,进一步凸显了农民教育供给与需求的矛盾。农民教育供给短缺以及供给存在的体制性和机制性弊端,严重制约了农民教育质量和农民素质的提高,阻碍了农业科技的推广和农村社会的发展。有效开展农民教育是不断满足广大

---

① 胡锦涛:《在中国共产党第十七次全国代表大会上的报告》。http://news. xinhuanet. com/newscenter/2007-10/24/content_6938568. htm.

农民教育需求、科技需求的重要举措,对指导农民教育实践具有重要的现实意义。

1.2　国内外研究述评

关于农民教育的供给及其机制研究,早在 20 世纪 20—30 年代,梁漱溟、晏阳初等我国学者就作出了一定的成绩,他们主张针对农民"愚、穷、弱、私"等问题在乡村开展平民教育,开创了中国农民教育供给研究之先河。法国学者孟德拉斯在 20 世纪 60 年代提出"农民的终结",即认为传统的农业生产者即"农民"在工业社会和现代社会的社会结构中成为"即将消亡的群体"①。在我国,"三农"问题的特殊性,使得农民教育即便作为准公共产品,政府在供给中也具有不可推卸的责任。2010 年 5 月针对本研究的查新,在福建农林大学图书馆(教育部科技查新工作站 NO5)9 大电子文献数据库(论文)共检出本研究相关中文文献 24 篇,英文文献 5 篇,但直接从供给的角度研究农民教育的文献没有。2011 年 5 月 15 日再次以"农民教育供给"为关键词在中国知网学术期刊网络出版总库进行了检索,检索结果依然为 0。

国外关于我国农民教育供给的研究,以及对我国农村公共产品的研究,总体上说来是十分有限的。西方学者对公共产品供给制度的研究背景大多是基于成熟的市场经济体制国家,而我国目前经济社会发展仍处于转型期,市场经济体制还很不完善,具有明显的中国特色。与西方国家不同的市场基础、文化基础、政治基础,决定了西方理论可供我国农民教育借鉴的成分也是有限的。基于这些考虑,这里结合其他相关图书文献,主要就我国学者对农民教育供给制度的研究成果做一些简要回顾和梳理。

---

①　[法]H.孟德拉斯著、李培林译:《农民的终结》(第 2 版),社会科学文献出版社 2010 年版,第 209 页。

1.2.1　国外关于农民教育供给制度的研究

总体上来说,由于文化、历史、国情等方面的差异,国外有关农民教育供给的研究与国内的做法不尽相同。本节主要从四个方面加以阐述。

1.2.1.1　西方关于人力资本理论的研究

人力资本理论是西方关于农民教育理论研究的主要领域,更多学者是在研究发展中国家的过程中发现了这一规律。舒尔茨(Theodore Schultz)在1960年美国经济学年会上的演说宣告了人力资本理论的诞生,人们逐渐认识到促进经济增长的各种因素中人力因素的重要作用。舒尔茨(1990)在《论人力资本投资》一书中提到,人力资本是通过对人力资源投资而体现在劳动者身上的体力、智力和技能,它是另一种形态的资本,与物质资本共同构成了国民财富,而这种资本的有形形态就是人力资源。尤其是在《改造传统农业》中,坚定地提出"向农民投资"、"向人力资本投资"的理论,对农民教育的影响极为深刻。

实际上,人力资本理论的思想最早可以追溯到古希腊思想家柏拉图(Plato)《理想国》中对教育和训练经济价值的论述。亚里士多德(Aristotle)在《政治论》中也认识到教育的经济作用。但这些看法仍然将教育定位在消费品,认为对经济的作用也是间接的。威廉·配第(William Petty)在《赋税论》(1662)中提出"土地是财富之母,劳动则是财富之父和能动要素",因此被认为是"首次严肃地运用了人力资本概念"。亚当·斯密(Adam Smith)(1776)则是第一个将人力视为资本的经济学家,他在《国民财富的性质和原因的研究》中提出构成国民财富四种资本中有一种资本是由"一个社会全体居民或成员所具有的有用的能力"所构成,明确提出了劳动技巧与劳动能力、教育培训的关系。大卫·李嘉图(David Ricardo)、约翰·穆勒(John Stuart Mill)、让·萨伊(Jean Baptiste Say)、麦克库洛赫(John Ramsay McCulloch)以及马尔萨斯(Thomas Robert Malthus)等学者则继承并发展了斯密的劳动价值学说。马歇尔(Alfred Marshall)(1890)在《经济学原理》一书中研究了教育和训练对提高劳动力素质的积极作用,他认为教育投资对经济增长起重要作用,并指出政府要在人力资本投资中发挥积极作用。他指出:"以一种抽象和数学的观点来看,无可否认,人是资本,但是,在实际分析中把他们当作资本是与市场的实际情况不相符合的。"①马克思(Karl Marx)认为,"工人作为社会工人所发挥的生产力,是资本的生产力"②,"协作发挥劳动的社会生产力表现为资本的生产力"③。丹尼森(Edward Fulton denison)、明赛尔(Jacob Mincer)、贝克尔(Gary S. Becker)等现代经济学家又通过计量等手段对人力资本理论做了进一步完善。

20世纪60年代末到70年代初世界经济出现了新的变化,严重的经济危机,使得这些国家出现经济衰退、通货膨胀、高失业率。那些曾寄希望于投资教育刺激经济增长的发展中国家,没有带来经济的高速增长,更没有实现社会的公平。人力资本理论不能有效解释这些问题,由此,"筛选理论"、"劳动力市场划分理论"、"社会化理论"等新的理论出现,但这一切并没有撬动人力资本理论的主流地位。

1.2.1.2　国外以立法体现对农民教育的重视

舒尔茨(1964)指出:"一个像其祖辈那样耕作的人,无论土地多么肥沃或他如何辛勤劳动,也无法生产出大量食物。一个得到并精通运用有关土壤、植物、动物和机械的科学知识的农民,即使在贫瘠的土地上,也能生产出丰富的食物。"④这就是知识的力量,教育的价值。如果让教育成为一种制度,成为法律,知识的价值更能在农民的土地上发扬光大。

实际上,我们认为立法是农民教育研究的最高境界,对农民教育的重视与否首先就要看有关农民教育的立法是否完善。早在1862年,美国《莫雷尔法》使美国的农业高等教育走上了快速发展的道路。此后,相继出台了1887年《哈奇法》、1890年《莫雷尔法》、1917年《史密斯法案》等十多个相关法律,奠定了美国农民教育发展的基础。日本战后几十年农民教育培训的快速发展与1948年《农业改良促成法》等一整套农业教育培训制度有很

① [英]马歇尔:《经济学原理》(上卷),商务印书馆1964年版,第15页。
② 马克思:《资本论》(第1卷),人民出版社1975年版,第370页。
③ 马克思:《资本论》(第1卷),人民出版社1975年版,第372页。
④ [美]西奥多·W. 舒尔茨:《改造传统农业》,商务印书馆2006年版,第4页。

大关系。德国从 1969 年的《职业教育法》、1981 年的《职业教育促进法》到
2005 年两法合并后的新《职业教育法》,以及其绿色证书制度为农民教育培
训提供了根本保障。韩国也先后制订了《农村振兴法》、《农业教育法》等十
多部法律为农民教育提供服务。正如经济学家舒马赫(2007)的认识,发展
中国家的最大制约在于农村和农民问题,解决这一问题的关键在于加强农
民的教育和训练。据美国学者计算,1930 年到 1980 年间,美国农业总投入
仅增加 70% ,而其全部产出却增加 150% ,"生产率进步的主要因素是技术
变化"①,这里对农民的教育是无法忽视的。据帕维里斯分析,1929 年到
1972 年间,美国农业产量增长 81% ,生产效率提高的 71% 均归因于科研和
教育推广。② 实际上,较高的农业生产率也从另一个方面反映了农业研究
和推广工作的高效益。所以说,以制度化的方式来保证农民教育,是一个国
家农业发展的关键。

1.2.1.3 关于农民教育模式的研究

发达国家开展农民教育的历史较长,因而形成了比较成熟的做法,建立
起一套行之有效的教育培训模式。根据各国的农业资源条件、地理状况、人
口密度以及经济发展水平,赵正洲(2005)将国外农民教育供给概括为以日
韩为代表的东亚模式、以英法德为代表的西欧模式和以美加为代表的北美
模式。东亚模式是指人均耕地面积低于世界平均水平,农业生产很难形成
较大的土地经营规模,以政府为主导,以国家立法为保障,以不同层次和类
型的培训主体对农民进行多层次、多方位、多目标的农民教育培训模式。西
欧模式是指以家庭农场为主要农业经营单位进行农业生产,以政府、学校、
科研单位、农业培训网四者有机结合,通过普通教育、职业教育、成人教育等
多种形式对农民进行教育培训的模式。北美模式是指适应以机械化耕作和
规模经营为主要特点的农业生产,通过构建完善的、以农学院为主导的农业

---

① Bruce W. Marion, *the Organization and Performance of the U. S. Food System*, Lexington Books, 1986 , p. 16.

② 徐广华:《美国农业发展与现代化》,中国农业科学院科技情报研究所编《国外农业现代化概况》,三联书店 1979 年版。

科教体系,实现农业教育、农业科研和农技推广三者的有机结合,从而提高农民整体素质的农民培训模式。如,美国实行的是教育、科研、推广"三位一体"的合作农业推广体制,不仅有利于科技成果及时转化,也有利于培养高素质的农业人才,有效推动了美国农业的发展。德国以"绿色证书"为主线的农民教育培训模式,向从事各种农业工作的农民提出了资格要求,极大地保证了农民教育质量和农民素质的提高。日本的青年农民教育体系也为农民教育模式提供了样本,现已形成理论教育、实践培训、技术教育以及短期培训于一体的农民教育培训体系。韩国以"农协"(农业协作合作组织)为载体、农协大学为龙头的农民教育培训模式,为韩国培养了大批的现代农民,促进了韩国农业经济的现代化发展。这些模式是他们农民教育工作实践长期积累的结果,为许多国家提供了有效借鉴。

1.2.1.4 关于农民教育供给的研究

如前所述,农民教育供给可以由政府、市场和第三方来完成,但政府在农民教育供给中承担了最主要的责任,市场和其他组织与政府是一种分工、合作和互相支持的关系。英国学者克里夫·R. 贝尔菲尔德(Clive R. Belfield,2007)认为,政府与教育密切相关,政府在教育的供给、拨款以及规制管理方面都起着重要作用,其目标则来源于教育的政治价值功能。从政府干预的角度看,仅基于对效率的考虑,政府对教育拨款是具有合理性的。戴维斯(Davis,1998)认为,政府提供教育可能会比私立部门更加有效,它可以把其他公共服务与教育捆绑起来一起提供。施莱弗(Shleifer,1998)明确了一组较受偏爱的政府供给条件:革新相对来讲并不重要,信誉机制脆弱、竞争微弱、消费者选择效率低下导致不能在合同中说明质量上的降低、恶化的机会。洛特(Lott,1990)主张教育可能被用作一种劝导的工具,降低政府转移社会财富的成本。科克兰(W. W. Cochrane,1981)从美国各级政府对农业科研和推广的角度分析了公共财政投入与农业科教体系的关系后认为,国家财政的支持力度对农民教育和农业教育至关重要。拨款机制不仅要有效率,而且应该是公平的(Clive R. Belfield,2007),衡量的标准是看这一教育系统是否"财富中立",也就是说,一个地方教育当局的财富与该地区每一名学生的经费不相关或者相关程度很低(Cohn,1984)。韩国学者金荣枰(2007)立足于韩国的新村运动,强调在政府的支持下,农民是新村建设的主体力量。

发达国家普遍重视农民教育,许多国家设有专门的管理机构,政府一般会从经费投入和政策上确保其优先发展,并通过立法等形式确保农民教育的实效性。如,在英国各产业培训中,农民教育是唯一能得到政府资助的培训项目。韩国为农民推出了教育培训券制度,提出让农民根据自己的实际需要和意愿选择教育培训机构和培训内容。

1.2.2 关于农民教育供给制度的国内研究

1.2.2.1 关于农民教育的投资和运行主体

从公共经济学的角度来看,农民教育投资的主体一般包括政府部门、私人部门和非政府组织三类。刘登云、曾桂香(2006)以及曾一春(2008)等学者认为,农民教育培训现阶段主要应由政府来承担,从政府公共服务的角度提出了依靠政府扶持、动员全社会力量共同参与、重点建设五支队伍、推进"三进村"的对策。实际上,从1990年开始,农业部、科技部等政府部门就相继出台相关政策开展农民教育培训工作。绿色证书制度试点工作标志着我国农民教育开始向规范化、制度化迈进,成为新时期农民教育的雏形和主要形式。近几年,国家从财政上加大了对农民教育的支持,实施的重大工程包括:"阳光工程"、"跨世纪青年农民科技培训工程"、"新型农民创业培植工程"和"农业远程培训工程"、"农民教育培训'三进村'行动"、"星火科技培训工程"等。投资农民教育的政府部门包括农业部、科技部、财政部、人力资源与社会保障部、住房与城乡建设部、组织部、共青团、妇联等几乎所有的涉农部门。也就是说,我国现阶段农民教育培训的主要投资主体还是政府。其中主要原因还是农民收入比较低,加之教育培训见效慢,企业在市场经济利益选择背景下投资意愿差;私人部门和非政府组织本身还有待发展,对农民教育的投资仍处于辅助位置。随着农民收入水平的提高和社会企业的不断发展,农民教育培训的市场化程度将会进一步加强,政府的投资主体地位可能将有所减弱。

关于农民教育的运行主体,李君甫(2006)等认为农民就业培训的主体主要包括公办职业技术学校、民办职业技术学校、NGO及非营利职业技术学校三类。董桂才(2006)建议按农区建立农业服务中心,打破乡镇一级的行政区划,并在一个中心内选择一至两个主导产业,重点培养这方面的技术人员,构建以村为载体、示范户为核心的农技推广网络体系。朱闻军、王泰群(2005)指出农业广播电视学校在开展农民教育培训中具有得天独厚的优势。穆养民、张俊杰(2006)则强调了农业院校在科技入户工作中所起的巨大作用。安凯春(2005)认为,扩大农业科技入户应该杜绝政府、科技、市场、企业、农民脱节的现象,而是形成各方全力合作的统一体。刘平青、姜长云(2005)指出,农民工培训涉及的主体至少包括农民工、企业(及中介机构)与政府三个层面。确实,这些部门之间的联系目前还比较松散、教育资源利用率不高,甚至存在相互交叉的现象,需要构建有序、高效的农民教育网络体系。

1.2.2.2　关于农民教育的模式和服务体系

张建华、吴上德(2006)提出了农民教育的"六个结合模式",即培训与企业需求相结合、培训与岗位技能提高相结合、培训与技能考核相结合、培训工作与培训对象的特点相结合、培训工作和培养农业特色产业带头人相结合、培训工作的阶段性和长期性相结合。林慧(2006)则针对农村劳动力转移总结了八种培训模式,即灵活学制、城乡联合、东西联合的模式;以市场为导向,实行订单培训的模式;短长班结合,开展职前、职后培训;利用城区、社区教育资源开展培训;短期适应性培训与技术等级培训相结合;集中培训与就地培训相结合;滚动式培训与班级式培训相结合;培训与鉴定、实习与就业相结合。任志武(2004)介绍了农民科技教育培训的五种推动模式,即科技推动,政策推动,园区推动,示范户推动,信息推动。康宝利等(2010)提出大众传媒教育培训模式、远程网络教育培训模式、专题讲座培训模式、即点对面式的培训、现场技术操作培训模式、集中系统培训农民技术骨干、便民科技服务队培训模式。来永宝(2004)以福建省龙岩市为例介绍了农村劳动力"培训券"培训模式。在科技入户问题上,穆养民、张俊杰(2006)介绍了农业科技入户模式,形成政府、企业提供项目、资金和场地,高校提供技术、成果的良性互动机制,形成产前、产中、产后、市场营销等相结合的综合配套技术。谢永坚等(2006)介绍了农业科技合作社这种农业科技入户形式。应该说,我国现阶段农民教育基本上形成了较完整的体系,并在实践中探索出众多的模式。

关于农民教育培训服务。席军(2004)认为,应该建立农民教育培训终身服务体系。朱玉贤(2006)认为农民教育培训体系的完善需要加强农民培训基地的基础建设。韩树婷等(2006)则提出农民教育培训工作的首要问题是如何将一家一户经营的农民组织起来。邵喜武、郭庆海(2006)提出要加强农业科技推广体系建设,不断提高农民科技素质和农业科技贡献率。梁贤(2005)提出了优化、整合培训资源的建议,建议将涉农部门、农业科研单位、高等院校、技术服务机构等多部门零散的培训资源进行有机地整合,建立和完善培训支撑保障体系,切实提高资源的配置和利用效率。

1.2.2.3　关于农民教育的政策和内容

易钢等(2005)指出,长期以来,农民教育形成了政府号召、学校实施、农民接受的固化的单向传统模式。部门垄断农民教育,政府又当"教练员"又当"裁判员",难免"越位"、"缺位"和"错位",在很大程度上抑制了其他相关部门的积极性,这种制度性障碍和结构性矛盾从根本上困扰着农民教育。徐薇、张鸣鸣(2006)等人的研究认为,对农村劳动力转移的就业培训,政府的行政推动较为普遍。在操作方式上,不少地方政府仍然沿用自己最为熟悉的行政管理模式,通过下任务、下指标,以行政目标管理制进行监管。由于不同部门指导思想的差异,在实际工作中存在"局部有序,整体无序"现象,条块、部门、地区分割相当严重(陈遇春,2004)。针对目前开展的农民教育培训,朱拥军(2008)的调查发现约有61%的农民反映是在村干部要求或动员下才参加的。但《领导决策信息》(2006年第35期)专文《农村劳动力培训弄虚作假问题值得重视》指出,个别地方套取农民工培训补贴资金的现象,已引起舆论的关注。实际上,培训机构是农村劳动力培训质量的根本保证,但如果培训机构参与培训的弄虚作假,不仅坑害了国家,更是直接损害了农民的利益。同时,农民对培训机构的盲目依赖,客观上加大了政府对资金的需求投入。另外,培训资金多头管理现象也非常突出。这些都说明,农民教育培训的部分国家政策还处于低效实施阶段,需要政府转变职能,在财政资金上给予支持,政策上宏观把握,微观上完全交给相关学校等培训机构,但政府要建立严格的项目资金利用绩效评估机制和法律监督机制,整合培训资源,提高培训效率。

按照舒尔茨的人力资本理论,受过更多教育的农民通常技能更熟练,能获得更高的收入,也可能有更好的健康理念和意识,使他们能够更好地享受生活或者更热心于社会公益事业,对于社会目标的实现做出更多的贡献。一些学者通过调查和数量模型对人力资本进行了实证,证明了农村人力资本积累越高,农业生产率就越高,农民收入增长就越快(辛岭,2008;朱拥军,2008)。至于具体的教育内容,吴淑芳(2006)提出农民工培训要根据企业用工要求等确定培训内容,主要是观念培训、素质培训、创业培训、技能培训。马张木(2006)指出,农民教育培训应根据各地的不同情况,兼顾共性与个性的问题,有的放矢地开展教育培训,增强教育的吸引力。易钢等(2005)认为,农民培训要"两手抓":一是面向留在土地上的农民开展农业科技普及;二是面向将向城镇转移的农村富余劳动力开展职业技能教育。总体上,我国当前农民教育培训主要还是农业科技普及和职业技能教育,需要针对不同地区、不同人群开展不同内容的培训,从内容、形式、方法和手段上贴近农民、适合农民和方便农民。

1.2.2.4 关于农民教育需求的研究

伍均锋(2007)在调查中发现文化程度和经济收入明显影响着农民教育需求。韩云鹏、涂莲英(2005)和刘平青、姜长云(2005)认为,农民工参加培训的主要原因是:现阶段有文化、有技术才能在城市得到就业机会,才能找到报酬高又体面的工作,才能在城市站住脚;越来越多的城市也对农民工的素质提出了明确的要求,并要求对农民工进行全面的培训。邵喜武、郭庆海(2006)介绍了农村科普市场的需求分析,认为科普与农民解脱贫困、增加收入、提高农民素质,以及与农业结构调整、农村剩余劳动力转移、提高农产品科技含量等,均存在着必然的联系。但现阶段农民教育甚至农村教育、农业教育均带有非常明显的"离农"色彩(李水山,2009;朱启臻,2008)。柳娥等(2005)认为,农民工需要职业技能培训,更需要文化素养培训,教育需求内容趋向多样化。张金铭(2006)提出新农村建设农民最盼望之一就是提高素质。王建超、孙建(2006)和刘平青、姜长云(2005)在对农村劳动力培训需求分析的基础上,指出我国农村劳动力转移培训需求集中体现在生存技能和发展技能两个方面。梁贤(2005)认为,现阶段农业科技培训的需求特点是实用性、创新性、快捷性、实践性、近距离性。

1.2.2.5　关于农民教育供给制约因素的研究

吴苏芳、王云兰(2005)认为,农村剩余劳动力培训现实需求远没有人们想象中那么旺盛,其原因包括职业培训费用比较高、政府培训的引导性和服务功能不强等多方面。鲍冬和、瞿蔚(2006)以及包卫兵、吴先槐(2006)都解释了"政府买单,为何农民'不买账'"的原因,主要是农民首先要解决生存、温饱问题,放下手中的活路参加中长期技能培训是不现实的。同时,培训成本高、效果差、师资不足、场地有限等进一步将农民拒之门外。夏丽霞、张洪金(2006)指出,造成农民工免费培训如此冷清的原因,一是培训信息不畅,许多农民工不知道有这道免费"大餐";二是农民工的培训意识淡薄,"重求职、轻培训"。对于在城市务工,韩云鹏、涂莲英(2005)认为城乡二元结构体制是制约农民工培训的根本原因,农民工的"过客"心理十分严重,缺乏积累人力资本的动力。李苏英(2005)也提出,即使在农村,目前的农村教育体系和农业科技的供求现状使农民无法有效提高自身科技素质,难以完成自身人力资本的积累。边黎霞、方岳(2004)和王勇(2006)认为农民职业教育和技术培训落后、农村培训教育的环境较差、缺乏向农民提供培训教育的机构和管理机构、宣传不到位等,制约着农民教育培训的发展。梁贤(2005)认为,现阶段农业科技培训的形式难以满足农民渴望掌握新技术的潜在需求,结合农事季节及生产需要适时开展培训较少,停留在理论层面上多,培训机制和渠道过于落后、狭窄,制约了培训效率的提升。

1.2.2.6 关于农村公共产品供给与农民教育

农村公共产品供给研究主要集中在供给制度变迁、制度创新、供需矛盾、供给结构、公共产品筹资,以及农村改革与公共产品供给的关系等方面,对农民教育供给的研究相对偏少。胡洪曙(2007)、谢好(2006)、曲延春(2008)等学者通过分析传统农业社会时期、民国时期、人民公社时期、家庭承包制时期、税费改革后的农村公共产品供给制度,说明农民在公共产品供给过程中的主体地位在逐步增强,揭示了农村公共产品供给体制变迁的实质就是城乡利益、工农利益特别是国家与农民的利益关系不断调整的过程。当前,农村公共产品供给总量不足与部分产品供给过剩并存。陈荣佳(2006)认为,一方面是农民急需的生产性公共产品供给严重不足;另一方面是社会事业类公共产品供给严重短缺。刘保平(2003)、雎党臣(2007)、何菊芳(2005)认为,当前农民急需的公共产品供给不足,农民不需要的公共产品供给过剩;重大中型水利设施建设,轻一般农业基础设施建设;重生产性基础设施建设,轻教育医疗卫生事业发展;重农村科学教育文化事业发展,轻农村医疗卫生事业发展,甚至部分公共产品的提供损害了农民利益。于奎(2007)、刘千贺(2006)、张颖举(2008)、吴友群(2007)主张,政府要强化公共财政理念,坚持"有所为,有所不为",继续加大政府投入。侯东德(2007)认为农民职业教育对城乡统筹发展具有重要意义,而农民职业教育则应当坚持农民本位。

1.2.3 我国农民教育供给研究存在的主要问题

虽然目前国内外学者关于农民教育供给的研究已经取得了较大的成绩,为本课题研究提供了一定的基础。但从农民教育供给的角度来看,目前的研究至少还存在以下几个方面的问题:

第一,关于农民教育培训的研究更多的是从具体的教育工作角度展开的,未见从经济学的角度对农民教育供给的制度与效率开展研究的先例,这为本研究立题提供了理由。

第二,借鉴发达国家农民教育供给的经验方面认识不够。由于"农民"

一词内涵的差异使得在具体研究和实践中我国与发达国家仍存在一定差异,我国的"农民"实际上更接近于发达国家的农业产业工人,但又与此不同。加之与发达国家相比,农民所居住的农村环境差距较大,所以借鉴国外发达国家农民教育的经验有时难免出现一些盲目性。还需要对不同国家农村环境、发展水平、农民素质等加以区分。

第三,关于农民教育培训的现有研究还多停留在政策、发展现状、存在问题的简单定性分析,研究也比较分散,缺乏农民教育供给的系统化、法制化和长效机制构建的研究。如,农民教育培训模式研究中,对模式运行的科学性以及是否经济高效还有待深入;对农民教育供给的研究,还需要深层次挖掘政策在传导过程中发生扭曲的根源;对农民教育供给的历史、现实以及未来发展趋势缺少系统化研究。

第四,现有的研究主要围绕农民教育培训本身展开,对中国社会转型的大背景关注不够。在新农村建设的背景中研究农民教育较多,但在统筹城乡发展、城乡一体化、城镇化进程等背景下研究农民教育,研究农民教育供给制度的创新还明显不够。明确供给主体,整合教育资源,优化农民教育终端供给机制,进一步提高农民教育供给的效率,提高农民教育的自觉性和教育的实际效果,从理论上形成我国新农村农民教育的指导性原则等,都是值得进一步研究的课题。

第五,研究中,一些学者把农民教育与农业教育、农村教育三个概念相混淆,影响了对农民教育供给的总体把握。如何进一步加强农民教育与农民需求、农村实际的密切联系,即农民教育的适切性,是一个亟须解决的重要内容。

1.3 研究假设、目标、内容与方法

1.3.1 研究假设

本项目研究的基本假设:

首先,当前农民教育供给制度设计不合理,教育内容单一,教育供给总量不足、供给效率不高。

其次,农民是理性经济人,农民教育行为受现有经济状况、经济利益反馈、供给政策等因素影响。

再次,通过研究分析,可以设计更为科学的农民教育供给方式。

1.3.2 研究目标

通过对当前农民教育供给制度和效率的研究,提出统筹城乡发展背景下农民教育供给制度创新和效率提升的路径,为政府相关部门决策提供参考。

恩格斯(1845)说:"社会成员中受过教育的人会比愚昧无知的没有文化的人给社会带来更多的好处","和平改造社会时所必需的那种冷静和慎重只有受过教育的工人阶级才能具有"。农民受教育水平不高是古今中外共同的问题。由于中国的"三农"问题更加突出,所以解决农民问题是解决农村发展问题最关键的因素,而农民问题的核心是农民素质。开展农民教育正是提高农民素质,促进农村和谐发展的内在动力。

供求问题一直是我国教育发展中存在的主要矛盾,农民教育尤其如此。尽管我国现阶段针对农村发展需要,对农民开展了各种形式的教育培训活动,但与实际农民教育需求还存在着巨大差距。从农民教育的供给来看,除教育部门以外,几乎所有的涉农部门都为农民提供了各种形式的教育。品种繁多,但却蜻蜓点水,不仅供应量较小,而且效率不高,远不能满足现代农民的教育需求。同时,农民对教育的实际需求也缺少诉求的渠道。实际上,这些问题可以归结为一点,即农民教育的有效供给不足。因此,必须从扩大农民教育的有效供给入手,最大限度地引导和满足农民教育的需求,提高供给效率,缓解农民教育的供求矛盾,促进农村经济社会发展。

1.3.3 研究内容

农民是农村建设的主体,但长期以来农民教育的目标和功能出现了一定程度的偏离。一方面是由于农民教育价值观的工具主义取向,一方面也是农民教育供给过程中出现的新问题。因此,在新的历史条件下农民教育的供给应当进行变革。如,农民教育价值观上应由"工具论"转向"人本论";农民教育方法观应由"阶段性教育"转向"终身教育";农民教育内容观上由"农业科技教育"转向"综合教育"。

相对来说,目前关于农民教育的研究主要侧重于农民技术教育,因为技术教育比较具体、可操作性比较强,而且与农民的生产、收入联系密切,是农民最容易接受的教育内容。但在新的时期,农民教育则应关注农民综合素质的提高,应基于培养新型农民和统筹城乡发展的要求来研究农民教育供给制度。本文的研究内容主要包括以下八个方面:

第一章为导论,主要阐述本研究的背景和研究意义,在综述国内外农民教育供给制度研究的基础上,提出本研究的假设、目标、研究内容和方法。在论文完成后,在本章最后部分对本研究的创新和局限性进行了重新归纳。

第二章对本研究的理论基础进行了系统阐述,其中包括相关概念界定、相关理论论述,并对本研究的分析框架和影响农民教育供给制度的相关因素进行了分析。

第三章对我国民国以来农民教育供给制度的历史变迁进行了总结归纳。我们发现,不同历史时期的农民教育供给制度变迁均有其特定的政治、经济、文化和历史根源,应验了严复先生的一句老话"制无美恶,期于适时"。

第四章是在前三章的基础上,从理论的角度对农民教育供给制度变迁的内在机理进行了阐述,主要围绕农民教育供给中政府的责任以及中央与地方政府在农民教育供给中的角色进行了分析。

第五章是在实地调查和参阅相关调查资料、统计数据的基础上,对我国农民教育供给效率进行了实证研究,发现我国农民教育供给总量短缺、供给成本偏高、供给结构不合理,并对影响供给效率的因素作了分析。

第六章主要是选择部分有代表性、有可借鉴性的发达国家和发展中的市场经济国家,了解其农民教育供给的做法,以期为我国农民教育供给制度创新提供借鉴。

第七章在总结前述理论分析和实践研究的基础上,围绕农民教育供给制度创新的必要性、原则以及新形势下农民教育制度创新的特征和创新的路径进行了探讨,并提出了五点建议:加强农民教育立法,保障农民受教育权益;基于有效需求表露,建立民主决策机制;保证地方政府权责对等,完善直接供给机制;创新"委托代理"关系,扶持第三方代理机制;倡导风险分担,强化多中心供给机制,等。

第八章是选择福建省作为个案,在城乡一体化发展背景下,对福建省农民教育进行了探索。主要内容涉及福建省农民教育及其特征、福建省农民教育供给模式的构建及完善,等等。

总之,我国已经进入"以城带乡、以工促农"的发展阶段,应从统筹城乡发展的高度对农民教育供给给予足够的重视,探索城乡共同发展、和谐发展的路子。鉴于农民教育需求的多样性,应构建以政府供给为主体,以农民参与为主要决策形式,以发展农村教育社会产业为平台,以农民内在教育需求为目的,以社区理念教育为主线的农民教育供给模式。

1.3.4　研究方法

1.3.4.1　历史与现实相结合的方法

农民教育的供给短缺问题是历史和现实因素的结合,因此研究农民教育供给问题需要将历史与现实、国内与国外有机地结合起来,从而发现问题。整理国内外学者在农民教育供给方面的研究,在此基础上找出研究的切入点并提出问题。

1.3.4.2　宏观分析与微观分析相结合的方法

主要借助于统计数据,并采用抽样方法对福建、河南、山东、江西的部分乡镇农民教育供给和需求情况开展了实地调研。样本主要集中在中东部地区,是基于该地区人口集聚,农业和农村发展在一定程度上代表了我国的总体特征。同时,由于地区间隔不远,便于调查。

1.3.4.3 定性与定量分析相结合的方法

在应用经济学领域,开展农民教育经济学的研究一般都采用了定量分析的方法。定性分析需要定量分析结果的支持,没有正确、科学、准确的定量分析,定性分析难免会出现一些无依据的判断。同时,对影响农民教育供给的因子开展相关分析和对农民教育供给的有效性分析,需要定性分析提供分析框架和思路。

1.3.4.4 访谈调查法

对提供农民教育的政府相关部门、教育专家进行访谈调查,从宏观上了解农民教育供给的基本情况,这是对前三种方法的有益补充。

总体上,研究按照"背景描述—问题提出—理论分析—实证研究—政策建议"的思路展开。在进行文献综述和相关调查研究的基础上,描述我国农民教育供给现状及当前农民教育供给存在的主要问题,并对农民教育供给制度和效率进行分析,在实证调查农民教育供给和需求的基础上提出农民教育供给制度创新和提升效率的基本途径。本研究技术路线如图 1-1 所示:

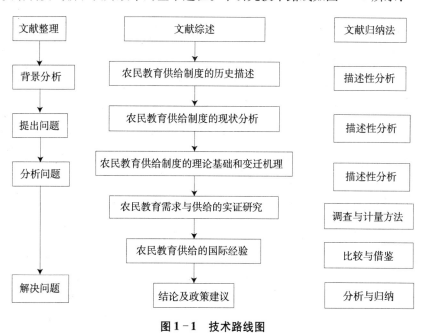

图 1-1　技术路线图

1.4 研究的创新点和局限性

1.4.1 本研究的特色和主要创新之处

首先,本研究从供给的角度探讨农民教育问题,克服了前人更多就农民教育论农民教育的倾向。相对来说,这是前人极少涉猎的领域,因此在某种程度上应该是一种开拓和创新。

其次,本研究从制度入手,重新审视当前农民教育供给效率不高、有效供给不足的制度因素,提出了创新农民教育供给制度的主要路径是建立政府供给为主、社会企业和农民个体积极参与的农民教育供给机制。

再次,农民是农村社会建设的主体,也是城市和谐的重要力量,农民教育供给内容应以发展农村、适应城乡一体化要求为重点,应该是科学发展观指导下农民教育供给实践的产物。

1.4.2 研究存在的局限性

本研究的局限性主要有两个方面:一是对农民教育供给制度变迁的内在机理和创新尚有进一步深入的空间,对公共经济学等一些学科的借鉴也有待扩展;二是对农民教育供给的调查及问卷的设计等有不够全面之处,影响了结果的定量分析。客观上,农民教育在农村地区的开展尚不具有广泛性,国内外农民教育供给研究的资料还不多。因此,如何在统筹城乡发展视野下创新农民教育供给机制,明确供给主体,整合资源,优化农民教育终端供给机制,进一步提高农民教育供给的效率,提高农民教育的自觉性和教育的实际效果,从理论上形成我国新农村农民教育的指导性原则等,都是今后进一步研究的课题。

这些局限不论是主观还是客观原因,都是本人今后研究工作的重点,希望不断钻研、不断深入和不断拓展,以期弥补今日之缺憾,期待他日能够更有收获。

2 农民教育供给制度的理论基础

关于农民教育供给制度的研究,首先需要理清诸多的概念和理论,如农民、农民教育、供给、供给制度、有效供给等,理论上包括人力资本理论、福利经济学理论等,这些都是研究过程中最重要的理论基础。

2.1 主要概念的界定

2.1.1 农民与农民教育

2.1.1.1 对农民的界定

"农民"实际上是一个涵义极为宽泛的概念,因此不同时期、不同环境下的理解均有不同。马克思在《路易·波拿巴的雾月十八日》中指出:"小农人数众多,他们的生活条件相同,但是彼此间并没有发生多种多样的关系。他们的生产方式不是使他们互相交往,而是使他们互相隔离……"①在《资本论》中,马克思又指出"小农这种生产方式是以土地及其生产资料的分散为前提的,它既排斥生产资料的积聚,也排斥协作,排斥同一生产过程内部的分工,排斥社会对自然的统治和支配,排斥社会生产力的自由发展"②。不难看出,马克思所描述的小农是小块土地的所有者,生产孤立、分散,生产工具落后,生活困苦。也就是城里人眼中的"乡下人",主要是指农

---

① 《马克思恩格斯选集》(第1卷),人民出版社1972年版,第693页。
② 马克思:《资本论》(第1卷),人民出版社1975年版,第530页。

业从业人员,尤其是指种植业从业人员,并不包括农村劳动力中从事其他职业的人。我们从英文 farmer 和 peasant 来理解,马克思所说的小农应该指的是后者,一种从事种植业、养殖业生产的农村劳动力。"乡下人! 一个奇特的古词。渔夫、猎人、农夫、牧人,人们现在还能真正理解这些词的含义吗? 人们对这个化石般存在物的生活思考过片刻吗? 他在古代史的书籍中被如此经常地谈论,人们将之称为'农民'。"[①]美国传播学学者罗杰斯认为,"农民是农产品的生产者和传统定向的乡下人,他们一般比较谦卑,大多是自给自足的(虽然并非完全需要),就是说他们生产的粮食和其他东西,大部分都是自己消费的。因此,农民与自给自足的农业生产者是一个意思"[②]。

和西方社会的称谓不同,我国在不同历史时期对农民的称呼也各不相同。《春秋·谷梁传·成公元年》称:"古者有四民。有士民,有商民,有农民,有工民。"晋代的范宁将农民注释为"播殖耕稼者"。在奴隶社会,农民有自耕农和隶农。在封建社会,除了自耕农以外,中国大量存在的是租种地主土地的佃农。随着封建社会的瓦解和资本主义的发展,农民的分化加剧,形成了雇农、贫农、中农和富农等阶层。而通常所说的农民则指生产资料的私有者和劳动者,即贫农和中农。到了我国现代社会,农民已经由传统意义上的"从事农业生产的劳动者"演变为"农业户口"者(或农村户口)的代名词,已经失去了词典里所解释的"长时间参加农业劳动的劳动者",以及作为一种职业所具备的内在含义。也就是说,凡是具有农村户口的居民,不管从事何种职业,都是农民。1958 年 1 月《中华人民共和国户口管理条例》正式实施以后,这实际上成为我国至今法律上确认农民的唯一标准。从"农民工"、"农民企业家"等社会给予农民的称呼我们不难发现,对农民一定程度上还存在歧视的态度。显然,目前农民在我国还主要是一个身份概念而不是一个职业概念。而身份性"农民"在我国比重是如此庞大,远远超过实际务农者的数量,说明我国社会的发展已经明显滞后于产业的发展。1980

---

① [法]H.孟德拉斯:《农民的终结》(第 2 版),社会科学文献出版社 2010 年版,第 2 页。
② [美]埃弗里特·M.罗杰斯等:《乡村社会变迁》,浙江人民出版社 1998 年版,第 321 页。

年版《辞海》把农民定义为："直接从事农业生产的劳动者。在资本主义社会和殖民地、半殖民地社会,主要指贫农和中农。在社会主义社会,主要指集体农民。"[1]这里主要还是从职业的角度进行了界定,后面的补充解释则带有明显的政治性。

所以说,不论是国内还是国外,给农民下定义似乎仍然是个艰难的问题。当然,这并不妨碍我们的农民教育研究。本研究中的农民是指居住生活在农村社区的人群,不包括户籍在农村而长期生活在城镇的各类"农民"或"农民工"。

2.1.1.2　农民教育

凡是有目的地增进农民的知识、技能,提高农民素质的各种活动,不管是系统的还是零碎的,都是农民教育。从内容上来看,农民教育就是针对农民开展的思想政治教育、文化素质教育、职业教育等活动。在不同历史时期,农民教育的重点存在着一定的差异。但其根本任务是,不断提高广大农民群众的社会主义觉悟和科学文化水平,促进农村社会物质文明、精神文明和政治文明建设,推动农村社会持续、和谐、健康发展。当然,农民教育也可以从不同层次予以展开,如以识字教育、扫盲教育为主的启蒙层面的教育,以农业职业技术培训为主要内容的技术层面的教育,以培养新型农民和现代公民为目标的高层次农民教育。

长期以来,我们党一贯重视在农民群体中开展教育。1950年12月中央人民政府政务院批准颁布的《关于开展农民业余教育的指示》[2]指出:"有计划有步骤地开展农民业余教育,提高农民的文化水平,是当前我国文化建设上的重大任务之一。"1954年8月,教育部和中央扫盲工作委员会召开第一次全国农民业余文化教育会议,要求积极地有计划地扫除农民中的文盲,逐步提高农民的文化水平,有效地为农业的社会主义改造和发展农业生产服务。[3]

---

① 辞海编辑委员会:《辞海》(上),上海辞书出版社1979年版,第854页。
② 《关于开展农民业余教育的指示》,《人民日报》1950年12月21日。
③ 《教育部关于第一次全国农民业余文化教育会议的报告》,《江西政报》1955年第11期。

1958 年 11 月,中共中央《关于人民公社若干问题的决议》①指出,在劳动人民中间实行普及教育,并且逐步提高教育水平,这是缩小体力劳动和脑力劳动的差别的一个重大步骤,必须认真进行。十一届三中全会以后,中国社会主义现代化建设进入了新的历史时期,对农民开展科学文化教育更是提出了新的要求。1979 年 9 月颁布的《关于加快农业发展若干问题的决定》②,提出要提高农民首先是青年农民的科学文化水平。为此,教育部、农业部、青年团中央、中国科协于同年 11 月联合召开了第二次全国农民教育工作会议,提出在新的历史时期要继续抓紧扫盲,大力发展业余初等教育,积极举办业余初中,广泛开展农业科学技术教育,加强政治教育,等等。从 1982 年到 2011 年这 30 年间,中共中央、国务院下发了关于"三农"的一号文件多达 13 个,且几乎每一次都必然涉及到农民的教育和培训。

我们说,解放初期由于我们国家刚刚从废墟中走出,在农村文盲占大多数的情况下,针对农民的教育培训主要是扫盲教育和政治教育;而"文化大革命"这样的特殊年代,针对农民的政治活动和政治教育几乎占据了最主要的地位;改革开放以来的农民教育,在市场经济的不断冲击下,农民教育内容则基本上是围绕科技培训来展开的,甚至部分农村基层干部培训也变成了农村致富能人的技术教育。我国地广人多,经济、文化发展不平衡,地区差异大,农民群众的生活水平、文化程度和学习要求也各不相同,我们很难用统一的标准和要求开展农民教育。因此,开展农民教育需要从实际出发,因地制宜,区别对待,坚持群众路线,依靠乡镇村和群众力量办学,同时依靠农村社区内的相关中小学来开办农民夜校和各种学习小组,建立初步的农村学习型组织。在办学规模、时间安排、教学内容、教学方法等方面,充分尊重群众的愿望,把农民教育与生产、生活需要及经济利益密切结合起来。教育的内容主要包括以下几个方面:

---

① 中共八届六中全会:《关于人民公社若干问题的决议》,《江苏教育》1958 年第 22 期。
② 《十一届四中全会关于加快农业发展若干问题的决定》,《人民网》。http://cpc. people.com.cn/GB/64162/64165/70293/70318/4852499.html。

首先是思想政治教育。重点是配合农村发展的中心任务和形势发展需要,向农民进行党的路线、方针、政策教育,提高农民的社会主义觉悟。这些内容在不同时期有不同的重点。在新时期,这一内容应该包括时事教育、公民教育、民主法制教育、生态教育等等。

其次是文化素质教育。重点是拓展农民文化、科学基本知识,培育农民能够适应农村社会发展、城乡一体化以及和谐社会建设要求。其主要内容包括身心素质、科学知识普及、文化教育和市场经营理念等等。

再次是职业技能教育。重点是通过农业科学技术教育与培训,使农民系统掌握与农业现代化和社会现代化相适应的劳动技能和手段。对农民的职业技能教育,不应仅限于农业生产技术的传授,而应该尽可能地扩大培训范围,向第二、第三产业拓展。从一定程度上,既解决了农业内部的技术教育问题,也为农业剩余劳动力转移提供便利。

2.1.2　制度与制度变迁

研究农民教育供给制度,我们应对制度及其变迁的概念做一定了解。

2.1.2.1　制度的涵义

制度(institution)是一个涵义较为广泛的概念,一般认为是一系列社会规则的总称。《现代汉语词典》将"制度"定义为两重涵义:一是指大家共同遵守的办事规程和行动准则;二是指在一定历史条件下形成的政治、经济、文化等方面的体系,如封建宗法制度等等。这与英文"institution"的涵义就不尽相同,甚至理解的差异较大。西方学者往往把习俗(custom)、惯例(convention)、传统(tradition)、社会规范(norm)等等都包含其中,有时也指有一定规则在内的机构、组织或团体。① 在本研究中,对制度的理解主要还是从制度经济学的角度出发的。

关于制度的具体定义,旧制度经济学和新制度经济学中均有很多论述,但具体理解却不尽相同。如,旧制度经济学代表人物凡勃伦认为:"制度实

---

① 罗必良:《新制度经济学》,山西经济出版社2006年版,第83页。

质上是个人或社会对某些关系或某些作用的一般思想习惯或习俗……今天的制度,也就是当前公认的生活方式。""制度必须随着环境刺激的变化而变化,因为就其性质而言,它就是对这类环境引起的刺激发生反应的一种习惯方式,而这些制度的发展也就是社会的发展。"①

而新制度经济学家舒尔茨将制度定义为"一种行为规则,这些规则涉及社会、政治及经济行为"②,例如它们包括管束结婚与离婚的规则、支配政治权利的配置与使用宪法中所内含的规则,以及确立由市场或政府来分配资源与收入的规则。诺斯说,"制度是一个社会的游戏规则,更规范地说,他们是为决定人们的相互关系而人为设定的一些制约"③。新制度经济学家比较一致地接受的制度定义,可以表述如下:制度是在一个特定群体内部得以确立并实施的行为规则;这套行为规则抑制着个人可能出现的机会主义行为,使人的行为变得较可预见。④

制度是经济社会发展的必然产物,在人们的日常生产生活中必不可少,有些制度甚至对人类发展产生了巨大影响。一方面,制度具有规则的功能。无论是规则、法律等强制性制度,还是习惯、风俗、文化传统等非正式制度,都会对人与人之间的物质和精神等交换活动产生约束作用,可以说是集体行动的规则和指南。另一方面,制度具有公共产品的特性,即制度本身是一种公共产品,需要政府提供。所以,诺斯认为制度"具有两个目标:一个目标是规定竞争和合作的基本规则,以便为统治者的所得租金最大化提供一个所有权结构(即规定要素和产品市场的所有制结构);另一个目标是,在第一个目标的框架内,减少交易费用,以便促进社会产出的最大化,从而增加国家的税收"⑤。

① [美]托斯丹·邦德·凡勃伦:《有闲阶级论——关于制度的经济研究》,商务印书馆1997年版,第86—92页。
② [美]T.W.舒尔茨:《制度与人的经济价值的不断提高》,载《财产权利与制度变迁》,三联书店1991年版,第253页。
③ 道格拉斯·塞西尔·诺斯:《制度、制度变迁与经济绩效》,三联书店1994年版,第3页。
④ 罗必良:《新制度经济学》,山西经济出版社2006年版,第85页。
⑤ 道格拉斯·塞西尔·诺斯:《经济史上的结构与变迁》,上海人民出版社1996年版,第24页。

2.1.2.2 制度变迁

制度变迁也可以称之为制度创新,与技术创新不同。技术创新可以说是人类为降低生产的直接成本而作的努力,制度创新则是指人们为了减低生产的交易成本所做的努力,它涉及的是人与人之间的关系。因此,制度变迁是指新制度(或新制度结构)产生,并否定、扬弃或改变旧制度(或旧制度结构)的过程。无论什么样的具体原因,制度变迁一定是向更有效率的制度演化,所以它是一个动态的现实过程。在这个过程中,涉及谁发动制度变迁、为什么要进行制度变迁、如何进行制度变迁、制度变迁的效果如何等问题。站在发动者的角度来看,没有一种制度是完美无缺的,这样就为制度变迁提供了可能;制度是利益双方或多方在多次博弈中形成的,所以人们遵循制度说明他们在成本与收益之间进行了选择;制度变迁过程的核心问题是权利重新界定和相应的利益调整,一定程度上也是一个政治过程。

2.1.3 **教育供给**

2.1.3.1 教育供给的定义

关于教育供给的定义,教育界的理解并不统一。王善迈认为"教育供给是指在一定时期内,一定的单位教育成本下,教育机构所能提供的教育,表现为教育机构培养一定数量、质量、结构劳动者的能力"[1]。曲恒昌(2000)、杨葆焜(1989)、范先佐(1999)的看法与此有一些差别,他们更倾向于将教育供给看做是"提供给青少年受教育的机会"[2]。不管是教育机构的提供能力还是为个体所提供的教育机会,实际上都反映了能够提供教育培训的多寡。从更广泛的意义来看,教育供给不仅是正规教育机构的供给,也包括非正规的教育机构所提供的各类教育机会;不仅提供各种正规教育,也提供各种非正规教育,如成人教育、在职培训等,农民教育正是其中的重要

---

① 王善迈:《教育投入与产出研究》,河北教育出版社 1995 年版,第 321 页。

② 曲恒昌、曾小东:《西方教育经济学研究》,北京师范大学出版社 2000 年版,第 61 页;杨葆焜:《教育经济学》,华中师范大学出版社 1989 年版,第 102 页;范先佐:《教育经济学》,人民教育出版社 1999 年版,第 141 页。

组成部分。从个体和学校的角度来看,个人需求主要是教育机会,而学校所反映的则是教育供给的能力。从教育经济学的角度来看,教育供给的范围包括了教育机会与具体教育产品的供给。在本研究中,我们主要是从非正规教育的角度探讨所提供的农民教育的机会,但由于农民本身的弱势以及农业、农村在社会发展中的重要地位,使得农民教育具有了一定的公共产品的非竞争性和非排他性。所以,农民教育的供给主要应成为政府的责任,它与政府的行为密切相关。

一般而言,教育机会供给量的形成受制于社会的政治、经济、文化等多种因素,但直接受教育资源多寡、教育的单位成本、劳动力需求结构和师资状况等影响。尤其是像农民教育这一类的非正规教育,政府对教育的公共决策是其最重要的一个影响因素,这也从一定程度上反映了教育供给是一个政治选择的过程。所以"考虑到财政上的困难,不得不以最佳方式来分配资金,以使数量与针对性、公正与质量相互平衡"①。教育经费的短缺困境是所有国家均会面临的问题,没有任何一个国家敢声称自己的教育经费是充足的。尤其是在经济衰退与紧缩的时候,政治压力会迫使国家的投资重点从教育转向国防、卫生或其他社会事业,从而反映教育部门的软弱性。此外,决定教育供给还会受到人为因素的影响,决策者常常会依靠自己的偏好来确定教育投资的比例。虽然政府会尽量避免人为因素的影响,但要做到教育供给的数量与需求、公平与效率相平衡也是非常困难的,人们难以寻找到一种资源的最佳分配方式以满足社会各方面的需求。

2.1.3.2 教育经费是教育供给的最主要的构成要素

以政府为主体的供给过程中,教育供给最主要的内容应该是教育经费的供给。教育经费是以货币形式支付的教育费用,是指中央和地方财政部门的财政预算中实际用于发展教育的费用。教育经费包括教育事业费(即各级各类学校的人员经费和公用经费)和教育基本建设投资(建筑校舍和购置大型教学设备的费用)等,是办学必不可少的财力条件。还有一种更

---

① 联合国教科文组织:《教育——财富蕴藏其中》,教育科学出版社1996年版,第150页。

广义的理解,即教育经费既包括国家或政府用于教育事业的费用,也包括私人用于教育事业的费用,而以政府花费为主。实际上,由于人民群众对教育投入的巨大热情和穷国办大教育的窘境,我国现阶段教育经费状况明显具有广义教育经费的特征。即教育经费包括政府投入和私人投入两大部分,其中以政府投入为主。① 教育事业的发展,需要有充裕的经费,即教育投资,这已是不容争辩的事实。一般来说,教育经费投入的主体包括国家、企业和个人三大投资主体,其最终来源是国民收入,由国民收入经过初次分配和再分配,形成了国家财政收入、企业收入和劳动者个人收入。

确定不同教育投资主体的依据主要是两个方面:一个是利益获得原则,一个是能力支付原则。所谓利益获得原则,基本上与"谁投资谁受益"的原则相一致,是指为了合理地负担教育投资,教育投资的负担应与收益相协调,收益多的应负担更多的教育投资,反之即少负担。因此,政府、企业与个人在负担教育投资时应充分考虑各自的收益而定。但是,利益获得原则对于弱势产业或弱势家庭的学生来说,负担将显得过重。为此,政府必须制定多种资助政策,让这些学生有足够的勇气选择入学。同时按照能力支付原则,对那些从教育中获得好处和利益的人按其支付能力提供教育经费投入,能力越大、支付越多。实际上,这从边际效用递减规律也可以得到解释,能力强的人,其超额财富的效用较低。所以,富有者多支付部分教育经费是公平的。当然,在不同教育阶段,教育投资分担应采取不同的模式。在所有的教育投资中,国家是教育投资的主要负担者。这是因为政府财政收入具有高度的集中性,无论其绝对量还是相对量在国民收入中都居主导地位。我国教育投资的来源包括:国家财政性教育经费(含预算内教育经费、教育费附加、企业办中小学支出以及校办产业减免税等项),社会团体和公民个人办学经费,社会捐资和集资办学经费,学费和杂费,其他教育经费等。其中,国家财政性教育经费是教育经费构成的主体,即以国家财政拨款和征收用于教育的税费为主,辅之以学生缴纳的学杂费,以及校产收入、社会捐资、集

---

① 吴锦程:《教育管理》,中国农业出版社 2009 年版,第 134 页。

资和设立教育基金等,从而构成我国的教育投资体制。

为了衡量教育经费的多寡,需要建立相应的衡量指标。由于不同国家、地区间经济发达程度、教育规模、消费水平等差异悬殊,即使扣除通货膨胀等因素的影响,仅仅比较教育经费的绝对数额意义不大,因此更重要的在于寻求相对性可比指标。这样的指标主要有:公共教育经费占国内生产总值的比例、教育财政预算占国家总预算的比例、生均教育经费指数。

公共教育经费即政府投入教育事业的费用。公共教育经费占国内生产总值(或国民生产总值)的比例,为不同经济发展水平国家的教育经费提供了可比参数。1993 年,《中国教育改革和发展纲要》明确提到,"逐步提高国家财政性教育经费支出(包括:各级财政对教育的拨款,城乡教育费附加,企业用于举办中小学的经费,校办产业减免税部分)占国民生产总值的比例,本世纪末达到百分之四,达到发展中国家八十年代的平均水平"①。虽然 GNP 与 GDP 有一些不同,但数值大体上无较大差距。实际上,2000 年这个数字只有 2.87%,2009 年这一数据才达到 3.59%②(见图 2-1)。

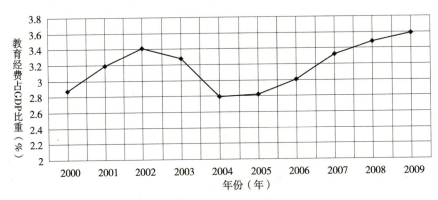

图 2-1 2000—2009 年我国教育经费占 GDP 的比重

数据来源:由相关年度《中国统计年鉴》整理。

---

① 中共中央、国务院:《中国教育改革和发展纲要》(中发[1993]3 号),1993 年 2 月 13 日。

② 国家统计局:《2010 年中国统计年鉴》(光盘版),中国统计出版社 2010 年版。

　　教育财政是国家财政的组成部分,是国家采取的以预算为主的教育调控措施。预算是经法定程序批准的政府年度财政收支计划,可分为中央财政预算和地方财政预算。在我国,中央财政预算由财政部提出,国务院审查,全国人大通过,未通过前称为预算草案。但各级财政均有预算外资金。预算是国家财政有计划地筹集和分配资金的主要渠道。财政收入的主要来源为税金和公债,公债从本质上讲是税金的预缴。教育财政预算占国家总预算的比例,相当程度上反映了教育在政府所要兴办的各项事业中的地位。据统计,2001—2010 年,我国财政教育支出(指财政性教育经费支出中的公共财政预算部分)占财政支出的比重从 14.3% 提高到 15.8%,教育已成为我国公共财政的第一大支出。我国这一比例略低于美国,高于法国、日本、德国等许多发达国家。①

　　生均教育经费表示每个学生平均拥有的教育经费,但由于不同国家和地区的经济状况、消费水平、物价指数的差异,生均教育经费的数值差异较大,即便是相等的生均教育经费也不能表示相同的教育条件,因此需将其换算成生均教育经费指数以具可比性。生均教育经费指数即生均教育经费与人均国民生产总值(或人均国内生产总值)之比。表2-1 及表2-2 是我国部分省市 2006—2007 年生均预算内教育事业费和生均预算内公用经费的数据,其差距可见一斑。以 2007 年生均预算内教育事业费为例,上海是河南的 8.3 倍。

表 2-1　部分省市各级教育 2006—2007 年生均预算内教育事业费一览表

(单位:元)

地区	人均 GDP		普通小学		普通高中		普通高等学校	
	2006 年	2007 年	2006 年	2007 年	2006 年	2007 年	2006 年	2007 年
全国平均	16500	20169	1633.51	2207.04	2240.96	2648.54	5868.53	6546.04
北京市	49055	50644	5401.01	7316.16	7788.41	9172.68	18228.36	21431.73
天津市	40961	45829	4139.48	4956.36	6011.04	6605.6	9158.63	9183.86

① 李丽辉:《财政部谈实现教育投入占 GDP4% 目标》,《人民日报》2011 年 8 月 12 日。

33

续表

地区	人均 GDP		普通小学		普通高中		普通高等学校	
	2006 年	2007 年	2006 年	2007 年	2006 年	2007 年	2006 年	2007 年
上海市	58837	68024	9409.78	11498.99	9585.78	11498.63	11942.85	12453.98
安徽省	10044	12015	1264	1644.73	1394.68	1636.62	3485.29	2852.95
江西省	10798	12633	1163.82	1666.8	1432.45	1909.2	2219.41	3301.15
河南省	13313	16012	948.57	1392.91	1303.74	1626.56	4487.95	4079.66
湖北省	13150	15074	1232.04	1920.87	1325.05	1652.99	3325.72	3125.25

数据来源:由国家统计局网站(http://www.stats.gov.cn/tjsj/)数据整理。

为如期实现公共教育经费占 GDP4% 的目标,国家在增加公共财政预算教育投入的同时,还积极从三个方面拓宽财政性教育经费来源渠道:一是自 2010 年 12 月 1 日起,对外商投资企业、外国企业及外籍个人,统一按"三税"实际缴纳税额的 3% 征收教育费附加;二是全面开征地方教育附加,按照实际缴纳税额的 2% 征收;三是从土地出让收益中按余额 10% 的比例计提教育资金,重点用于农村基础教育学校的校舍建设和维修改造、教学设备购置等支出。[①]

表 2 - 2 部分省市各级教育 2006—2007 年生均预算内公用经费一览表

(单位:元)

地区	普通小学		普通高中		普通高等学校		小学生均教育经费指数	
	2006 年	2007 年	2006 年	2007 年	2006 年	2007 年	2006 年	2007 年
平均	270.94	425	449.15	509.96	2513.33	2596.77	——	——
北京市	1619.42	2951.59	2809.14	3708.31	11389.27	12999.78	0.11	0.14
天津市	511.94	592.62	1391.42	1393.22	4458.83	4466.36	0.10	0.10
上海市	2308.8	2844.93	2589.08	2959.87	7043.95	7106.59	0.16	0.17
安徽省	102.38	296.87	100.81	185.97	671.21	456.47	0.13	0.14

---

① 李丽辉:《财政部谈实现教育投入占 GDP4% 目标》,《人民日报》2011 年 8 月 12 日。

地区	普通小学		普通高中		普通高等学校		小学生均教育经费指数	
	2006 年	2007 年	2006 年	2007 年	2006 年	2007 年	2006 年	2007 年
江西省	163.96	283.34	121.97	141.22	503.11	731.86	0.11	0.13
河南省	169.76	316.52	372.84	399.41	1873.67	1003.22	0.07	0.09
湖北省	153.51	308.81	195.41	151.83	1367.31	828.95	0.09	0.13

数据来源:由国家统计局网站(http://www.stats.gov.cn/tjsj/)数据整理。

除教育经费的供给,制度供给也是教育供给中的重要组成部分。制度经济学把制度作为一个重要的经济变量引入经济分析之中。如,新制度经济学家诺思指出:"制度是一系列被制定出来的规则、守法程序和行为的道德规范,它旨在约束追求主体福利和效用最大化利益的个人行为。"[①]从人的行为角度来看,建立制度的目的在于约束人的行为,从而使人们的社会行为有序化。制度则通过监督和激励机制,引导和约束各类交易中出现的行为来降低交易费用。同时,由于个人或集团之间总存在一定的利益关系,在利益发生冲突时,制度就是让大家遵守共同的规则。开展农民教育,恰当的制度规定就是极重要的教育资源。所谓恰当的教育制度,是指"能降低教育中的交易费用、扩展教育利益的边界、开创新的教育局面的教育制度"[②]。教育制度直接影响教育经费的投入和教师队伍建设,也直接影响教育供求状况。

2.2　农民教育有效供给的理论依据

2.2.1　教育有效供给

教育供给与一般生产部门的供给完全不同,它是无形财富的提供者,是

① [美]道格拉斯·塞西尔·诺斯:《经济史中的结构与变迁》,三联书店1994年版,第226页。
② 康永久:《教育制度的生成与变革》,教育科学出版社2003年版,第144页。

为提高公民科学文化水平和素质而开展的教育服务。在我国这样一个人口众多、经济发展水平还不高的发展中国家,教育资源目前仍是一种稀缺性资源。不管是正规教育还是非正规教育,政府在供给中均需对此作出选择。从经济学的角度来理解,教育领域也一样存在着一定程度的供求矛盾。在一定时期和特定范围内,社会为教育提供的资源是有限的。如果能合理配置教育资源将可能提高教育资源的使用效率,从而扩大教育的有效供给。

2.2.1.1 对有效供给的理解

在西方经济学中,由于市场的优胜劣汰作用,一般经济学家都会默认"供给"实际上就是有效的。但究竟什么是有效供给,不同专家对此理解还存在诸多差异。在马克思的著作中未直接出现过"有效供给"的概念,但涉及形成有效供给的条件。[①] 即,生产者所提供的商品必须具有社会需要的使用价值才会被人们所购买;商品生产所耗费的劳动量必须控制在社会必要劳动的界限内。

传统新古典经济增长理论突出市场配置机制,忽视各种制度因素,因而对制度背景十分复杂的发展中国家的经济发展,越来越难以提供令人信服的解释。国内学者对有效供给的定义概括起来主要有以下代表性观点:华桂宏认为,有效供给的实质是指经济发展中生产可能性边界的持续扩张以及与收益递增趋势并存的供给机制,它是一个动态的、广义性的、多层次的范畴。[②] 刘诗白认为,有效供给是指由各个微观主体生产和提供的能最大限度地适应各类购买者需求的总供给和供给结构,它包括产品总量、类别结构、各类产品的数量。[③] 但简单地理解有效供给,实际上是指与消费需求和消费能力相适应的供给,即产品的供需平衡。任何一种产品的市场均衡产量和价格都是由该产品的供给和需求决定的。其需求曲线应与消费方的边际效用曲线相一致,供给曲线与生产方的边际成本曲线相一致,即社会边际

---

① 胡兆培:《有效供给论》,经济科学出版社 2004 年版,第 165 页。
② 华桂宏:《有效供给与经济发展》,南京师范大学出版社 2000 年版,第 76—82 页。
③ 刘诗白:《我国转轨期经济过剩运行研究》,西南财经大学出版社 2000 年版,第 179 页。

收益等于社会边际成本,从而实现帕累托最优。

有效供给是与无效供给相对应的一种供给。作为经济学范畴的有效供给,除必须具有社会使用价值外,还要求产品在价格、质量和数量上与购买者的支付能力和需求量相适应。无效供给则与此相反,可能是超过有效需求的过剩供给,也可能是不符合有效需求的不良供给。所以,商品的总供给增加并不意味着有效供给的增加,有可能是得不到消费者认可的无效供给或供给过剩。有效供给不足最突出的表现一般有以下四方面[①]:①价格过高形成的无效供给。②重复建设形成的无效供给。③产品简单增量再生产形成的无效供给。④品质伪劣形成的无效供给。

有效供给不足的原因是多方面的,但本研究对崔建华的观点较赞同,即"政府为促进有效需求提供的服务供给不足,特别是制度供给严重短缺"[②]是很重要的原因。政府职能部门办事效率低下,公共安全服务普遍缺乏,严重损害了政府形象。作为市场经济不断发展的国家,政府与时俱进创新供给制度极为必要。

有效供给理论与一般的西方经济学供求理论关注点有所不同,可以说更适应发展中国家的特点。因此,有效供给理论更关注资源配置效率的日益改进,以拓展供给的潜力为主要目标。发展中国家的供求矛盾主要是供给短缺和结构性供给过剩,其"短缺经济"内在原因确实有需求因素,但根本原因在于有效供给不足。发展中国家的经济增长方式由"粗放型"向"集约型"转变,实质就是提高资源使用效率的过程。但单纯追求经济增长的发展模式只能是生产的可能边界得到暂时扩张,通过逐步提高有效供给水平才可能长久地维持下去。

2.2.1.2 教育有效供给

教育经济学在我国的发展历史还不长,处于刚刚起步阶段,因此对教育有效供给的研究也不多。一些学者认为,经济学中的有效供给理论同样可

---

① 胡兆培:《论有效供给》,《经济学家》1999 年第 3 期。
② 崔建华:《我国现阶段有效供给不足的表现、成因及治理对策》,《经济体制改革》2002年第 3 期。

以运用在教育上,教育有效供给包括两个方面:教育产品在供给总量上与总需求的均衡,即总量均衡;各类别产品的供给与各类别的市场需求相均衡,即供求结构均衡。① 经济学范畴的有效供给注重社会使用价值,因此教育供给的数量与结构是否与教育需求相适应就显得非常重要,教育事业的发展必须与社会发展要求相适应。但这些说法没有对教育供给的效率给予足够重视。经济学讲究在资源有限的前提下,如何有效地配置资源。教育有效供给当然需要正确处理好多样化的教育需求和如何提高现有教育资源利用效率的问题。只有从教育需求和供给效率两个角度来界定教育有效供给才更有意义。

当一定教育供给满足了社会主体教育需求,且高效的供给带来增值时,教育供给是有效的。反之,当教育供给未能满足主体教育需求,或者供给结构失调、效率低下,则教育供给是无效或低效的。教育需求是指个人和社会对教育有支付能力的需要,包括个人教育需求和社会教育需求。教育的社会功能正是这种社会需求的体现,但现代社会个人对教育的需求也越来越强烈。这样,教育供给又出现了新的问题,满足了个人教育需求未必适合社会需要,而某种符合一定社会需求的教育未必能满足和适应个人的教育需求。为了形成教育有效供给,就要求在个人教育需求与社会教育需求之间寻求平衡。这就意味着,教育供给不能只是消极被动地适应和满足教育需求,更需要积极主动地引导教育需求,缓解教育供求矛盾和不同需求的矛盾,使各种教育需求趋向一致。从这个意义上来理解,本研究认为,教育有效供给就是指能够最大限度地满足、适应与引导各种教育需求,适应当前经济社会发展水平的、高效率的教育供给。因此,教育有效供给不是绝对的,并不意味能够完全满足和适应各种教育需求。现代社会的教育功效越来越显著,人们对教育需求越来越多样化,加之教育活动的长周期性,人们各种教育需求的绝对满足几乎不可能实现。另外,教育供给的有效与无效也是

---

① 史宏协:《论我国农村教育的有效供给》,《经济体制改革》2005年第1期;金蕾:《农村教育产品的有效供给模式》,《宁波党校学报》2006年第2期。

相对的。有效与无效本身是一个主观价值判断的过程。如,一种教育供给有利于这一人群未必有利于另一人群,满足了个人的教育需求但未必适合经济社会发展需要,等等。教育供给只能在个人或群体权衡和判断的基础上,最大限度去满足各方不同的教育需求,以需求者利益为准则。因此,满足了教育需求的现实供给我们就称为有效供给,反之则为有效供给不足或无效供给。

教育有效供给与经济学中有效供给是有区别的。第一,教育活动不是一般意义上的纯经济活动,某种程度上更带有一种政府行为或非市场行为,教育是一种不以赢利为目的的活动。教育供给和教育需求均是政府公共政策导向下的产物,并不任由市场机制的自由发挥。第二,人们对教育的需求具有多样性,因此教育供给要满足教育需求就呈现出复杂性。第三,教育供给是否有效还是一种价值判断过程。教育不仅提高个人素质,还肩负着促进社会流动、促进社会公平的社会职能。这就增加了判断教育有效供给的难度。第四,教育供给大多是由政府承担,供需双方的地位并不平等,目的也不一致。政府可能提供的社会服务很多但纯粹无效或效率不高,或者提供较少而且不适应人们的需求。如,教育规划失误导致的教育机会供给过多,致使学校招不到学生的现象;农民教育虽然供给量不大但有些仍然无法吸引农民,出现的供需不协调的情况;普通教育中学校的供给效率和教育质量的差异造成的有效供给不足的问题。因此,教育有效供给不足包括三种情况:一是能满足有效需求的教育供给不足。表现为教育机构提供的教育机会少于学生的入学需求或教育机构提供的各种人才满足不了社会的实际需要。二是不良供给,即教育供给的质量与效率有待提升。三是供给过剩,包括绝对过剩与相对过剩。前者表现为教育机构提供的教育机会超过学生对入学机会的有效需求;后者表现为教育供给与社会需求不适应,无法满足社会需求,呈现结构性剩余。

为了更好促进经济社会发展,教育必须尽力扩大有效供给,满足和适应教育需求。第一,教育供给应科学决策与规划。科学地考察和分析,在科学预测的基础上不断满足和适应经济社会发展的需要。第二,教育质量是促进教育有效供给的基础。在其他条件不变的情况下,教育有效供给与教育质量呈正比。第三,教育有效供给需要多方予以监督。第四,教育供给应富有弹性,不拘泥于连续性的正式教育,刚性与灵活、一般与专门、正式和非正式相结合。第五,充分发挥政府公共政策的引导作用。政府的财政投入是决定教育能否正常稳定发展的最关键因素,政府通过拨款、立法等手段可以间接调节教育供求,促使教育有效供给的形成,甚至采取行政手段直接干预或限制某些教育行为,防止教育无效供给。第六,完善劳动力市场,根据市场需求不断调整专业设置和教学内容,形成有效供给。第七,培养健康的教育需求心态。不论是人才的需求方还是受教育者个体,不盲从于文凭、高学历,不迷信和追求热门专业,理性看待受教育与经济社会发展、个人就业创业的关系,促进教育有效供给的形成。

2.2.1.3 农民教育有效供给

为农民提供有效的教育不论是在理论上还是在实践上都是非常必要的。

首先,农民教育的有效供给可以促进农业生产的稳定发展。农业作为第一产业,在世界范围内均具有天生的弱质性,面临着自然和市场的双重风险,并有着投资低回报率的特点。所以,为农民有效提供教育能较大地提升农民素质,从知识、技术等层面认识农业、改造农业,不断运用新知识、新技术来发展农业,延伸农业产业链,不断提高现代技术在农业生产中的应用水平,彻底改变农业低回报率的现实。同时,农业虽然在 GDP 中的比例不高(尤其是发达国家),但农业的特殊性使其在国民经济中处于一个基础的地位。农业是人类生存的衣食之源、生存之本,是工商业存在和发展的基础。因此农业的发展水平、发展速度和规模决定着二、三产业的发展速度和规模。无论是农业产前、产中还是产后,高素质农民总是高效率农业的基础,也是农业可持续发展的重要保证。

其次,有效的农民教育供给是检查政府工作实效的重要标志之一。坚持立党为公、执政为民,这是我们人民政府的根本服务宗旨。然而,高效的工作不只是理论上的说教,更体现在现实的工作之中。当前农民教育供给在现实中还存在供给总量不足、效率不高的现象,需要检查政府的工作是不是真正做到权为民所用、情为民所系、利为民所谋,能否更好地体现我们党的先进性和国家政权的人民性。农民教育算不上是政府的中心工作,但同样体现了广大农民群众对教育的基本要求。让农民能体会到公共服务的阳光,是评价政府工作效率的最好途径之一。

2.2.2 人力资本理论与农民教育

2.2.2.1 人力资本的概念及其形成

关于人力资本的经济学说思想可以追溯到 1676 年,当时英国古典经济学家威廉·配第第一次严肃地运用了人力资本的概念。其后,亚当·斯密、欧文·费雪、马歇尔等经济学家都从不同的角度论述过人力资本,但提出比较明确的人力资本概念的还是美国经济学家、诺贝尔经济学奖得主西奥多·W. 舒尔茨在 20 世纪 60 年代首先提出的。舒尔茨认为,人力资本是通过对人力资源投资而体现在劳动者身上的体力、智力和技能,它是另一种形态的资本,与物质资本共同构成了国民财富,而这种资本的有形形态就是人力资源。①

我国许多学者在研究人力资本问题时,也对此赋予了各具特色的定义。如,张晓梅(2005)认为,人力资源是反映劳动力的数量,而人力资本则反映劳动力的质量,是指人的大脑中的知识存量,是一种潜在于人的头脑中的知识和技能所表现出的人的质量水平。② 阎淑敏(2006)认为,人力资本是指以劳动者数量为基础,通过对劳动者健康及教育等多方面投资而形成的蕴藏于劳动者身上的知识、技能、能力及健康存量的总和。③

从 20 世纪 60 年代舒尔茨提出人力资本以来,人们逐渐认识到促进经济增长的各种因素中,人力因素占有越来越重要的位置。因此,经济学家不

---

① 西奥多·W. 舒尔茨:《论人力资本投资》,北京经济学院出版社 1990 年版,第 5 页。
② 张晓梅:《中国农村人力资源开发与利用研究》,中国农业出版社 2005 年版,第 25 页。
③ 阎淑敏:《中国西部人力资本比较研究》,上海教育出版社 2006 年版,第 18 页。

再满足于把劳动力看做是一种被动的、只能为资本所雇佣的要素,而是提出了劳动同样是资本的看法。教育在促进经济增长中的作用也不断显现。舒尔茨主要从五个方面对人力资本进行了论述[①]:①医疗和保健;②在职人员培训;③正式建立起来的初等、中等和高等教育;④不是由企业组织的那种为成年人举办的学习项目;⑤个人和家庭适应于变换就业机会的迁移。因此,人力资本是通过一定途径投资而获得的知识和技能的积累,这些途径包括学校教育、在职培训、实践经验、迁移、保健、科研投资等。

2.2.2.2 人力资本理论的形成和发展

人力资本理论是20世纪西方经济学理论的重成要组成部分,主要代表人物是经济学家舒尔茨、贝克尔、弗里德曼、索洛、卢卡斯以及海克曼等。人力资本理论的形成和发展至今大体经历了三个阶段,即早期的人力资本思想萌芽、古典人力资源理论和现代人力资本理论的形成。

(1)早期的人力资本思想萌芽。

关于人力资本理论的思想渊源,实际上是起源于古典的政治经济学。最早可以追溯到古希腊思想家柏拉图(Plato)《理想国》中对教育和训练经济价值的论述。亚里士多德(Aristotle)在《政治论》中也认识到教育的经济作用。但这些看法仍然将教育定位在消费品,认为对经济的作用也是间接的。威廉·配第(William Petty)在《赋税论》(1662)中提出"土地是财富之母,劳动则是财富之父和能动要素",因此被认为是"首次严肃地运用了人力资本概念"。亚当·斯密(Adam Smith)则是第一个将人力视为资本的经济学家,他在《国民财富的性质和原因的研究》(1776)中提出构成国民财富四种资本中有一种资本是由"一个社会全体居民或成员所具有的有用的能力"所构成,明确提出了劳动技巧与劳动能力、教育培训的关系。大卫·李嘉图(David Ricardo)、约翰·穆勒(John Stuart Mill)、让·萨伊(Jean Baptiste Say)、麦克库洛赫(John Ramsay McCulloch)以及马尔萨斯(Thomas Robert Malthus)等继承并发展了斯密的劳动价值学说,其主要论点有相似

---

① 西奥多·W.舒尔茨:《论人力资本投资》,北京经济学院出版社1990年版,第9页。

性。应该说,这个阶段的哲学家或者经济学家对人力资本理论的研究与现代人力资本思想相比还显得很不充分,甚至有些观点在今天看来就是错误的。但不可否认,这些思想构成了现代人力资本理论形成的重要基石。

(2)古典人力资本理论。

古典人力资本思想研究的代表人物主要有里昂·瓦尔拉斯(Léon Wal-ras)、阿尔弗雷德·马歇尔(Alfred Marshall)、费雪(Irving Fisher)等。其中马歇尔应该说是这些人物中的集大成者,马歇尔对于人力资本思想持有一种矛盾的观点,具体表现在他一方面承认教育的经济价值,另一方面却不接受并反对人力资本的概念。

瓦尔拉斯认为,"社会财富"可分为资本和收入两类,资本的本质在于能产生收入,而收入的本质在于能直接或间接地构成资本。其中,资本又可分为土地资本、人力资本和狭义资本(即物质资本)。① 但瓦尔拉斯把人力资本等同于人本身,在量上则等同于"人口的数目",这显然是不恰当的。当然,在他的均衡理论体系中特别突出了"企业家"的角色和职能,对以后企业理论和企业家理论形成影响很大。马歇尔对人力资本的贡献主要表现在《经济学原理》(1890)一书中第六章以整章篇幅研究了教育和训练对提高劳动力素质的积极作用。他还认为教育投资对经济增长起重要作用,并指出政府要在人力资本投资中发挥积极作用。马歇尔一方面认真地研究教育的经济价值,主张把"教育作为国家投资",教育投资可以带来巨额利润;另一方面他又认为人是不可买卖的,拒绝"人力资本"这一概念。② 马歇尔认为,把公私资金用于教育是否明智这一问题,不能简单地以它的直接结果来衡量,教育即使仅仅当作是一种投资,也是有利的。这里关键的经济问题是国家与父母应怎样分配负担教育费用,而父母负担教育费用的多少受其道德品质、情感、财力以及预料未来、长远打算的习惯等各种条件的制约和影响。③ 他指出:"以一种抽象和数学的观点来看,无可否认,人是资本,但

① [法]阿弗里德·瓦尔拉斯:《纯粹经济学要义》,商务印书馆1989年版,第5页。
② [英]马歇尔:《经济学原理》(上卷),商务印书馆1964年版,第229页。
③ [英]马歇尔:《经济学原理》(上卷),商务印书馆1964年版,第10页。

是,在实际分析中把他们当作资本是与市场的实际情况不相符合的。"①

马克思(Karl Marx)尽管没有进行专门的人力资本理论研究,但他的劳动价值论中的许多理论观点却是人力资本理论的重要思想基础。如马克思认为,"工人作为社会工人所发挥的生产力,是资本的生产力"②,"协作发挥劳动的社会生产力表现为资本的生产力"③。劳动是创造社会财富的主要源泉,人类的具体劳动创造商品的使用价值,抽象劳动创造商品的价值。他把提高人的智力和技巧的科学技术以及教育看成是生产力的重要来源。

(3)现代人力资本理论的形成。

现代人力资本理论是在古典人力资本理论的基础上于20世纪50年代末60年代初形成,主要的代表性人物是舒尔茨(Theodore Schultz)、明塞尔(Jacob Mincer)、贝克尔(Gary S. Becker)、丹尼森(Edward Fulton Denison)等。

舒尔茨是美国经济学家,在1960年美国经济学年会上的演说宣告了人力资本理论的诞生,被称为"人力资本之父"。舒尔茨对人力资本领域的最大贡献在于他第一次系统地提出了人力资本理论,对人力资本在经济增长中的各种作用和影响进行了系统研究,并冲破重重阻力使其成为经济学一门新的分支。为此,舒尔茨获得了1979年诺贝尔经济学奖。他以一种全新的视角来看待经济增长,探索经济发展的新的动力源泉。

舒尔茨主要是从宏观角度研究人力资本问题,贝克尔则是从微观上研究人力资本,从而构建了人力资本理论的微观经济基础。其主要贡献表现在:一是对人力资本和人力资本投资进行了界定,认为所有用于增加人的资源并影响其未来货币收入和人消费的投资都是人力资本投资;二是认为人力资本投资具有较长的时效性;三是在职培训和收集信息、情报资料都是人力资本投资的内容,同样具有经济价值;四是他认为投资收益率是决定人力资本投资量的唯一重要因素,收入随年龄的增长而增加,与受教育水平成正比例关系。这样,

---

① [英]马歇尔:《经济学原理》(上卷),商务印书馆1964年版,第15页。
② 马克思:《资本论》(第1卷),人民出版社1975年版,第370页。
③ 马克思:《资本论》(第1卷),人民出版社1975年版,第372页。

贝克尔的微观基础与舒尔茨的宏观基础使现代人力资本理论得以全面确立。

丹尼森从计量的角度为人力资本理论提供了最为有力的证据和补充。他论证了正规教育因素对经济增长的作用,认为由于教育年限的增加(不包括教育质量的变化),劳动者对生产做出较大的贡献,从而提高了个人收入。在统计不同教育程度的劳动者收入情况的基础上,丹尼森对舒尔茨论证的教育对美国经济增长的贡献率做了修正,他将经济增长的余数分解为规模经济效应以及劳动力质量的提高。通过研究表明:1929—1957 年间美国经济增长中有五分之一是来自教育,由于劳动力受教育水平的提高,使美国由教育引起的年均国民收入增长率达到 0.67%。

研究人力资本的时候,我们常常无法回避美国经济学家明赛尔。在我们国家大多读者对舒尔茨和贝克尔相对比较熟悉,实际上,明塞尔在舒尔茨和贝克尔之前发现了人力资本理论,应该是现代人力资本理论的最早开拓者。明塞尔的主要贡献在于首次将人力资本投资与收入分配联系起来,并借鉴斯密的"补偿原理"建立了个人的收入与其接受培训量之间相互关系的数学模型,即"明塞尔模型"(也有称"明瑟模型")。

人力资本理论由舒尔茨提出以后,很快被人们接受,成为很多国家制定教育发展战略和政策的理论基础,对这些国家的影响极大,教育扩张之风吹遍全球。但 20 世纪 60 年代末到 70 年代初,世界经济出现了新的变化。70 年代的严重经济危机,使得这些国家受到经济衰退、通货膨胀,以及高失业率的打击。这种不景气的经济状况与教育的不断扩张发生矛盾,造成种种问题,如"文凭膨胀"、"过度教育"、极高的青少年失业率等等。那些曾寄希望于投资教育刺激经济增长的发展中国家,没有带来经济的高速增长,更没有实现社会的公平。采用人力资本理论不能有效解释这些问题,由此,新的理论便应运而生,如"筛选理论"、"劳动力市场划分理论"、"社会化理论"等等。当然,这一切都没有撼动人力资本理论的主流地位。

2.2.3 第二代人力资本理论

筛选理论并不是一个系统、完整的理论体系,它只是由一些基本主张大致相同或相近的学者构成的一个松散的理论派别。代表学者有伯格(I. Berg)、阿诺(K. Arrow)、斯宾斯(D. Spence)、索洛(L. Thurow)等等。因为均对人力资本理论主张的教育提高生产力之说发生质疑,并均认为教育的作用在于它的筛选性,因此将这些人的主张归于同一派别,冠之以"筛选假设"或"筛选理论"。筛选理论认为,雇主总是希望从众多的求职者中选拔有适当能力的人去填补空缺岗位,但在并不了解这些人情况下如何选择?一是依据天生而不能改变的,如性别、种族、家庭背景等;一是依据后天获得、可以改变的,如教育程度、婚姻状况、个人经历等。特别是教育作为一种信号成为筛选求职者的重要条件。在经济快速增长的黄金时代,大学生很容易找到对口的工作,但经济发展缓慢或萧条时,大学生可能只能从事过去中学生的工作,而中学生则要做以前小学生的工作。这种文凭膨胀现象用筛选理论来解释就是,教育的作用是筛选识别人的能力,并不提高生产力,从而教育扩张也无助于经济的增长。实际上,企图全面肯定或否定该理论都是有失偏颇的,也是不可能的。"重要的是应考察在什么条件下,教育水平被用来进行筛选。"[1](兹德曼,1992)

劳动力市场划分理论着重从教育水平与劳动力市场的关系角度研究教育的经济价值。强调劳动力市场的划分受雇员教育程度的严重制约。所以教育对个人的经济价值在于其决定了一个人进入何种劳动力市场,对整个经济增长的作用在于它将人们分配到不同的劳动力市场,从而使整个社会形成一个经济运行体。这与人力资本理论中教育提高个人认知技能及生产力的主张显然大相径庭。

社会化理论是1976年鲍尔斯(S. Bowles)和金蒂斯(H. Gintis)合著的《资本主义美国的学校教育:教育改革与经济生活的矛盾》[2]一书出版后,人们将该书的基本主张称之为社会化理论。该理论采用西方新马克思主义的

---

[1] A. Zderman, *Evidence on Screening: P Tests for Isreal*, Economic of Education Review, Vol 11, No. 1, 1992.

[2] [美]鲍尔斯、金蒂斯著,王佩雄等译:《资本主义美国的学校教育:教育改革与经济生活的矛盾》,上海教育出版社1990年版。

观点和方法,说明美国资本主义经济制度存在的功能,严厉而全面地批评了第一代教育经济学家的观点。在教育经济学、教育社会学和教育哲学领域均产生了强烈的反响。该书中心论点是要论证在资本主义经济中,教育的经济价值已被传统的教育经济学家严重曲解了。

2.2.4 福利经济学理论与农民教育供给

2.2.4.1 福利经济学基本理论

福利经济学是研究社会经济福利的一种经济学理论体系,它是由英国经济学家霍布斯和庇古于 20 世纪 20 年代创立的。西方经济学家从福利观点或最大化原则出发对经济体系的运行予以社会评价的经济学,属于规范经济学的范畴。它通过对经济体系的运行作出社会评价,回答是"好"和"不好"的问题。认为只要能给全体公民带来精神和物质福利,就是好事,主张收入均等化。强调国家在国民收入调节过程中的作用,把人民的福利当成政府的目标。

福利经济学的主要特点是以一定的价值判断为出发点,即根据已确定的社会目标建立理论体系;以边际效用基数论或边际效用序数论为基础建立福利概念;以社会目标和福利理论为依据制定经济政策方案。

福利经济学的发展大体经历了四个阶段:以否定社会福利制度为主的早期福利经济学、以基数效用为基础的旧福利经济学、以序数效用为基础的新福利经济学和以社会选择理论为核心的现代福利经济学。

福利经济学始终将福利及其分配作为其研究的主要内容,认为增进社会福利既是社会发展目标也是经济发展的目标,社会福利是所有人的福利,只有所有人福利增加才能使整个社会福利增进。对福利的理解,不同时期有着不同的解释,社会福利的增进不只是表现为人们获得经济利益的增长,还包括其他生产、生活过程中的效用的增加。关于福利标准的判定与福利的计量,可以简单相加,也可以根据社会成员个人增进福利的边际效用来计量。公平和效率是福利经济学研究的核心,二者的关系在不同时期的理解不同,但我们更倾向于基于公平的每一社会成员的福利水平的提高,而不是只考虑总体福利水平。

2.2.4.2 公平、效率与农民教育供给

公平是一种价值判断,包括了起点、过程和结果的公平三个层面。公平与效率的关系一直是经济学界争论的焦点,在经济社会发展的过程中到底是强调公平还是强调效率,不同的人所处的立场不同,得出的结论当然也就各不相同。从哲学的角度来看,公平与效率仿佛是跷跷板两端的物体,哪一边多了都会失去平衡,从而导致社会的混乱。所以,公平和效率既相互依赖,同时也是一对矛盾。福利经济学认为公平不完全是一种实现规则上的公平,而是社会福利增长意义上的公平,即效率意义上的公平。如果只讲公平,缺乏效率,这样的公平即使有,也不可能持久。

我国社会主义市场经济是在等价交换原则下,在任何一方不受损害的前提下增加社会福利,因此是一种符合帕累托效率意义上的公平的制度安排。我们国家正处在一个经济快速发展的转型时期,需要建立起新的公平和效率的评价标准,来认识社会主义市场经济建设中出现的新问题和新现象。福利经济学的公平效率准则为此提供了一种可供参考的模式,对形成新时期的公平效率观具有重要的现实意义。

农民教育虽然不是典型意义上的公共产品,但"三农"问题的特殊性使得农民教育成为以政府为主体进行供给的产品,属于公共财政管理的范畴。作为政府为主体进行配置的公共资源,其中必然涉及公平和效率的关系问题。农民教育供给是一个与公平紧密相关的概念,同时也意味着对效率的促进和福利的增进。与私人产品一样,农民教育供给当然也要讲究效益,在追求经济效益的同时,更讲求社会效益。

农民教育供给的经济效益表现为效率目标,政府将社会公共资源用于农民教育的目的是提高农民素质,进而达到增加农民个人收入和国民收入的目的,从而实现政府对社会资源的优化配置,实现社会福利的最大化。

农民教育供给涉及经济权利、机会和利益在社会成员之间的重新分配,在这个问题上,讲效率更应讲公平。一般来讲,对公平的考察可以从起点、过程和结果三个层面进行。政府的职责是服务于国家利益和公共利益,农

民教育供给中的起点公平就要求农民教育的供给从根本上是服务于或能够增进国家利益和公共利益,实现社会公共资源在不同利益群体之间均衡配置。每个社会成员都是平等的,都应当享受到社会公共资源的福利,既包括基本生存、基本生活的权利,又要拥有发展的环境与机会。正如温家宝总理所说:"要让城乡百姓特别是困难群众都能享受到公共财政的阳光。"[①]

农民教育供给中的过程公平要求对农民教育抉择的组织和程序要公平。政府在农民教育的抉择中如果独断专行就会使农民群体感到不公平,因为可能存在未被表达的或受到权势集团排挤的公共利益。在农民教育供给中,甚至很多关于农村的政府决策中,我们能否反问一下,多少决策是在农民参与的情况下做出的? 不论是政府部门的领导还是专家学者,虽然不少出生于农村,但他们在长期离开农村生活后,又怎能完全代替农民做出抉择? 所以说,只有那些经过充分的民意表达并获得高比例赞成的农民教育供给项目,而不是"被民意表达",才会被农民大众所认可。从这个意义上看,公共产品供给过程中应该建立完善的民意表达和民众监督制度。

农民教育供给的结果公平表现在,这种供给是否有助于缩小城乡、行业之间人与人的差距,确保处于劣势地位的农民的待遇逐步得到改善。根据功利主义者的观点,应增进最大多数人的最大幸福;罗尔斯主义的观点是,社会福利最大化标准应该是使境况最糟的人的效用最大化。实际状况是,农民教育供给远远没有达到这一目标。农民是弱势群体,农业是弱势产业,农村在城乡对比中则是弱势的区域。增进全社会的福利当然就不可能回避农民、农业和农村,人是社会发展的最大资源,对农民教育的供给正是达到提升农民素质、改善农村社会状况、提高农村社会管理科学化水平的重要举措。忽视农民教育投资,势必就造成了一系列严重的社会后果。

2.2.4.3 帕累托改进与农民教育供给

政府提供公共产品的目的在于追求社会资源最优配置,帕累托

---

① 温家宝:《2007 年政府工作报告》,《人民网》。http://npc. people. com. cn/GB/28320/78072/78077/5438873. html.

(Vilfredo Pareto)提出了两条著名的评价资源配置社会福利状态的准则：①帕累托改进准则。在两种社会经济资源配置状态相比较的情况下，社会经济资源配置状态 A 比社会经济资源配置状态 B 好的标准是：至少有一个人判断状态 A 比状态 B 好，而没有人判断状态 B 比状态 A 好。②帕累托最优状态。如果社会资源配置处于这样一种状态，便可称其为效率最优：任何一种资源配置状态的进一步改变，均不可能在不伤害他人利益的前提下使一个人得到好处。根据帕累托准则提供公共产品，大多数公共产品的生产都会面临不同社会群体之间损益的比较，一种公共产品的提供总是使社会的一部分人得益而使另外一部分人受损。所以，卡尔多（Nicholas Kaldor）、希克斯（John Hicks）、西托夫斯基（Tibor Scitovsky）等人对此进行了改进，庇古（Arthur Cecil Pigou）则提出了产权的归属问题以解决出现的问题。

从任何一个社会公认的公平的资源初始分配状态出发，要达到帕累托最优状态，都必须借助竞争性市场机制实现。反过来讲，市场经济可以实现反映社会意愿的任何一个帕累托最优配置。这就是所谓的福利经济学第二定理，它指出分配可以和帕累托最优分开考虑，从任何一个初始分配点出发，经济自由交换都能够达到帕累托最优点。实际上，这就为政府强制调节资源分配提供了理论基础，以便为创造一个平等的竞争起点提供坚实的基础。

农民教育的供给，实质上需要体现的是起点的公平，通过政府的作用使每一位农民尽可能地在同一起始点上展开自身的社会生产、生活，参与社会竞争。当然，政府提供农民教育，满足农民需要，总是在一定的财力下进行的，而公共财力相对于农民的教育需求依然是一种稀缺资源。人们的欲望是无止境的，政府的公共财力不可能满足所有农民对教育的需要，有限的财力只能在社会群体之间进行配置。这样，就涉及一个公共财力的配置准则问题。假如，将社会分成城市居民和农村居民两个群体，对现有的公共产品供给制度进行重新安排，即增加农民教育供给水平，适当减少对城市部分公共产品的供给。如果农村居民因此获得的福利水平增加值大于城市居民福利水平的减少值，我们就会认为增加农村公共产品供给就是一种有效的制度安排。

2.3　农民教育供给制度的分析框架

2.3.1　制度分析的一般框架

对于经济行为的研究,制度是一个无法回避的概念,对制度的关注实际上从古典政治经济学就开始了。古典的政治经济学在研究政治与经济的关系时,就对制度的作用进行了很多的研究。但对制度的系统研究还是从制度经济学开始的。新制度经济学认为,资源的配置效率不仅仅取决于资源和技术,还取决于制度,甚至认为制度是影响效率最根本的因素。新制度经济学家由此创立了对经济问题的制度分析框架:在承认制度对经济效益有根本影响的基础上,运用交易成本比较不同制度安排的经济效益,解释经济制度多种多样的差异性;运用传统的成本—收益分析方法对经济制度作局部均衡分析和比较静态分析,以效率为标准,解释制度产生的原因和制度变迁的根据。具体说来,这一分析框架包括以下几个方面内容。

2.3.1.1　制度的功能

制度在经济社会发展中具有重要作用这是不言而喻的,但制度到底在其中体现了什么样的功能,研究者的理解有一定差异。所谓制度的功能,是指制度有助于人们解决反复面临的某类问题。[①] 总体上,制度的功能可以概括作如下分类描述:

(1)降低交易成本。

有效的制度能使交易双方获得使其行为有序化的信息,降低市场中的不确定性,抑制人的机会主义行为倾向,从而达到降低交易成本的目的。

(2)为经济提供服务。

每一种制度都有其特定的功能和经济价值。如货币的特性之一是提供便利;市场可以提供信息;保险公司可以共担风险;学校等可以提供公共服

---

① 罗必良:《新制度经济学》,山西经济出版社 2005 年版,第 113 页。

务等。在舒尔茨看来,制度的功能就是为经济提供服务。

(3)为实现合作而创造条件。

传统经济学强调了经济当事人之间的竞争,而非合作。制度可以说就是人们在社会分工与协作过程中经过多次博弈而达到的一系列契约的总和。它为人们在广泛的社会分工中的合作提供了一个基本的框架,通过规范人们之间的相互关系,减少信息成本和不确定性,从而促进了合作的顺利进行。

(4)提供激励机制。

即通过建立制度激发经济活动当事人的内在推动力。一个有效的制度,应明确界定行为主体获取与其努力相一致的收益的权利。只有当个人收益率接近社会收益率时,制度才有可能被不断创新,并持续地激励组织中的个人努力工作、积极创新。

(5)提供保险功能。

制度的保险机制是帮助人们形成对自己经济行为可以合理把握的预期。如果财产权得不到切实保障,处在经济活动中的人们就缺少基本的安全感,从而造成经济秩序的紊乱。实践表明,滥用资源、不重积累、赌博等不良行为,本质上都是现行制度保险功能残缺的表现。

(6)促使外部利益内部化。

外部性一般是指私人收益与社会收益、私人成本与社会成本不一致的现象。许多负外部性的产生在于产权界定不清,建立排他性的产权制度可以实现外部利益内部化。通过对产权界定、产权保护转让等严格的约束制度,降低交易成本,或者在使产权明晰的制度的基础上,引入市场价格机制,明确谈判交易双方的责权利,促使外部利益内部化。

2.3.1.2 制度效率

制度效率,即制度的有效性,是指制度成本与制度收益之间的对比关系,包括制度绩效和制度实施效率两个方面。制度的绩效是指制度通过降低交易成本对资源配置和经济增长起作用;制度的实施效率是指制度被主体认同、遵循的程度。研究制度的绩效,其假定前提是制度实施是有效的;同样,研究制度的实施效率是假定制度的绩效问题已解决。一般情况下,经济学家没有对二者进行区分。通常,新制度经济学关注制度绩效研究,而博弈论则注重制度实施效率的设计。制度效率的表示方法有两种:一种是假定制度所提供的服务或实现的功能为既定,即费用较低的制度是更有效的制度;一种是假定制度选择的费用为既定,则能够提供更多服务或实现更多功能的制度是更有效的制度。

在新制度经济学家看来,决定制度安排的效率主要取决于三方面:一是制度的普适性,即制度是一般的,不应在无确切理由的情况下对个人和情境实施差别待遇;制度是确定的,对违规的惩罚应得到清晰的传达和理解;制度是稳定而开放的,稳定给人以明示,开放能激励创新者对新环境作出反应。二是其他相关制度安排实现其功能的完善程度。任何一种制度都与制度结构中的其他制度安排密切相关,因此制度效率还取决于其他制度安排实现其功能的完善程度。孤立地讨论制度效率是没有意义的。三是制度的实施机制。离开了实施机制,再健全的制度也形同虚设。坚持制度实施机制是否有效,主要看违约成本的高低。强有力的实施机制将使违约成本极高,从而使任何违约行为都变得极不划算。

新制度经济学家的这些看法主要是从静态的角度看待制度效率的。实际上,从动态的角度看制度效率存在着递减的规律性。既然制度是一种产品,人们自然会产生对它的需求。制度效率究竟如何,显然与这些制度需求者的接受和适应程度有关。在"消费"的过程中,制度一定符合"边际效用递减"规律。当递减积累到一定程度就出现了制度的变迁。

2.3.1.3　制度变迁的一般规律

制度经济学认为,制度变迁也可以称为制度创新,是制度的替代、转换与交易过程。它既可以理解为对一种更有效益的制度的替代过程,也可理解为对一种更有效益的制度的生产过程,也可理解为对一种更有效的制度的生产过程,还可理解为人与人之间的交易活动的制度结构的改善过程。不管如何理解,制度变迁总是意味着"制度创立、变更随时间变化而打破的方式"①。

---

① 罗必良:《新制度经济学》,山西经济出版社 2005 年版,第 131 页。

新制度经济学一般认为,制度是影响经济效率的重要因素,制度在经济发展中起着决定性作用。但即使是有效的制度安排,随着时间的推移、环境的变化,制度将出现效率递减,因此制度变迁就在所难免。中国近代最敏锐的思想家严复一百多年前(1906年,《宪法大义》)就曾说过:"制无美恶,期于适时,变无迟速,要在当可。"所以说,制度变迁在社会发展过程中具有必然性,不存在一成不变的制度。

诺斯(1971)在其代表作《制度、制度变迁与经济绩效》一书中,集中阐述了制度变迁理论,后来又有许多学者对此进行了补充。制度变迁理论要点是:①制度是为了决定人们的相互关系而人为设定的一些制约,它的主要作用是通过建立一个相互作用的稳定的结构来减少不确定性。②当要素相对价格及谈判力量对比发生变化以及组织的偏好发生变化时,制度会发生变迁。③制度变迁的过程,实际上就是适时制度的各个组织在相对价格或偏好变化的情况下,为谋取自身的利益最大化而重新谈判,达成更高层次的合约,改变旧的规则,最终建立新规则的全部过程。④正式制度的变迁常常是非连续的,而非正式制度一般则是连续的、缓慢的。在制度变迁的过程中,不再适应的旧的正式制度往往被新的正式制度所否定和取代;在形成稳定的制度之后,新形成的非正式制度则是对正式制度的补充。⑤制度变迁的方式是多种多样的。按变迁规模可分为局部制度变迁和整体制度变迁;按变迁速度可分为渐进式制度变迁和突变式制度变迁;按变迁主体可分为诱致性制度变迁与强制性制度变迁。① 但影响最大的还是最后一种分类方法,即林毅夫的主张。

由此我们可以发现:第一,没有一种制度安排是完美无缺的。因为一种制度安排有效运转是以其他制度安排的存在为条件的。第二,制度是人们在多次博弈中形成的,人们遵循制度说明人们是从多次博弈的结果计算成本与收益而做出的选择。第三,由于制度是具有经济理性的人们多次博弈

---

① 林毅夫:《关于制度变迁的经济学理论》,载《财产权利与制度变迁》,三联书店1994年版,第384—396页。

的结果,因而制度变迁过程的核心问题是权利重新界定和相应的私人利益调整,所以这一过程也是一个包含着具有不同利益和不同相对力量的行为主体之间相互作用的政治过程。

2.3.2　农民教育供给制度的具体分析框架

对农民教育供给制度的研究是基于制度的层面展开的,也就是说,我们重点考察制度对农民教育供给的影响。所以,我们将运用新制度经济学的制度分析框架来研究农民教育供给制度。但为了农民教育供给制度具体研究的需要,有必要首先对农民教育供给制度做一个界定,然后再对农民教育供给制度的具体分析框架做简要介绍。

2.3.2.1　农民教育供给制度的界定

按照对制度的理解,农民教育供给制度就是人为设定的农民教育供给行为的规则。显然,农民教育供给制度是由一系列相关联的规则制度所构成的:①决策制度。也就是说当农民教育的需求在通过某种方式表达出来之后,决定农民教育提供和提供数量的责任、权力将由某一主体通过某一方式承担。决策制度决定了农民教育决策的责任者和决策方式。②资金筹措制度。这一制度一经确立,将涉及由谁、通过何种方式负责为农民教育提供资金。尤其需要深入探讨的一个问题是成本分摊制度,当这些资金用于农民教育生产而成为生产成本后,如何分摊成本?③教育和管理制度。着重解决由谁负责教育、如何监督该活动,以及教育活动开展后的管理、意见反馈与处理的主体和过程问题等。④使用(分配)制度。主要涉及收费的问题。如,农民教育活动是否收取费用;一旦收取费用,就必须考虑最优水平和财富分配效益等问题。

以上这四类具体制度每一种都有多种不同的选择,每一种不同选择就构成了一个新的农民教育供给制度安排。

首先,农民教育供给的主体不同,以上规则就会表现出根本的不同,从而使农民教育供给制度分成政府、私人和第三部门等不同制度安排。农民教育政府供给制度是指由政府或其某一部门对农民教育活动的生产、供给和成本分摊作出决策;农民教育的私人供给制度是指私人以追求利益最大化为目标,对农民教育活动的生产和供给作出决策,私人承担成本;农民教育的第三部门供给制度是指由非营利性组织对农民教育的生产和供给作出决策,由非营利性组织募集资金承担农民教育的成本,或者由其成员共同承担。

其次,即使农民教育是同一个供给主体,也可以在以上四个方面采用不同的规则来供给农民教育。如,政府供给农民教育,既可以采取自上而下的决策制度,也可以采取自下而上的决策制度;既可以采取政府财政制度内筹资制度,也可以采取政府财政制度外筹资制度;既可以采取政府决策、政府生产的直接生产制度,也可以采取政府决策、非政府部门生产的间接生产制度等。同样,农民教育由私人或第三部门供给也可以使得供给主体和生产主体分离,从而形成不同的农民教育供给制度安排。

由此我们可以看出,实现农民教育供给的制度安排是多样的,是一个制度集合。每一种供给制度在具体的制度内容上又可以有多种选择,从而形成了实现农民教育供给的制度约束。我们可以用表2-3来表示农民教育供给制度集合。

表2-3　农民教育供给制度集合

	政　府		私　人		第三部门	
决策制度	政府自上而下决策	政府自下而上决策	私人决策		第三部门成员共同决策	
资金筹措制度	政府制度内筹资	政府制度外筹资	私人筹资		第三部门成员共同筹资	
生产制度	政府直接生产	政府间接生产	私人直接生产	私人间接生产	第三部门直接生产	第三部门间接生产
分配制度	政府分配		私人分配		第三部门分配	

2.3.2.2　农民教育供给制度的具体分析框架

从农民教育供给的具体分类可以发现,理论上说,农民教育供给可以由三种不同的方式来提供,是一个可以采用多元化主体的多样化供给制度的

集合。实际上,当前的农民教育还是一个以政府供给为主体的供给体制。具体分析时应该考虑以下几点:

首先是本研究中的农民教育是指农民的职后教育,具体内容可以包括科技、文化、政治思想教育等多个方面,因此一定意义上农民教育是个狭义的概念。本文先探讨"农民教育"作为一个整体的有效供给,即分析在制度集合层面上的不同农民教育供给形式,然后再对以政府为主体的农民教育供给制度作初步探索。

其次是对农民教育供给制度进行分析时,我们将从两个方面着手:一是分析在农民教育供给制度集合中具体制度安排的类型及各自的地位;二是分析各种制度安排在制度内容上的具体规定。

再次,本研究对我国农民教育供给制度发展的探讨,是在考察不同历史阶段、不同国家农民教育供给制度集合特征的基础上,通过对农民教育需求的实际调查,比较分析各种农民教育制度的效率,分析解释农民教育制度演变的原因,把握农民教育供给制度发展的历史趋势和规律性。从而明确在统筹城乡发展的背景下农民教育有效供给的制度内涵,即统筹城乡发展背景下,农民教育供给制度集合中应该包括哪些制度类型、各自的地位如何?各种农民教育供给制度在内容上应有怎样的规定?如何实现农民教育的有效供给?等等。

2.4 影响农民教育供给制度的相关因素分析

虽然农民教育不具备公共产品的典型特征,但农民教育供给制度依然是一个比较复杂的制度体系,影响和制约其发展的因素是多方面的。从我国的情况来看,影响农民教育供给制度的因素主要包括公共财政制度、乡村治理结构以及农村经济发展水平、农业生产特点和农村传统文化等几个方面。

2.4.1 公共财政制度

亚当·斯密曾经说过:"财政乃庶政之母。"①所以财政收入的多寡体现了一个国家的经济发展实力,而财政收入的分配则应体现出公平、公开与正义的原则。在众多的社会制度中,财政制度安排不仅是财政活动决策者的行为规则,也为财政资金使用者提供了激励和约束机制,对于规范政府财政活动、明确公共资源配置、提高财政资金配置和利用效率等,都具有十分重要的基础性作用。由于公共产品是公共财政的核心基础,因此农民教育供给也就成为政府公共财政活动的重要内容之一。

在奴隶社会和封建社会,政府财政活动主要是实现和维护统治阶级的利益,并呈现出"家计财政"的特点,毕竟"普天之下莫非王土"。资本主义社会议会的产生为公共财政的建立创造了可能。尤其是随着市场机制力量的日益增强,市场成为配置社会资源的主要方式,以及由此带来的广泛的社会公共需要,使得公共财政日益凸显并最终占据主导地位,公共财政制度正式诞生。虽然不同国家公共财政制度的具体形态各不相同,公共财政制度仍具有四个方面的共同特征:一是以满足社会公共需要为主要目的;二是以提供公共产品和公共服务为主要特征;三是以规范的公共决策为决策方式;四是以透明、完整的预算作为基本管理方式。由此不难发现,公共性是公共财政的本质属性。公共财政具有稳定经济、资源配置和收入分配的重要职能。但无论是城市还是农村,无论是城市居民还是农村居民,都应该享受公共财政的阳光,都应该包含在公共财政制度框架之中。

针对农村的公共财政制度,需要包括农民教育的供给问题,这不只是农村发展的需要,也是未来城市持续发展的需要。公共财政制度对农民教育供给制度有着巨大的影响。第一,财政收入制度影响农民教育供给制度的筹资问题。这实际上也是农民教育供给制度的核心问题。"公共财政的收入制度,即'公共收入制度'是以'纳税人'范畴为基础的。它只能以税收为

---

① 亚当·斯密:《国民财富的性质和原因的研究》,商务印书馆 1974 年版,第 383 页。

基本的收入来源,以政府收费为主要的辅助来源。"①如果税收占农村财政
收入的绝大部分,则农村财政收入和公共产品的成本分摊机制均会稳固、规
范。第二,公共财政支出制度直接影响农民教育供给水平。在不同的政治
经济体制和不同的国家政策策略下,财政支出的重点就各不相同。如,新中
国成立后我国的二元经济发展战略,导致农村的财政资金总量严重不足;市
场经济体制建立前的建设性财政思想,农村财政过多地用于建设,支出结构
严重失衡。十七大提出建设社会主义新农村、以城带乡、以工促农,农村财
政支出结构才有了新的生机。第三,财政体制对农民教育供给制度的影响。
财政体制主要处理各级政府之间的利益分配关系,即财政级次的划分及其
财权划分、财力配置以及事权和支出责任的分摊等等。我国的财政体制在
农民教育问题上就有一个中央财政与地方财政的协调问题、不同政府部门
之间在提供农民教育上的协调问题。规范财政转移支付、发挥地方政府在
农民教育中的积极性,就具有非常重要的意义。第四,是公共财政管理制度
对农民教育供给制度的影响。在财政资金的使用方向和具体数量基本确定
的情况下,管理的好坏极大影响着资金的使用效果。因此加强资金预算和
管理,改善资金使用方式,将有效提高农民教育资金使用效率,并调动社会
资金投入农民教育的积极性。

2.4.2　乡村治理结构

治理是"各种公共的或私人的个人和机构管理其共同事务的诸多方式
的总和,它是使相互冲突的或不同的利益得以调和并且采取联合行动的持
续的过程"②。乡村治理属于治理的一种,但"乡村"二字不仅限定了治理
的地域,同时明确了治理的主体构成及特征。乡村治理结构的合理性则直
接影响了农民教育供给制度的有效性。

---

① 张馨:《构建公共财政框架问题研究》,经济科学出版社 2004 年版,第 97 页。
② 周运清、王培刚:《全球乡村治理视野下的中国乡村治理的个案分析》,《社会》2005
年第 6 期。

农民教育供给制度与乡村治理结构有着密切的联系,合理的乡村治理模式是农民教育有效供给的现实条件。在现有的乡村治理结构下,乡镇政府和村级组织负有为农民教育服务的重要责任。但实施过程中,由于乡村治理结构的不完善,使得乡镇政府或村级组织不能有效履行其职责。有的是因为乡镇政府与上级政府的委托代理关系失效,也有是因为乡镇政府与广大农民群众之间的"契约"关系难以实现,或者村级组织与村民之间的委托代理关系模糊。由于乡村治理中存在种种失效的体制空间,因而在实践中常常会出现治理失效的可能,这将无法有效地保障农民教育供给制度的顺利实施。治理不是万能的,但有效的治理能够弥补国家和市场在调控和协调过程中的不足,使社会资源在基层得以有效配置。

2.4.3 农村经济发展水平

发展经济学的观点一般认为,经济发展水平和发展阶段是影响公共产品供给制度的根本性因素,当经济发展进入中期阶段后,公共财政的重点转为提供公共产品。福利经济学更是觉得经济发展水平越高,政府提供的公共产品也就越多。因此,农村经济发展与公共产品供给就有着密切的联系。"公共产品的公共性会随着经济发展水平的变化而变化,从而要求从动态的角度审视供给主体、供给模式的变更问题。"[①]

目前,我国农村经济得到了快速发展,广大农民群众对农村公共产品的需求也日益旺盛,并有从基础设施需求向教育、医疗卫生等方面转移的倾向。因此,从农村长远发展的角度来看,必须加大农民教育供给力度,不断提高农民素质。但经济发展水平只是农村公共产品供给中的一个重要因素,其水平的高低,并不自动地解决与农民教育供给相关的一切问题。比如农民教育供给的合法性、透明度、责任、效率、公正等问题,并不是简单的随着经济发展水平高低而相应自动地发生变化。

---

① 杨静:《统筹城乡中农村公共产品供给:理论与实证分析》,经济科学出版社 2008 年版,第 70 页。

2.4.4　农业生产特点

农业生产特点也是影响农民教育供给制度的重要因素,尤其对我国这样一个特殊的农业大国,影响表现更加明显。我国是传统的农业大国,但却是典型的小农经济,农业生产十分分散,规模化、产业化水平不高。改革开放以来,随着家庭联产承包责任制的推广,农业生产更加分散,至2006年年底,我国以家庭为单位的农业生产经营者有20016万户。① 这种产业化、规模化水平不高的状况,一方面使得农户抵御市场风险的能力很低,因此对政府提供公共产品的依赖性较大。比如,一旦出现农业生产资料价格上扬或粮食价格下跌时,政府必须出面进行财政扶持,以降低市场风险对农户生产经营的冲击。同时,还必须为分散的农户提供各种市场信息、教育培训等服务,以提高其生产经营能力和经营的针对性,最大限度地避免市场风险。另一方面,农村居民居住的分散性使得他们抵御自然灾害风险的能力变得较弱,同时公共产品的供给成本大幅上升。我国现有的农业生产特点,还使得农村公共产品的供给难以形成规模效应,使用率低,成本相对较高。对农民教育的供给来说,由于我国农村居民这种居住分散性,使得受教育成本和可能产生的效益出现差距,阻碍了农民教育的有效供给。

2.4.5　农村传统文化

我国是一个有着五千年文化文明古国,传统文化根深蒂固,并渗透到农民生产、生活的各个方面,对农民教育供给制度也有着十分重要的影响。诺斯在研究制度变迁时,提出"道德伦理行为准则,是构成制度约束的一个重要组成部分,是在与环境斗争中发展的现实结构派生出来的"②。不同的文化自然会形成国家的不同价值取向,这当然对公共产品供给中的制度产生深刻影响,并决定了不同社会公共产品的内涵。

---

① 张毅、周英峰:《至2006年末我国共有两亿农业生产经营户》,《新华网》。http://news.xinhuanet.com/newscenter/2008-02/21/content_7643987.htm.

② [美]道格拉斯·C.诺斯:《经济历史上的结构和变革》,商务印书馆1999年版,第199页。

　　具体从我国农村传统文化来看,影响和制约农民教育供给制度产生的文化因素,概括起来有这样几个方面:一是"不患寡而患不均"的攀比思想。这种思想主要体现在对农民教育的需求方面,即农民群众在评价和表达政府提供的农民教育时,往往不太注重自己或者政府的实际需要,而是较多地关注他人,并互相攀比,在此基础上再提出需求并进行判断。二是精打细算的生活习惯。由于公共产品具有消费的排他性,这种习惯使得在农民教育供给中出现"搭便车"的情况,部分农民可能出现故意躲避理应负担的公共产品供给成本。三是对政府强烈的依赖思想。"有问题找政府"几乎成为新中国成立以后农民的文化思维习惯。尤其是在经济不够发达、农村公共产品供给水平不高的情况下,农民对政府的依赖特别强烈,通过私人或第三方来提供公共产品的意识基本没有。即使是农民教育这样一种准公共产品,农民依然觉得政府提供尚可以考虑,自己花钱几乎是不可能的。

　　传统文化从本质上说是一种对经济发展起重要作用的非正式制度或者说是潜规则。既然能够成为传统,必然有其存在的空间和合理性。在完善农民教育供给制度的过程中,对于传统文化我们应合理扬弃,既不完全赞同也不全盘否定。对于符合绝大多数农民利益的,就应该予以保留和发扬。

3 我国农民教育供给制度的历史变迁

我国真正意义上的农民教育应该说始于清末民初。随着清末实业教育在各地的兴起,以农村社会发展为目的的乡村教育得到了发展。光绪32年(1906),《学部通行各省举办实业学堂文》要求"为此通行各省,一律遵照奏章筹设各项实业学堂,按照地方情形,先设中等、初等实业学堂及实业补习普通学堂。此外尤应多设艺徒学堂,招收贫民子弟,课以粗浅艺术,俾得有谋生之资"①。从这个时候开始,农业教育得以在我国展开,农民教育的供给也在这百年中得到了不同发展。本章,我们将农民教育供给制度从20世纪以来的变迁大致分为三个阶段加以介绍:一是民国时期以社会精英主导供给的农民教育;二是新中国成立后政府主导下的农民教育供给制度;三是改革开放以来的农民教育供给制度。

3.1 民国时期以社会精英主导供给的农民教育

3.1.1 社会精英教育救国运动在乡村的实践(1911—1936)

随着西方科学技术的迅速发展,实业教育及现代科学技术教育引起了我国人民的巨大关注。尤其是美国教育家杜威(John Dewey)1919年开始的中国之行,其实用主义教育思想在我国产生了巨大影响,对我国的乡村教

---

① 学部通行各省举办实业学堂文,转引自《中国近代教育史资料汇编·实业教育·师范教育》(第2版),上海教育出版社2007年版,第12页。

育起到了巨大的推动作用。一定程度上可以说,中国的乡村教育运动很大程度受到丹麦民众高等学校运动和美国农业推广制度的影响,在当时国家危难、时局动荡的背景下由一些有识之士结合中国的实际发起的,在 20 世纪 20 年代的中国农村掀起了以改造农村、改变农民、促进农村社会和经济发展为目的的乡村教育运动。这一阶段的代表人物有黄炎培、晏阳初、陶行知、梁漱溟等,他们进行了乡村建设和大众教育的诸多实践,如晏阳初的定县实验、黄炎培的江苏职业教育实验、陶行知的晓庄学校、梁漱溟的邹平乡村建设实验区。因此,这一时期的农民教育供给主要是由社会精英组织提供的,其具体做法简介如下:

3.1.1.1 晏阳初的平民教育

1923 年,晏阳初开始了乡村平民教育实验。他在长期的实践和探索中逐步认识到:80% 的民众是缺乏基本教育的农民,要普及教育、改造中国,只有到农村去;平民教育主要是对农民的教育,农民是平民教育的第一对象。于是,他号召知识分子"走出象牙塔,跨进篱笆墙",身体力行地到农村去,先"农民化"再"化农民"。根据调查,他认为中国农民存在"愚、贫、弱、私"四大基本问题,因此主张实施"四大教育":以文艺教育救愚,以生计教育救穷,以卫生教育救弱,以公民教育救私;学校、家庭、社会三大教育方式共同发挥作用,以取得社会全面、协调和健康发展的效果。[①] 其平民教育思想以"除文盲,作新民"为宗旨。1920 年,晏阳初在北京发起组织"大众教育联合会"首创扫盲运动,并先后在长沙、烟台、嘉兴、杭州等地进行平民教育实验,取得了较好效果。为了把平民教育推向全国,开展全民识字运动,1923 年 8 月 26 日在北京成立了"中华平民教育促进会"。1926 年晏阳初举家迁徙领导"博士团下乡",推行长达十余年的"定县实验区",建立了一个以新中国为理想的具有中国特色的新型教育模式。美国著名进步记者埃德加·斯诺(Edgar Snow)在访问过定县之后,评价晏阳初时说,与其说他是一位进步的教育家,还不如说他更像一位革命的战斗员。毫不夸张地说,他所领导

---

① 李水山:《农村教育史》,广西教育出版社 2007 年版,第 210 页。

的运动将来会成为比任何中国军队操纵前进和后退更具有巨大意义的革命。① 无疑,晏阳初先生是二十世纪中国最具有国际影响的教育家。然而在相当长时间内,由于时代战乱、意识形态等原因,晏阳初的平民教育思想没有能够得以发扬光大。

3.1.1.2 黄炎培与农村改进运动

黄炎培是新中国的领导人之一,但更是一位毕生从事职业教育的教育家。辛亥革命后,黄炎培被委任为江苏省教育司司长,主管一省的教育行政。后来,他在调查中发现,学校学习内容与学生的生活脱节,学校教育与社会的实际分离。这样的学生"小学毕业,习农则畏勤动之多劳,习商则感起居之不适"。如果学校就这样办下去,"学校普而百业废,社会生计绝矣"②。1917 年,由黄炎培创办的中华职业教育社在中国工商业最发达的上海宣布成立,经过中华职教社的先辈们多年努力,形成了较为完善的农村改进理论,并开始把工作重点由城市职业教育转移到农村职业教育及农村改进方面,提出了"划区施教"、"富教合一"的农村改进理论。根据他的思想,面向农村的教育,应根据当地的经济文化特点,寻找当地政府的支持和配合,主动寻找市场,建立基层教育、培训基地或试验区,在区内进行实用技术培训和职业教育。同时,根据农民的心理,教授能直接或尽快获益的技术,才能得到他们的认可,被他们所接受。③

3.1.1.3 陶行知的乡村教育

陶行知是我国知名的教育家,也是实用主义教育家杜威的弟子。他一贯提倡平民教育、生活教育和职业教育,先后发起成立中华教育改进社、中华平民教育促进会等,为农民教育的推进立下了汗马功劳。1926 年,他提

---

① 埃德加·斯诺:《唤醒中国的民众》,《纽约星期日先驱论坛报》1933 年 12 月 17 日。见宋恩荣编《晏阳初文集》,教育科学出版社 1989 年版,第 378 页。
② 田正平:《黄炎培职业教育思想的形成、内涵及其现实意义》,原文载《溯源与创新》,高等教育出版社 2007 年版,第 75 页。
③ 李水山、黄长春:《当代中国农民教育史》,中国农业科学技术出版社 2010 年版,第 1 页。

出乡村教育是"立国的根本大计",认为要改变农村贫穷落后的愚昧状况,需要改造乡村教育,使教育与农业合作,为农村经济发展服务。教育与农业携手,需要教育面向并服务于农业和农村,需要教育与生产劳动相结合,需要理论与实践相结合。他在实践中积极鼓动人们参加大众的普及教育,如实行"教、科、劳"相结合,使教学活动、科技活动和生产活动有机结合起来,进行"科学下嫁",着力使科学知识普及到工农大众中去,并实行多渠道、多形式办学,办好四通八达的乡村教育,使更多的农民都能受到教育。而且,随着农业文明程度的提高,不断提升教育层次,创设了中国农村的现代化教育。

3.1.1.4 梁漱溟与邹平乡村建设实验区

梁漱溟是我国著名的思想家、哲学家,也是著名的教育家。1931 年,梁漱溟与梁仲华等人在邹平组建"山东乡村建设研究院"。乡村建设研究院包括三部分:一为乡村建设研究部,是高级研究机构,旨在研究乡村建设理论,培养乡村建设的高级干部;二是乡村服务训练部,任务是训练乡村建设工作的基层干部,招收中学文化程度的年轻人;三是乡村建设实验区,邹平县时为省政府批准的实验区,由研究院全权管理该县的全部工作。此间他们组织力量下乡调查,举办乡农学校,开展乡村教育等。1933 年 3 月,山东省政府划邹平、菏泽两县为县政建设实验区兼乡村建设实验区,由研究院承办,并同意截留地方收入的 50% 作为实验经费。这样,实验区的性质、权限均为之一变。同年,创办了乡学和村学。① 其中村学被分为四个部分,涉及农民教育的有三部分,其一面向妇女(妇女部),用来给青年妇女传授手工艺及其他有用的技术;其二是面向成年农民(成人部),他们要在夜间班和冬季开设的课程中接受教育;其三是"高级部",面向那些已经完成初级小学教育的年轻人。在乡下,村学实际上是集政治、经济、教育等为一体的综合体,在上层,又将乡村建设研究院与两县政权合而为一。总之,实验区是

---

① [丹麦]曹诗弟著、泥安儒译:《文化县:从山东邹平的乡村学校看二十世纪的中国》,山东大学出版社 2005 年版,第 127 页。

办在农村,主要由农民组成、政府供给,用以教育农民、再造乡村社会的一种行政系统的组织。

说实话,这个阶段的农民教育供给并不成气候,一定程度只是这些著名的社会精英、改良主义教育家对农村教育、农民教育的尝试,目的是教育救国。他们都提出了农民教育是农村发展的主要问题,并在不同地区试办了农村教育改革实验区,为农民教育提供了有限的供给。总体上,1927 年南京国民政府成立前国家很少介入,成立后情况发生了变化。"国家经济已濒于破产,欲挽救此危难,振兴农工商各业实属要务。然欲达此目的,职业人才非常需要。故今后教育,应多举职业学校,以便培植职业人才……可以供社会之需求……使求学者有受职业教育之机会,则他日学业完成,至少有一技之长,就事自然比较容易。"[1]当然,乡村教育运动持续十余年之久,带动了知识分子走向农村,对中国农村社会的发展产生了深远影响。不仅使农民及其子弟受文化教育的普及面有所扩大,而且农业知识与技术教育、推广在这一阶段也取得了一定成绩,农业教育与农业生产严重脱节的局面更是有了初步改善。应该说,在改良农业生产技术,推广农业科学知识,改造乡村卫生条件,推进扫盲运动,普及文化科学知识,提高农民道德水平和改善农民精神面貌上,都取得了明显成绩。

实际上,国民政府成立后,从 1928 年全国统一到 1937 年,应该称之为"黄金十年",现代化经济发展战略有相当的可取之处。蒋介石政府采取唐尼教授(Tawney)的"先沿海,再内地,先工商,再农业"的渐进式现代化经济发展方针,使这十年的年经济增长率据估计达到 11% 以上,是中国经济增长最快的时期之一。[2] 这种经济的迅速发展为开展各种教育试验打下了坚实的基础。

---

① 亚灵:《论发展职业教育与推广初等教育之重要》,《申报》1934 年 4 月 1 日。
② 萧功秦:《中国的大转型》(第 2 版),新星出版社 2008 年版,第 79 页。

3.1.2 以抗争与救亡为主题的战争时期农民教育供给制度 (1937—1949)

"七七事变"后日本展开了全面侵华战争,直接影响了我国社会的稳定,不少地区试行的乡村运动被迫停止。1937 年至 1945 年中华民族的主要任务就是反抗日本侵略、争取民族独立,1945 年至 1949 年处于解放战争时期,因此这一时期的农民教育具有明显的政治色彩。

在共产党领导的抗日根据地,政府为农民提供的影响较大的是"冬学"。"冬学"是农村在冬闲时开办的季节性学校,南宋诗人陆游就曾有"儿童冬学闹比邻,据案愚儒却自珍"的诗句。"冬学"在抗日战争时期的我国农村是一种最广泛的群众教育机构。由于农民的空余时间主要在冬季,尤其是东北、华北、西北等北方地区,因此各个抗日根据地都开展了大规模的冬学运动,有力地推动了群众识字和文化、政治学习。在识字课上,要求学生在 4 个月的学习中认识 300—500 个字。而政治学习的内容则涵盖了几个基本问题:日本为什么要侵略中国;日本侵略中国对全国各民族人民的影响;中国为什么可以得到最后胜利;目前的形势与我们的任务。[①] 在中国共产党的号召下,农村各种软硬件资源得到了充分挖掘。所有可用的人才都被动员起来当老师,也包括已经通过政治课学习和考核的老私塾先生;乡村建设运动中的"小先生"制也被推荐采用;中午的休息时间用来教妇女,晚上则是男人的上课时间;所教授的内容应有地方特色并与人们的日常生活相联系;授课方式应生动活泼,要求不能太高;应寻求当地的名流或者至少是其中的进步分子的支持和捐赠。[②] 这个时期的冬学运动,把古代仅仅只是识字、学文化、讲故事的"冬学"教育形式,发展成了一种发动群众进行全民学习的运动,从而成为抗日根据地社会教育中最大量、最经常、最有效果的一种教育组织形式。据相关资料记载,1940 年,陕甘宁边区共开办 965

---

① [丹麦]曹诗弟著、泥安儒译:《文化县:从山东邹平的乡村学校看二十世纪的中国》,山东大学出版社 2005 年版,第 155 页。
② 李竹如:《论开展冬学运动》,载《山东革命历史档案资料选编》第 6 辑,山东人民出版社 1982 年版,第 8—21 页。

处冬学机构,21689人参加了学习①;1939年年底,晋察冀边区共有冬学机构5379处,入冬时间接受学习人数达到39万余人②;1941年2月,山东泰山区共有冬学机构1879处,有学员82139人③。冬学一直持续到解放战争期间,并且为20世纪50年代的识字扫盲运动奠定了基础。

在国民党领导的区域,尤其是日占区,抗战时期主要实施"奴化"教育,抗战胜利后多实施国民党"党化"教育。按照民国初年(1913)南京临时政府教育部《实业学校令》"实业学校以教授农工商业必需的知识技能为目的"④建立并发展起来的甲种、乙种农业学校、农业补习学校、初高级职业学校等,这个时期大多处于半停办或名存实亡的状态之中。

3.2　政府主导下的农民教育供给制度

3.2.1　为新政权服务的农民教育供给制度(1949—1957)

新中国成立后,我国进入了社会主义改造阶段,党和政府为了使农民教育得以顺利开展,根据农民的水平及国家总体建设进展状况,从农民教育的组织动员、师资力量和经费等问题上制定了一系列的政策法规,促进了农民教育的发展。面对我国解放初期文盲率达八成以上且多在农村的事实,扫盲自然就成为了当时农民教育的重点,提高农民文化水平成为农村社会发展的首要任务。这一时期,国家针对农村这一现实,举办了大量成人教育。就其形式而言,举办了各种形式的成人扫盲班、业余学校、半日制农业中学,以及其他形式的中等职业学校。其具体的供给制度安排如下:

---

① 吕良:《陕甘宁边区的社会教育》,《解放日报》1944年6月6日。

② 中共晋察冀边区党委:《关于边区冬学运动总结摘要》,《新中华报》1940年6月11日。

③ 皇甫束玉:《中国革命根据地教育纪事》,教育科学出版社1989年版,第195页。

④ 教育部:《实业学校令》,转引自龚育之主编《中国二十世纪通鉴》第1册,线状书局2002年版。

3.2.1.1 制定了扫盲为主体的一系列相关政策法规

国家刚刚从战争的废墟中走出,因此农民教育制度建设在这一阶段显得特别重要。1949 年 12 月 5 日,中央人民政府政务院教育部发出《教育部关于开展 1949 年冬学工作的指示》①,指出冬学适应了"广大群众需要的与实际工作密切结合着的教育方式,今后应当在全国农村中普遍推行",并强调"冬学文化教育的内容应当以识字为主"。1950 年 9 月,教育部、中华全国总工会在北京联合召开第一次全国工农教育会议。会议制定了两个方案:《工农文化实习学校实施办法草案》、《工农速成中学实施办法草案》。这两个方案的实施,使大批工农出身的干部得到了文化教育的洗礼,新中国的干部建设得到了切实加强。同年,教育部发出《关于开展农民业余教育的指示》,要求将冬学逐步转变为常年业余学校,并首次提出了扫除文盲的对象和标准:"在对象方面,则应首先着重农村干部、积极分子及其青年男女,逐步推广到一般农民。"规定识字教育的标准是:"农民业余初级班(组)吸收文盲与半文盲入学,使其在 3 年内认识常用字 1000 字以上,并具有初步读、写、算能力。"②

1951 年 10 月 1 日,政务院颁布《关于改革学制的决定》。在该决定中,提出要在扫盲学校对失学青年和成年人进行教育,将扫盲教育纳入正式学制,标志着扫盲教育成为国家教育体系中的一个重要组成部分,并且此后逐步健全其教育制度。"在教育制度方面,规定各地要制订相应的学习纪律和学习方式。采取分班、分级、考试、测验、记分、升级、留级、结业、毕业等教学制度,平常进行测验,最后进行考试,成绩合格者,由政府统一发给识字课学习的毕业文凭或单科文凭以示脱盲。"③同年,教育部要求条件成熟的冬

---

① 郝和国:《新中国扫除文盲运动》。http://www.china.com.cn/aboutchina/txt/2009-08/22/content_18381497.htm.

② 中央人民政府教育部:《关于开展农民业余教育的指示》,《人民日报》1950 年 12 月 21 日。

③ 马云:《20 世纪 50 年代中国农村扫盲运动的特点》,《商丘师范学院学报》2004 年第 6 期。

学全部转为常年农民业余学校。① 1951 年由冬学学员转为民校学员达
1100 余万人,1953 年民校学员达 1200 余万名。②"速成识字法"是中国人
民解放军西南军区模范文化教员祁建华创造的,为了迅速消灭文盲,1952
年 5 月 15 日,教育部专门发出《关于各地开展"速成识字法"的教学实验工
作的通知》,并确定河北省为"速成识字法"实验区。到 1953 年为止,农民
中扫除文盲 308 万人,许多从"扫盲班"毕业的学员升入了业余学校。③
1952 年,中央人民政府委员会第十九次会议通过决议,成立高等教育部和
扫盲工作委员会。高等教育部下设工农速成中学教育处,教育部下设工农
业余教育司,扫盲工作委员会设办公室、农村工作委员会设办公室、城市扫
盲工作司、农村扫盲工作司、编审司等部门,第一次有了专管农村教育工作
的统一机构。1955 年 12 月 6 日,教育部发出了《关于筹办各级扫除文盲协
会的通知》。1956 年 3 月 9 日,国务院举行第 25 次全体会议,通过了《中共
中央、国务院关于扫除文盲的决定》,在全国掀起了扫盲教育的高潮。紧密
结合着国家的社会主义工业化和农业合作化的发展,按照各地情况,在 5 年
或者 7 年内基本上扫除文盲。《决定》把扫除文盲标准规定为:工人识字
2000 个左右,农民识字 1500 个,能够大体上看懂浅显通俗的报刊,能够记
简单的账,写简单的便条,并且会做简单的珠算。要求扫除工厂、矿山、企业
职工中文盲的 95% 左右,农村和城市居民中的文盲的 70% 以上。④ 1956 年
3 月 15 日,"中华人民共和国全国扫除文盲协会"正式成立,同时颁布《中华
人民共和国全国扫除文盲协会章程》,并在全国 21 个省市自治区成立"扫

---

① 《中央人民政府教育部关于冬学转为常年农民业余学校的指示》,《人民教育》1951
年第 4 期。

② 李飞龙:《20 世纪 50 年代农民业余文化教育述论》。http://www.ccrs.org.cn/show.
aspx? id=4535。

③ 郝和国:《新中国扫除文盲运动》。http://www.china.com.cn/aboutchina/txt/2009-
08/22/content_18381497.htm。

④ 郝和国:《新中国扫除文盲运动》。http://www.china.com.cn/aboutchina/txt/2009-
08/22/content_18381497.htm。

盲协会"。与此相应,地方也设有管理工农业余教育的管理机构和协会。①
1956 年在中国共产党第八次全国代表大会上,刘少奇在《中国共产党中央委员会向第八次全国代表大会的政治报告》中强调"必须用极大的努力逐步扫除文盲,并且在财政力量许可的范围内,逐步地扩大小学教育,以求在十二年内分区分期地普及小学义务教育"②。

3.2.1.2 确立了农村成人教育经费体制和管理制度

在新中国成立之初,建立了以群众自筹为主、政府适当补贴的扫盲教育和其他层次的农村成人教育经费体制。1950 年 12 月 14 日政务院批准发布的《关于开展农民业余教育的指示》对经费问题进行了明确阐述:"农民业余教育的经费,应以依靠当地群众自筹为主。必要时得由县教育经费项下拨出一定数目,予以补助,各大行政区、省、市人民政府,应拨出一定数额的经费,专作农民业余教育重点补助与奖励之用。"③

针对这一时期农村文化人才比较缺乏,采取了"以民教民"、能者为师的教师队伍建设方式。政府利用各方面人才来充当农村成人教育教师,农村政府机关干部、一切中小学教师,大都参加了农村成人教育工作,还选聘乡村中文化水平较高并热心教学的人担任文化教师。④ 教育部 1955 年 4 月 9 日发布《关于农民、城市劳动人民业余文化教育事业干部的设置原则及有关问题的通知》⑤指出:各地根据农民业余教育工作的实际情况,在县、市辖区和不设区的市设置一定数量的专职人员,管理农民的业余文化教育工作。同时,对管理人员的政治待遇、办公场所作出了明确规定。

---

① 李水山、黄长春:《当代中国农民教育史》,中国农业科学技术出版社 2010 年版,第 33 页。

② 刘少奇:《中国共产党中央委员会向第八次全国代表大会的政治报告》,《人民日报》1956 年 9 月 15 日。

③ 《关于开展农民业余教育的指示》,《人民日报》1950 年 12 月 21 日。

④ 李克强:《农民收入、农民发展与公共产品供给研究》,中国社会科学出版社 2010 年版,第 110 页。

⑤ 《教育部关于农民、城市劳动人民业余文化教育事业干部的设置原则及有关问题的通知》,《中国扫盲网》。http://rtcle.swu.edu.cn/script/infodetail.jsp? id=137&bid=2.

这一阶段,党和政府在极其困难的情况下对农民进行了思想政治教育、文化教育、科学技术教育。办学模式更加多样化,不仅有正规的学校,也有各种业余的学校;不仅要办普通学校,也要办职业技术学校;不仅要办全日制学校,也要办各种半工半读学校。办学体制也更加多样化,主要是采取公办、民办相结合,政府办学和集体、社队办学相结合等办法。这正是毛泽东从中国农村实际出发,不拘形式,灵活多样地发展农村教育的思路。在新中国成立的头七年,我国扫盲工作取得了巨大成绩,扫除文盲人数也迅速提升(见表3-1)。

表3-1 1949—1956年参加业余学校学习人数和扫除文盲人数

(单位:万人)

年份	业余高等学校	业余中等学校	业余中学	业余小学	扫除文盲
1949	0.01	0.01	—	—	65.7
1950	0.04	0.01	—	—	137.2
1951	0.10	0.03	—	—	137.5
1952	0.41	0.07	24.9	137.5	65.6
1953	0.97	0.11	40.4	152.3	297.4
1954	1.32	18.6	76.02	208.3	263.7
1955	1.59	19.5	116.7	453.8	367.7
1956	6.38	56.3	223.6	519.9	743.4

资料来源:国家统计局:《伟大的十年——中华人民共和国经济和文化建设成就统计》,人民出版社1959年版,第176页。

3.2.2 以培养民族接班人为主线的极左时期农民教育供给制度(1958—1976)

从1958年起,我国进入全面建设社会主义阶段,"大跃进"和"文化大革命"是这个时期的主要特征。农民教育也随着社会、经济和政治的曲折发展出现了高潮、起伏和停滞。

3.2.2.1 规定农民教育的内容和形式

在社会主义建设时期,政治教育还是占绝对的主导地位,中共中央和国务院历次会议精神的学习传达成为农民教育的首要内容。同时,中央还就如何贯彻落实各项路线方针政策,要求联系各地实际情况,以各地探索的先进经验为蓝本,大力组织推广。这既是中央主导的社会发展实践过程,也是教育农民最有效的综合形式。1959 年 5 月 24 日,中共中央、国务院下发《关于在农村中继续扫除文盲和巩固发展业余教育的通知》,指出"1958 年全国掀起了一个扫除文盲高潮,参加识字学习的约有 6000 万人,扫除了一大批文盲。同时,各地还大量举办了各种农民业余学校,参加学习的达几千万人。这是 1958 年我国文化革命中一个了不起的成绩"。"在扫盲之后,还要对这些青壮年实行普及的业余教育,不断提高他们的政治、文化、业务水平,这个任务更是很重的。"①并要求"各级党委和各级政府教育行政部门,应当积极地组织力量,根据党的教育工作方针,编写扫盲和农民业余学校的教材。在一个省、市、自治区的范围内,除由省、市、自治区编写业余学校的通用教材外,专区、县和有条件的人民公社应该结合当地情况编写补充教材"②。

3.2.2.2 农业中学的产生和农民业余学校的举办

1958 年,教育部第四次全国教育行政会议指出,"大力开展识字运动,扫除青壮年文盲,同时积极发展工农业余小学和业余中学,进一步提高工农的文化水平和技术水平","大力举办农业中学、工业中学和手工业中学,把高小毕业生培养成为有社会主义觉悟有文化又有一定生产技能的劳动者"③,同时对民办农业中学作出了"民办农业中学、其他职业中学和民办普通中学,可以实行半工半读,争取经济自给或半自给"④的规定。同年,中共中央、国务院发布《关于教育事业管理权力下放问题的规定》,全国各地的农业中学应运而生,各地还大量举办了各种农民业余学校。

---

① 《中共中央、国务院关于在农村中继续扫除文盲和巩固发展业余教育的通知》。http://rtcle.swu.edu.cn/script/infodetail.jsp? id=113&bid=2.
② 《中共中央、国务院关于在农村中继续扫除文盲和巩固发展业余教育的通知》。http://rtcle.swu.edu.cn/script/infodetail.jsp? id=113&bid=2.
③ 《第四次全国教育行政会议的成果》,《人民教育》1958 年第 5 期。
④ 《第四次全国教育行政会议的成果》,《人民教育》1958 年第 5 期。

　　为实事求是地做好农村业余教育工作,1964年1月,教育部召开全国业余教育工作会议,明确农村业余教育的对象是农民中的青壮年,要重视对贫下中农和干部的教育,对业余教育中的政治、文化、技术三种教育要统一安排,有所不同。文化教育主要由业余学校进行;对政治教育,业余学校起助手作用;对技术教育应持积极态度,根据需要和可能组织群众学习。1965年《教育部关于今冬明春开展农村业余教育工作的几点意见》提出,"农村业余的政治、文化、技术学习,密切配合了农村社会主义教育运动,对于进一步提高群众的阶级觉悟和生产积极性,促进农村三大革命运动的发展起了积极的作用。凡是业余学校办得好的地方,它在农村中已经成为传播毛泽东思想、宣传党的方针政策,巩固和扩大社会主义思想的有利阵地;已经成为传授生产新技术、提高群众的文化科学知识水平的重要场所。在农村进一步开展业余教育已经成为广大农民群众的迫切需要"[1]。

　　由于1958年掀起的"大跃进"在一定程度上的失败,我国从1959年到1961年间国民经济发生了严重困难。与此相应,农民教育不仅无法得到大规模发展,甚至还进入发展的低谷时期。如,在农民技术教育中发挥重要作用的农业推广机构1961年被精简了三分之一。[2]从1964到1966年,国民经济开始好转并取得重大进展,使农民文化教育得到了缓慢恢复。但是从1966年下半年起,"文化大革命"运动开始席卷全国。从此,扫盲与农村其他层次的成人教育工作被完全打乱。

3.2.2.3　这一阶段农民教育供给的主要特点

　　在这一时期,无论是"大跃进"还是"文化大革命",农民教育都带有强烈的政治色彩和极左色彩。以阶级斗争为纲的农民思想政治教育,主要是宣传"文化大革命"的有关思想甚至派性思想,学习毛泽东著作及活学活用毛泽东思想,在农村,政治夜校成为农民学习政治理论的主要阵地,显示出一派"政治夜校亮堂堂"的热烈气氛。在毛泽东主席"学制要缩短,教育要

---

　　① 《教育部关于今冬明春开展农村业余教育工作的几点意见》,《中国扫盲网》。http://rtcle. swu. edu. cn/script/infodetail. jsp? id=115&bid=2.

　　② 李水山:《农村教育史》,广西教育出版社2007年版,第238页。

革命"的指示下,各地都进行了"教育革命"或重构教育体制的尝试,一是确立贫下中农对学校的管理权;二是倡导贫下中农占领讲台,进行教学内容的改革。贫下中农讲师团的成员,主要由老贫农、社队干部、大队会计、赤脚医生、农业技术员等组成。在"文化大革命"期间,对政治思想工作极为重视,农村积极举办夜校,开展农村业余教育。这些夜校不仅学习文化,而且学习党的路线、方针、政策,学习科学种田、学唱革命歌曲,农村近90%的成年人参加了夜校学习。为了在农民群众中普及文化教育,各地根据实际情况办起了"识字组"、"文化班",有些地方采取就近"联户学"的办法,将几户人家组织在一起定时学习。① 有组织的扫盲运动逐渐减退,但是地方的努力仍在小范围内持续。例如,在郭庄,村学校的两名教师在 1968—1970 年间举办了读写培训班,并采用了当时流行的形式:上课时间安排在中午和晚上,上课是强制性的,那些不到场的文盲将面临扣工分的处罚;课本里包含着劳动模范的事迹以及农业器械和庄稼的名称;学生们学会并掌握 1500 个汉字时发给证书。与 20 世纪 50 年代相比,唯一的新特色是目标群体被限定在年龄 25 岁以下的人。②

3.3 改革开放以来的农民教育供给制度

3.3.1 改革开放初期的农民教育供给制度(1977—1992)

1976 年,伴随着"四人帮"的倒台,持续十年之久的"文化大革命"也宣告结束,我国进入了拨乱反正和改革开放的新的历史时期。虽然这一阶段的农民教育供给依然是以政府供给为主,但与前者相比有了新的特点,所以单独阐述。就全国来说,这一时期农民教育的重点是学习农业科学技术。

---

① 李水山、黄长春:《当代中国农民教育史》,中国农业科学技术出版社 2010 年版,第116—129 页。

② [丹麦]曹诗弟著、泥安儒译:《文化县:从山东邹平的乡村学校看二十世纪的中国》,山东大学出版社 2005 年版,第 211 页。

3.3.1.1 加强农民教育的领导

1980 年 4 月 20—25 日,教育部在北京召开"五·七"大学座谈会,研究了将教育部门办的部分"五·七"大学改办成农民技术学校等问题。认为改办后的农民技术学校的任务是"为农村社队培养具有一定文化科学技术水平的人才。招生对象是具有初中毕业以上文化程度的农村青年、社队管理干部和农民技术员。学生入学时,要进行考试,择优录取。"并要求"招收的农村青年毕业后,从哪里来的,仍回哪里去,国家不管分配工作"[①]。

1980 年 10 月,教育部在山东济南市召开全国农民教育座谈会,会议提出了今后农民教育工作的意见:开展农民教育工作,要适应农村的新情况;要从实际出发,因地制宜,区别对待,根据情况量力而行。具体工作要求是:继续扫除文盲,积极稳妥地发展业余小学,广泛开展农业技术教育,认真办好农业技术学校;要提高认识,加强领导,进一步落实措施。[②] 1983 年,第一次由原农牧渔业部和教育部共同组织编写的"全国统编农民职业技术教育教材"发行,内容包括种植业、畜牧业、水产业和农业机械四部分,培养目标分别是达到初级和中级农村职业学校毕业的水平。1986 年,原农牧渔业部下发的《关于改革和加强农民职业技术教育和培训工作的通知》指出:"随着农村经济制度改革的不断深入和商品生产的发展,我国农村进入了有史以来对科学技术要求最迫切、最普遍的时期。我国农民教育工作也随之进入了以职业技术教育为重点,以相应的文化教育为基础的新的发展阶段。"

除了各级党委和政府对于扫盲和其他层次的农村成人教育工作的统一领导外,这一阶段还健全了与农村成人教育有关的管理机构。在教育部(国家教育委员会)设有专门分管农村成人教育的成人教育司,在省一级的教育行政部门中一般设有分管农村成人教育的成人教育处。1990 年 3 月,由国家教育委员会、中宣部、文化部、广电部、农业部、林业部、总政治部、团中央、全国妇联、中国科协等十个部门领导担任组长、副组长的扫盲工作协

---

① 《五七大学座谈会纪要》(〔80〕教工农字 022 号),1980 年 6 月 19 日。
② 《抓好农民教育 适应农村形势 全国农民教育座谈会要求:继续搞好扫盲教育 大力发展农民技术教育》,《人民日报》1980 年 11 月 4 日。

调领导机构宣告成立,对扫盲教育工作的领导得到了明显加强。①

3.3.1.2 农村成人教育的师资、经费等问题

在农村成人教育的师资问题上,1978年国务院印发的《关于扫除文盲工作的指示》提出:"要建立一支由知识青年、中小学师生参加的群众性的扫盲大军。对于扫盲教师和扫盲积极分子应给以精神和物质鼓励。"②1988年国务院印发的《扫除文盲工作条例》规定:"扫除文盲教师由乡(镇)、街道、村和企业、事业单位聘用,并给予相应报酬。当地普通学校、文化馆(站)等有关方面均应积极承担扫除文盲的教学工作。鼓励社会上一切有扫除文盲教育能力的人员参与扫除文盲教学活动。""扫除文盲教育所需经费采取多渠道办法解决。除下列各项外,由地方各级人民政府给予必要的补助:(一)由乡(镇)人民政府、街道办事处组织村民委员会或有关单位自筹;(二)企业、事业单位的扫除文盲经费,在职工教育经费中列支;(三)农村征收的教育事业费附加,应当安排一部分用于农村扫除文盲教育。各级教育行政部门在扫除文盲工作中,培训专职工作人员和教师,编写教材和读物,开展教研活动,以及交流经验和奖励先进等所需费用,在教育事业费中列支。"③

1987年,中国科协、原农牧渔业部、水利电力部、林业部联合下发的《关于颁发〈农民技术人员职称评定和晋升试行通则〉的通知》④,具体规定了各级职称的评定标准、评定办法,以及获得技术职称后的权利、义务等。这是我国第一次对农民技术人员颁布的具有法规性的职称评定文件,使农民技术人员的职称评审、聘任以及教育和培训有了明确的规定,同时也有了考核、检查的依据,使农民技术人员的管理向科学化、规范化、制度化迈进了一步。

---

① 国家教委等:《关于建立扫盲领导机构联合开展扫盲工作的通知》,《中国扫盲网》。http://rtcle.swu.edu.cn/script/infodetail.jsp?id=90&bid=12.

② 《国务院关于扫除文盲的指示》。http://china.findlaw.cn/fagui/xz/28/208536.html.

③ 国务院:《扫除文盲工作条例》,《教育部网站》。http://www.moe.edu.cn/publicfiles/business/htmlfiles/moe/moe_620/200408/1383.html.

④ 中国科协等:《关于颁发〈农民技术人员职称评定和晋升试行通则〉的通知》,《中华人民共和国国务院公报》1987年第25号。

3.3.1.3 农民教育机构得到快速发展

改革开放后,邓小平同志曾对我国单一的中等教育体制提出了许多建议,包括建立农业职业学校,形成普通教育和职业教育两条腿走路的问题。这一时期,我国的农民教育培训得到了快速发展,截止到 1990 年,全国由县教育局领导创办的农民中专学校 340 所、县农民技术培训中心 1265 所、乡镇农民文化技术学校 36960 所、村农民文化技术学校 126604 所,基本上建立了县乡村三级文化技术教育网络。1993 年,中央农业广播学校有 36 所省级学校,351 所地级学校,2298 所县级分校。① 从而在全国形成了四个相对比较完善的农业教育体系,即农业院校教育培训体系,各类农业大中专学校和农业职业学校是开展农村职业教育的主要阵地,主要为广大农村青年提供学历教育;农技推广教育培训体系,利用"以县为中心、乡镇为纽带、村为基础、综合服务"的农技推广服务网络,在更大范围提高农民群众的科技素质;农业科研教育培训体系;民间教育培训体系,各类农民专业技术协会、群团组织、各种能人是这一培训的重要力量。

3.3.2 改革与发展新时期的农民教育供给制度(1993—2000)

1992 年,党的第十四次全国代表大会正式提出"我国经济体制改革的目标是建立社会主义市场经济体制"②。从此,中国经济社会发展进入了改革发展的新时期,农民教育也在这样的背景下得到新的发展。90 年代以来,对于农民教育,国家以扫盲教育和素质教育为重心,在供给制度上的安排主要有以下几方面:

3.3.2.1 以"绿色证书"为龙头的农民职业素质教育制度

农业部于 1990 年开始在全国开展农民技术资格证书即"绿色证书"制度试点工作。1994 年《国务院办公厅转发农业部关于实施"绿色证书工程"

---

① 李水山、黄长春:《当代中国农民教育史》,中国农业科学技术出版社 2010 年版,第224 页。

② 江泽民:《加快改革开放和现代化建设步伐 夺取有中国特色社会主义事业的更大胜利》。http://www.gov.cn/test/2008-07/04/content_1035850.htm.

意见的通知》指出:"农民技术教育已从单一的实用技术培训发展到普及推广培训、技术资格培训、中专学历教育三个层次,并且打破了部门界限,形成了多部门配合、多渠道培训的新局面。""在今后一段时期内,农民技术教育主要通过三种教育培训方式,培养造就三支队伍:一是通过实用技术培训,向农民普及推广农业科学技术,培养一支掌握致富技术的劳动者队伍;二是通过实施'绿色证书工程',对具有初、高中文化程度的农民进行岗位培训,培养一支能够起示范带头作用的农民技术骨干队伍;三是通过开展农民中等学历教育,培养一支能够适应农村经济发展需要的乡、村基层管理干部和技术人员队伍。"①1996 年,《中华人民共和国职业教育法》公布,为农民职业教育提供了法律保障。

1997 年农业部颁发了《"绿色证书"制度管理办法》。实施范围包括种植、畜牧兽医、水产、农机、农村合作经济管理、农村环保和能源等行业。农业机械驾驶、操作、维修以及农村会计、审计、合同仲裁、渔业船员等岗位实行的培训、考核、发证的有关规定应继续执行,并使之逐步完善;凡从事这些岗位工作的农民,达到农业部规定要求,获得的资格证书可视同专业类"绿色证书",并具有同等效力。② "绿色证书"工程的实施是结合"燎原计划"和"丰收计划"、"星火计划",依托农村科技学校、农业广播电视学校以及乡镇农业技术推广站、农业职业中学等,对具有初、高中文化程度的乡、村干部,农业社会化服务体系人员、专业户和一些技术性较强岗位的从业人员,进行一技一训、一业一训,进行文化教育和科技普及活动。③ 具备条件的乡及乡以上农村各类成人学校和培训机构(包括农业广播电视学校、县办农民中等专业技术学校、农业机械化学校、乡镇农民文化技术学校、农业技术推广培训中心)、农村职业中学等,经县主管部门批准,可承担获得"绿色证

---

① 《国务院办公厅转发农业部关于实施"绿色证书工程"意见的通知》,《人民网》。http://www.people.com.cn/item/flfgk/gwyfg/1994/112402199401.html.

② 农业部:《"绿色证书"制度管理办法》,《人民网》。http://www.people.com.cn/item/flfgk/gwyfg/1997/230100199703.html.

③ 李克强:《农民收入、农民发展与公共产品供给研究》,中国社会科学出版社 2010 年版,第139 页。

书"资格的培训任务。截至 1999 年,全国有 1200 多个县实施了绿色证书工程,有 1029 万人参加培训,458 万人获证。

3.3.2.2 保证农民教育最基本的投入

农民教育供给的最大问题是经费的来源,但这一时期农民教育投入有了基本保证。除继续执行在 80 年代制定的相关政策外,1995 年 12 月 25 日,原国家教育委员会和财政部联合下发了《关于扫盲工作经费问题的通知》,要求"农村征收的教育事业费附加,应当安排一部分用于农村扫除文盲教育",并决定"中央财政安排扫盲奖励专款用于今后几年的扫盲表彰、奖励工作",要求实施"国家贫困地区义务教育工程"项目的地方,可以根据扫盲工作情况,在其安排的配套资金中适当安排一部分用于扫盲工作,重申"进一步落实国务院《扫除文盲工作条例》规定的经费渠道","要千方百计落实扫盲经费"①。

3.3.2.3 完善农村成人教育机构

在坚持"扫盲"教育的基础上,打破农村教育沿用城市普通教育的模式,开办了多种形式的农民学校和农村职业中学。1991 年《国务院关于大力发展职业技术教育的决定》要求"各类职业技术学校和培训中心,应根据教学需要和所具有的条件,积极发展校办产业,办好生产实习基地。提倡产教结合,工学结合。政府和有关部门要在起步资金、条件设施、产销渠道等方面给予支持"②。在通过基础教育和职业技术教育提高农民科技文化水平的同时,与"星火"、"丰收"等科技开发计划紧密结合,农村成人教育培训机构得到了较快发展。全国建立了 12 个农科教结合示范区,农科教结合的形式和内容也得到不断丰富发展。③ 这个阶段以 1990 年农业部印发《关于开展农民技术资格证书制度试点工作的意见》为标志,农民教育培训工作

---

① 《国家教委、财政部关于扫盲工作经费问题的通知》,《人民网》。http://www. people. com. cn/item/flfgk/gwyfg/1995/206014199510. html.

② 《国务院关于大力发展职业技术教育的决定》,《人民教育出版社网》。http://www. pep. com. cn/xgjy/zcjy/zcfg/201008/t20100827_794588. htm.

③ 杨雄年:《农民教育培训工作的回顾与展望》,《高等农业教育》2009 年第 1 期。

进入了制度化、规范化探索阶段。

此外,注重利用考核、评估、奖励、待遇等激励手段,逐步完善农村成人教育机构。首先是原国家教育委员会制定了《扫除青壮年文盲单位考核验收办法》、《县级扫除青壮年文盲单位检查评估办法(试行)》等办法;其次,在多次组织检查验收的基础上,对一些先进单位和个人予以各种形式的表彰、奖励;再次,原国家教育委员会通过发布《关于大力发展乡(镇)、村农民文化技术学校的意见》、《示范性乡(镇)成人文化技术学校规程》,具体对乡镇成人文化技术学校的建设作了较详细的规定,提高了从事农村成人教育工作的积极性,也稳定了干部教师队伍。

该时期在国家的重视下,伴随着经济发展,农民教育事业得到迅猛发展。据统计,到"九五"末,全国已有普通高等农业院校 64 所,农业中专 365 所,农业职业中专和农民中专 3000 多所,县级以上农业广播电视学校 3000 多所,各类农民技术培训学校 44.1 万所。① 农民教育供给初步形成了高等、中等和农民文化技术学校三个层次,以县、乡、村三级农村成人教育为主的培训网络,数以亿计的农民接受了各种形式的岗位培训或文化技术教育,农民素质得到明显普遍提高。

3.3.3 税费改革后的农民教育供给制度(2001—2011)

进入 21 世纪,农村发展机遇与挑战并存,农民教育也面临着新的挑战。美国著名学者亨廷顿(Huntington Samuel P)在分析世界范围内众多的"革命"现象时指出,"农村主导集团所起的作用实系决定政府稳定或脆弱的关键因素","得农村者得天下"②。2001 年,伴随着我国正式加入世界贸易组织(WTO)和农村税费改革试点工作的推行,重视和发展农民教育成为农村社会发展的重点任务之一。

2001 年 6 月 29 日,农业部发布了《全国农业和农村经济发展第十个五

① 李水山、黄长春:《当代中国农民教育史》,中国农业科学技术出版社 2001 年版,第270 页。
② [美]P. 亨廷顿:《变化社会中的政治秩序》,三联书店 1989 年版,第267—268 页。

年计划(2001—2005 年)》,强调"继续加强农民职业技术培训工作,着力提高农民的科学文化素质。大力加强农民职业技术教育和技术培训,建立多渠道、多层次、多形式的农民技术培训体系。通过农业广播电视学校、电视大学、专业技术培训班、职业高中、远程教育、函授和农民夜校等形式,广泛开展农民技术培训,做好农村科技普及工作。扩大'绿色证书工程'、'跨世纪青年农民培训工程'、'农技电波入户工程'的实施规模,提高农民接受新技术的能力和生产技术水平"[①]。2003 年,农业部出台《2003—2010 年全国新型农民科技培训规划》,提出"培养一大批觉悟高、懂科技、善经营,能从事专业化生产和产业化经营的新型农民"[②]。同年 9 月,《国务院关于进一步加强农村教育工作的决定》明确农村教育在全面建设小康社会中的重要地位,把农村教育作为教育工作的重中之重。并提出"实行基础教育、职业教育和成人教育的'三教统筹',有效整合教育资源,充分发挥农村学校的综合功能,提高办学效益"。"在确保农村义务教育投入的同时,也要增加对职业教育、农民培训和扫盲教育的经费投入。"[③]通过大力开展多种形式的职业培训,推进农村劳动力向二、三产业转移。以农民培训为重点开展农村成人教育,逐步形成"政府扶持、用人单位出资、培训机构减免经费、农民适当分担的投入机制"[④]。

在《2003—2010 年全国新型农民科技培训规划》中,整合了已实施和将要实施的五大工程——"绿色证书工程"、"跨世纪青年农民科技培训工程"、"新型农民创业培植工程"、"农村富余劳动力转移就业培训工程"和"农业远程培训工程",从而构筑起一个从中央到省、地、县、乡相互衔接、上

---

① 《全国农业和农村经济发展第十个五年计划》。http://www. sdny. gov. cn/art/2003/11/4/art_681_45885. html.

② 农业部:《2003—2010 年全国新型农民科技培训规划》。http://www. china. com. cn/chinese/PI-c/308458. htm.

③ 《国务院关于进一步加强农村教育工作的决定》,《中国网》。http://news. xinhuanet. com/newscenter/2003-09/20/content_1091291. htm.

④ 《国务院关于进一步加强农村教育工作的决定》,《新华网》。http://news. xinhuanet. com/newscenter/2003-09/20/content_1091291. htm.

下贯通的农民科技教育培训体系。

税改后,我国农民教育进入了新的发展阶段。从 2004 年至 2011 年连续八年发布以"三农"(农业、农村、农民)为主题的中央一号文件,都对农民教育工作有明确要求。其中,2006 年中央一号文件《关于推进社会主义新农村建设的若干意见》提出"培养有文化、懂技术、会经营的新型农民",为推进农村产业结构调整,加快农业产业化进程,增加农民收入提供智力支持和人才保障。这是新农村建设最本质、最核心的内容,也是最为迫切的要求。2009 年中央一号文件指出,"开展农业科技培训,培养新型农民","输出地、输入地政府和企业都要加大投入,大规模开展针对性、实用性强的农民工技能培训"①。2010 年中央一号文件指出"积极开展农业生产技术和农民务工技能培训,整合培训资源,规范培训工作,增强农民科学种田和就业创业能力。""大力发展中等职业教育,继续推进农村中等职业教育免费进程。逐步实施农村新成长劳动力免费劳动预备制培训。"②

为了贯彻落实党的十七届三中全会决定,2009 年中央一号文件精神和《农民专业合作社法》有关规定,2009 年农村劳动力转移培训"阳光工程"新增实施"农民专业合作社培训项目",这对于进一步提高合作社管理人员与财会人员的素质和能力,促进合作社依法规范发展意义重大。我国地广人多,农业尤其是农业经营却在世界上处于较为落后的地位,许多农产品虽然我国是主产国但缺乏定价权,究其原因,农民专业合作组织发展不够是根本。因此,各地必须加大力气发展这一组织。在具体教育培训中,各地可根据本地区农民专业合作社发展的不同水平,确定培训重点和内容,认真选编适合阳光工程农民专业合作社培训的教材,包括《农民专业合作社法 50问》、《〈农民专业合作社法〉导读》、《农民专业合作社财务会计制度(试行)辅导读本》、《农民专业合作组织案例评析》、《农民专业合作社理事长管理

---

① 《中共中央国务院关于 2009 年促进农业稳定发展农民持续增收的若干意见》,《新华网》。http://news.xinhuanet.com/newscenter/2009-02/01/content_10746024.htm.

② 《中共中央国务院关于加大统筹城乡发展力度 进一步夯实农业农村发展基础的若干意见》。http://news.xinhuanet.com/politics/2010-01/31/content_12907829.htm.

实务》、《农民专业合作社辅导员知识读本》等。根据培训需要,也可编写和采购部分特色培训教材、编印相关培训讲义,并采取理论教学与实地考察相结合的方式,有效开展合作社培训工作。

在新型农民培养过程中,还需要充分考虑女农民在新农村建设中的特殊地位。一方面,长期以来妇女在农村社会的地位相对偏低,培训新型女农民有争当"半边天"的勇气;另一方面,女农民还拥有培育新一代潜在农民的重任,所以高素质、开拓型的女农民对农村社会的发展至关重要。女农民的教育已经得到党和政府的充分关注。2009 年 3 月,全国妇联、农业部《关于开展百万新型女农民教育培训工作的意见》提出,"2009 年—2013 年,对500 万新型女农民开展教育培训(每年 100 万人)。要按照'政府主导、妇联发动、面向市场、妇女受益'的方针,以农村妇女劳动力、返乡女青年和转移就业妇女为重点,以农业科技培训、创业培训、转移就业培训和学历教育为主要内容,以整合资源、优势互补、协调合作为基础,探索建立适应需求、服务妇女、手段先进、灵活高效的农村妇女教育培训机制。各级妇联组织与农业部门要加强领导,制定切合实际的教育培训计划,在大力开展农村妇女教育培训中,普及农业科技新知识,推广农业生产新技术,提高妇女创业就业和增收致富能力,确保培训落到实处"①。结合"农民科学素质行动"和"妇女人才支持行动",充分利用各种教育资源,开展农业科技培训、创业培训、转移就业培训、大中专学历教育。不断提高广大农村妇女素质,培养一大批农村科技带头人、农民专业合作社负责人等新型女农民。

经过这一阶段的发展,农民教育培训政策制度雏形基本形成,农民教育培训仅仅由农业部门和教育部门负责的格局已经被打破,"党委领导、政府统筹、部门合作、社会参与"的农民教育工作新格局逐步形成。"培养新农民、服务新农村"也逐渐成为各级各有关部门的共识和实际任务之一,多部门参与农民教育培训工作的格局将在一定时期继续存在。

---

① 全国妇联、农业部:《关于开展百万新型女农民教育培训工作的意见》(妇字〔2009〕12 号),2009 年 3 月 10 日。

4 农民教育供给制度
变迁的内在机理

制度之所以需要创新,是因为现有的制度安排无法实现潜在的利益,表现为制度缺乏效率、利益分配不平衡等,从而引发行为者对新的制度安排的需求。换句话说,一项新的制度安排只有在创新的预期收益大于预期成本时,才有可能会出台。然而,社会生产力总是不断地向前发展,人类的需要与自然、社会环境也总是在不断地变化之中,不变是相对的,变革才是永恒的。

4.1 农民教育供给中的政府分工与角色定位

农民教育从性质上只能是一种准公共产品,它在消费上的非排他性,使得一些不为农民教育提供做出贡献(付出成本)的人也能够获得这种服务和附加的利益,这就出现了农民教育供给中的"搭便车",比如部分大量使用农民工的工厂。"搭便车"现象的存在就意味着农民教育不能靠个人的自愿提供来解决,同时仅靠市场机制也不能解决其供给问题。

政府是公共产品的主要提供者,因此与农民教育密切相关,在教育的供给、拨款以及相关管理方面都起着重要作用,它通过确定适当的拨款模式以调和公平与效率之间的矛盾。教育好农民是我国当前农村社会最重要的问题之一,政府在其中所起的作用当然不言而喻。然而,作为农村准公共产品的农民教育,其供给与义务教育、高等教育存在着巨大差异。政府、市场和私人部门三种最常见的供给方式,也各有优势,在农民教育供给中还应具体分析,择优选择。因此,确立政府在农民教育供给中角色定位极为必要。

4.1.1 农民教育筹资责任的确立

建国六十多年,农民教育筹资责任也经历了诸多的变化,主要表现为三个发展阶段。

4.1.1.1 政府财政补贴制度的初步确立

在建国初期,由于国家经济发展有限,不能完全负担起农民教育经费,主要采取以群众自筹为主,政府适当补助的办法。如1950年12月14日政务院批准发布的《关于开展农民业余教育的指示》对经费问题进行了明确阐述:"农民业余教育的经费,应以依靠当地群众自筹为主。必要时得由县教育经费项下拨出一定数目,予以补助,各大行政区、省、市人民政府,应拨出一定数额的经费,专作农民业余教育重点补助与奖励之用。"[1]应该说,刚刚推翻压在头上的"三座大山",农民群众对党和政府充满了感情,可谓同仇敌忾、共渡难关。因此当时农民接受教育的觉悟也非常之高。自食其力,自筹经费,政府在农民教育工作中使用的资金多为补贴和奖励之用,这一以"农民自己筹资为主,政府适当补贴"的制度初步确立,并一直沿用多年。

4.1.1.2 以收益为原则确立筹资责任

20世纪的90年代,市场经济体制在我国基本确立,对教育效率的质疑也不绝于耳。为了提高教育的效率,美国经济学家弗里德曼曾提出用市场的手段来管理教育,然而这一设想在我国走了形。按照一些教育市场化拥护者的逻辑:中国是发展中国家,穷国办大教育投入当然不够;既然政府拿不出钱,那就把教育推向市场,谁接受教育谁就要付钱。因为"知识改变命运",谁接受教育的程度高被社会筛选出来的可能性就大,谁就能够过上好日子。因此"谁投资、谁受益"。可是"谁投资谁受益"中的"谁"到底是

---

[1] 《关于开展农民业余教育的指示》,《人民日报》1950年12月21日。

谁呢？

由于农民教育投资具有"外部性"特征，利己利人，政府、社会和农民个体都是农民教育的受益者。农民教育作为人力资本投资的主要途径，不仅增强了个人就业能力，也提升了用人单位的核心竞争力以及国家软实力。但从马克思的剩余价值理论看来，个人投资农民教育所形成劳动力仅得到等于自身价值的价值，而在生产过程中创造出来的比劳动力自身价值更大的价值，即剩余价值则归雇主所有。当资本不断积累，社会财富日益增多，国家成为农民教育的最大买主，也是最大受益者。因此，按照"谁投资谁受益"的原则，政府在农民教育中承担着不可推卸的责任和义务，其统一性、公益性以及发展性无不在农民教育与服务过程中得以体现。然而，农民本身也是这一教育活动的受益者，因此在整个教育活动中应根据当地经济发展情况及农民的支付能力，酌情考虑其投入问题。至于农村集体或城镇用工企业，都需要在农民教育中承担起相应的责任。

4.1.1.3 新时期筹资责任主体的确立

建国六十多年，我国经济社会发生了天翻地覆的变化，已经从一个一穷二白的落后中国发展到今天的世界第二大经济体。无论是劳动力转移阳光工程培训，还是其他农业科技培训，主要由政府投入资金，农民几乎不用什么经济支出。也就是说，国家有了单独拨款开展农民教育的底气。另一方面，农民教育具有外部性的特点，农民素质的提高不仅对自身有好处，更对社会的稳定和发展以及接受其专业的产业有很大推动作用。政府加大对农民教育供给的力度，妥善处理好公共财政支出，更是政府在农民教育供给中的责任。

在新时期，更多学者都考虑要从根本上改变现有的农民教育筹资体制，使投入主体多元化、筹资渠道多元化以及利益表达多元化。确实，公共产品投入多元化是世界发展趋势。然而，在提倡农民教育供给筹资方式多元化的同时，也必须正视我国"三农"问题的现实。虽然农村税费制度改革后，各级政府部分承担起供给农民教育的职责，农民基本不承担制度外教育供给成本，但估计在相当长的一个阶段政府还应在农民教育筹资中承担起主要责任。

4.1.2 农民教育管理责任主体的确立

4.1.2.1 农民教育供给的多种方式

由于农民教育自身的特点使得它的供给方式与一般农村公共产品不完全一致,但可供选择的供给方式并无太多不同。常见的供给方式有三种:一是政府供给方式,这种方式前面已有所论及,其基础性、外溢性特征明显,不具有排他性。二是市场供给,这种供给方式对一些中间性的和在性质上接近于私人产品的农村准公共产品较为适用,在农民教育供给中多为就业前景较好的转移培训教育。三是第三方供给,这是介于政府与营利组织机构之间较为独立的其他组织集合,一般不以营利为目的,具有组织性、民间性、非营利性、自治性和自愿性的特征①,包括大量的非政府组织、非营利组织、志愿组织、慈善机构、社会团体等。第三方供给农民教育最常见的组织形式包括农村行业协会、农村合作组织和农村社区集体经济组织等。根据以上三个不同的供给方式的特点以及农民教育的性质,我们可以判断,农民教育主要还是由政府供给,政府在其供给中发挥着重要作用。

4.1.2.2 主要供给者的管理主体比较

农民教育可通过政府行政机制、市场竞争机制与第三方社会事业机制分别供给,但由于政府、市场与第三方分别有其不同的疆域,因此为农民提供教育管理职责也就存在一定差别。

(1)政府供给的管理。

政府行政机制是政府以宏观管理者和社会代表的身份供给农民教育,政府通过征税筹措资金以完成农民教育的供给成本,并通过制定法律、政策来规范各种农民教育活动。在供给方面,政府提供农民教育可能会比私人部门更加有效。原因是:第一,政府可以把其他公共服务与教育捆绑起来一起提供;第二,政府较长的任期和声誉使其成为可靠的农民教育供应者;第三,可以形成规模经济或者使教育组织供应标准化;第四,政府支持农民教育,从人力资本管理的角度实际上担当了强制储蓄的角色,而这一点是其他组织无法

---

① 汪玉凯:《公共管理与非政府组织》,中央中共党校出版社2003年版,第64页。

承诺实施的。农民教育具有潜在的、巨大的社会收益,政府应该补贴教育以避免农民教育的供给不足。同时,政府追求的是农民教育的外部性,而这种外部性不太可能在所有部门当中都是相等的。这些都表明,政府干预教育是适当的,但每一点都需要根据效率—公平的取舍权衡予以考虑。[①]

(2)市场供给的管理。

市场竞争机制是指消费者按照等价交换原则,通过购买来获得农民教育,供给者通过收费来筹措资金以弥补农民教育的供给成本。它负责供给一些通过收费实现消费的准公共产品,其责任在于引入竞争机制,并依靠其先进的管理技术和管理经验,改进公共产品的供给方式与供给效率。在农民教育供给制度安排中的私有产权,即市场供给,它在一定程度上提高了效率以及满足了农民对教育需求的层次性。但是它存在着三方面问题:首先,将农民教育的产权私有并不能彻底解决"搭便车"问题。单纯的私有产权制度安排无法克服公共产品的外部性,会由于"信息不完全"或"信息不对称"导致优汰劣胜的"柠檬市场"现象,从而难以自发界定市场主体的产权边界和利益分解,实现社会经济秩序。其次,农民教育的客观属性也决定了完全由私人经营会存在效用实现不足,或可能出现供给不足。私人需要通过收费的方式收回投资,比如限制人们使用这种资源,就可能导致资源使用上的效用不足,从而产生社会福利损失。对于一些赢利性低、地区分布较偏僻的农村,农民教育则会出现供给不足。再次,将农民教育完全私有化会导致资源重复配置,难以实现社会资源的合理利用。因此,尽管农民教育的私有化可以解决由政府供给所出现的一些问题,但是农民教育的私有化并不是最佳的产权制度安排。[②]

(3)第三方供给的管理。

第三方能够创造性地、高效地确认并满足特殊需求,并能简单、迅速做

---

① [英]克里夫·R.贝尔菲尔德著、曹淑江主译:《教育经济学——理论与实证》,中国人民大学出版社 2007 年版,第 123 页。

② 朱金鹤:《中国农村公共产品供给:制度与效率研究》,中国农业出版社 2007 年版,第 47—48 页。

出一项关于公共产品市场的决策。其供给主要是提供俱乐部产品的产权,这是介于私人产品与纯公共产品之间的物品或服务,它为公共产品供给提供了有意义的思路:将公共产品的产权明确化、具体化,使所有者与经营者目标一致,做到责任与利益同在,这种激励能够消除各成员的"搭便车"动机,促使集团高效率供给公共产品。① 虽然社团产权具有这一优势,但是农民教育并不具备俱乐部产品的典型特征,因此对第三方提供农民教育的管理仍是一个探索过程。

4.1.2.3 农民教育管理责任主体的确立

政府、市场与第三方都是现实农民教育供给的组成部分,三者不存在非此即彼的选择,可以同时存在。然而,由于农民教育具有非排他性和部分非竞争性的特征,如果通过市场供给,实现非排他几乎是不可能的,或者成本高昂,并且在规模上缺乏效率。市场机制讲求投入与收益对称,因此,不消除"搭便车"现象私人必然不会有动力供给农民教育。再者,农民教育的不可分割性造成价格机制难以发挥作用,从而使农民教育成为"市场失灵"的领域。基于此,经济学家认为竞争市场的公共产品供给不可能达到"帕累托"最优,政府部门需要积极地介入公共产品供给,通过国家的"暴力潜能"实行强制政策,提高供给效率。② 对于市场竞争机制与第三方事业机制的正常运行,政府通过建立市场运行的规则、制度、政策、法律和基本设施建设,提供市场机制运行与社会事业机制运行的软环境和硬环境,为各类市场主体与社会主体从事私人性的经济活动与公共性的社会活动提供政策法律平台和制度监督。

农民教育由政府供给是合适的,政府干涉农民教育既可以为农民直接提供教育、资助补贴教育或者规制教育,也可以基于外部效益对农民教育进行资助。通过对各供给主体及其管理职责的分析,政府在农民教育供给中明显具有主导和独特优势。应该明确产权关系、建立合理的产权结构,通过政府有效建立和规范市场竞争机制,提高农民教育的供给效率,有效配置相

---

① 臧旭恒、曲创:《从客观属性到宪政决策——论"公共物品"概念的发展与演变》,《山东大学学报》(人文社科版)2002年第2期。

② 黄恒学:《公共经济学》,北京大学出版社2002年版,第27页。

关教育资源。

4.1.3 农民教育资源配置方式的选择

4.1.3.1 资源配置方式的比较

资源配置就是对相对稀缺的资源在各种不同用途上加以比较后做出的选择。相对于人们的需求而言,资源总是表现出相对的稀缺,这就使得任何一个社会都必须通过一定的方式把有限的资源合理配置,从而分配到社会的各个领域中去,以实现资源的最佳利用,即用最少的资源耗费,生产出最适用的商品和劳务,获得最佳的效益。资源配置主要有计划配置和市场配置两种方式,但在新时期有了多主体联合配置方式的探索。

(1)计划配置方式。

计划部门根据社会需要和可能,以计划配额、行政命令来统管资源和分配资源。这是我国计划经济体制时期的典型配置方式,主要强调"效率优先,兼顾公平"的原则。政府在降低不确定性、减少对教育的无知方面起着重要作用。在农民教育供给采用这种方式,政府主要通过统筹农民教育资源,用计划、行政等命令来分配资源。

(2)市场配置方式。

20世纪90年代以来,我国逐步迈入市场经济社会,计划经济的诸多弊端越来越多地显现,实现"政府主导"向"市场主导"的战略转变越来越迫切,人们对公平越来越渴望。减少行政干预,让市场机制来配置资源成为一种发展的必然趋势。但政府还要承担培育在计划经济体制下受到压抑的市场体系的职能,让市场体系尽快地发育和成长,扩大市场的作用空间。[①] 市场通过自身的优势,配置其掌握的农民教育资源,一定程度更加高效地发挥了在农民教育供给中的作用。

(3)多主体联合配置方式。

公共产品有效供给的理论和实践表明,在不完善的现实政府、不完善的

---

① 海芬丽:《中国政府职能转变研究综述》,《科学论坛》2007年第4期。

现实市场和现实社会之间,建立一种有效的选择和相互协调机制成为可能。根据资源优化配置的经济合理性原则和交易成本最小化原则,寻求政府、市场和非营利组织对农民教育资源配置的均衡点,建立起农民教育供给的多样化制度安排与多中心体制,是有效提供农民教育、最大限度发挥整体最优的重要途径,也是一种理想化的配置方式。

4.1.3.2 农民教育资源配置方式的选择

政府、市场与第三方在农民教育供给上都具有各自的特点,都是满足农民需求的重要手段。然而,市场作为一种资源配置方式,由于其自身的缺陷,比如机会主义、经济人理性、利益最大化和信息不对称等,都会导致难以有效地供给农民教育。相反,政府的计划配置对市场配置就能在一定程度上予以弥补。对于我国这样一个现代化远未完成的社会来说,由于刚刚兴起的第三部门发育不完善,力量还很弱小,更需要政府的引导和扶持。因此,政府为市场和第三部门提供制度保障。① 同时,政府在确保资源公平的配置与分配方面,具有基于农民利益而不以利润为目标的决策机制,并能够有效协调不同利益相关者、不同产业之间的关系。这些表明,政府干涉农民教育并成为主要供给者是适当的。

4.2 中央政府的供给行为逻辑

4.2.1 中央政府供给农民教育的动机

为什么要为农民提供教育? 不同利益群体的动机不同,即便是政府也存在中央政府与地方政府的差异。

4.2.1.1 内部动机——政府的本质职能

政府对教育负有一定的行政职能,这种说法由来已久。早在古希腊时

---

① 朱金鹤:《中国农村公共产品供给:制度与效率研究》,中国农业出版社 2007 年版,第 56 页。

期,亚里士多德就指出教育不仅能训练公民的职业技能,而且还有助于公民适应城邦的生活方式和政治体系,因此教育应该交由城邦承办。政府有限参与教育是指在不妨碍院校自主以及市场调节的基础上,合理调控教育的行政意识和行为。有限参与主要涉及正确定位和合理调控两个方面。英国学者加雷斯·威廉斯(Gareth L. Williams)在《高等教育的市场化:高等教育财政的变革与潜在变化》(1995)一文中认为,政府在教育系统中可能扮演四种角色:一是旨在保证公平竞争的,充当供给与需求之间"监督者";二是强化教育或直接提供教育的"供应者";三是教育消费的"支持者";四是教育服务市场中的"购买者"。① 根据教育的逻辑以及市场化的不断完善,政府应该逐步扩大与主导管控型"生产者"之间的距离,向引导监督"消费者"靠拢。

另外,政府作为国家统一的力量,往往直接或间接的影响教育的发展方向,其合理的调控一般可以分为三种类型:一为效度矫正,即在市场失灵的情况下,有效施以行政手段,弥补市场不足;二是资源分配,即在国家现有资源有限的情况下,优化配置资源,实现教育目标最大化;三是达成目标,即根据社会发展和个人发展,适时采取适当的教育行政行为,实现既定的社会目标。

总之,有限参与农民教育意味着政府权力绝不能凌驾于一切社会因素及市场因素之上,只有张弛有度,符合教育规律以及社会发展规律,才是合理的。农民教育从生产生活步入到学校教育的殿堂,从自发组织发展到政府的有限管理,经历了一个相当漫长的过程,政府应当干预并促其发展的理念也逐渐深入人心。然而,政府为什么要干预农民教育,又该如何干预农民教育等问题在理论上还缺乏梳理,在新的时代背景下需要重新审视政府、市场与农民教育之间的关系,以调整和选择合适的政府行为。值得注意的是,政府教育职能主要应体现在保证教育权利上,而非直接介入学校的运作,对

---

① Gareth L. Williams, *the Marketization of Higher Education: Reforms and Potential Reforms in Higher Education Finance*, Oxford: Pergamum Press, 1995: pp. 175 - 176.

农民教育而言尤为如此。具体而言,政府有限的农民教育职能应强调农民教育所有权与经办权相分离,即政府交出经办权,通过农民教育政策与法律法规的制定、农民教育资源的合理配置、农民教育制度的完善、农民文化的引领等对农民教育进行宏观调控,营造稳定的社会环境,积极引导农民教育工作的自我管理,以达到政府与教育发展和谐共处的最佳状态。

4.2.1.2 外部动机——农民教育发展要求

政府有限参与农民教育,主要源于农民教育本质特征中教育性的理性诉求,亚当·斯密认为政府应当"建立并维持某些公共机关和公共工程。这类机关和工程,对于一个大社会当然是有很大利益的。但就其性质说,若由个人或少数人办理,那所得利润绝不可能偿其所费,所以这种事业不能期望个人或少数人出来创办或维持"①。可见,"国家是经济文化教育上的投资者"②,应该向社会公众提供优质、高效、可选择的教育服务。政府参与教育,提供公共服务,其行动过程主要体现为公平,强调教育机会均等③,保障教育公平是政府的重要责任。约翰·斯图尔特·米尔指出,"国家对于生为公民的每一个人都应当要求并强迫他们受到一定程度的教育,即使对最穷的人,也应当给予最基本的教育,即'最小限度教育'法则"④。国家参与教育之所以能够保障教育的机会均等,理由至少有两个方面:一是如果教育纯粹由市场提供,那么意味着农民个人受教育的机会与程度将受限于个人收入水平,低水平收入农民很可能被排除在农民教育之外;二是多数家庭贫困的农民,如果开展的农民教育活动拒绝他们,势必剥夺农民受教育的机会,且也不利于农村社会的发展。

我国农民教育的供给制度是以体制外供给为特征,造成了供给不足和结构扭曲的问题。从根本上说这是农民供给制度方面存在的问题,从而造

---

① 亚当·斯密:《国民财富的性质和原因的研究》,商务印书馆1994年版,第284页。

② R. J. Johnston, *Geography and the State*, London: Macmillan Press, 1982:pp. 50–55.

③ 曾来、肖凤翔:《反思与诉求:试论职业教育中政府责任的有限性》,《职教通讯》2011年第7期。

④ 约翰·斯图尔特·米尔:《论自由》,商务印书馆1998年版,第65—67页。

成供给效率的问题,归根结底是由我国多年来形成的"二元化"发展模式和体制所造成的。由于我国农民数量多、比例大,加之地域广泛、居住分散,需要政府雄厚的财力、完善的决策及监督机制予以支撑,但事实与此相反。所以农民教育供给总是存在着供给资金筹集难、供给数量严重不足、供给结构失衡等问题。长期以来,各级政府始终把投入重点放在了城市,而忽略了农村;把重点放在了硬件建设,而忽视了软件建设。社会主义新农村建设、城乡一体化发展无不需要高素质的农民积极参与。培养新型农民在不少地区取得了成功,但中国一半以上的农村人口,姑且不说全面铺开培训教育,即使每年只向每位农民提供三小时的教育,聚集起来恐怕就是天文数字。农民对教育不仅有需求,而且数量巨大。但供给过程中,不仅中央各部委之间需要统筹协调,农业部内部各部门也都存在如何统筹协调的问题。在供给方式上,市场供给和非营利性组织供给还远远不够。正视农民教育需求,扶持农民教育发展,才能够确保农村社会的发展目标得以实现。

4.2.2 中央政府供给农民教育的行为——供给制度确立及变迁

政府是公共权力和公共利益的代表者,随着社会公共事务的增加,公共权力异化现象的日益增多,政府职能出现一定程度的专业化和对公共产品供给的垄断。

4.2.2.1 全能型政府的供给行为分析

在计划经济时期,国家及集体经济几乎控制了涉及农民教育的所有资源,农民既无法决定教育内容也无法决定教育方式,对供给既无需求的冲动也无决策的权力,政府及集体组织基本上是农民教育唯一的供给主体,表现为行政性决策普遍、行政动员明显、计划指令性强、受政治利益影响较大等特征。在家庭承包责任制下,尽管在农村进行了一场轰轰烈烈的政治、经济改革,并且确立了"乡政村治"模式,但农民教育的供给决策仍然没有突破计划经济时期以行政手段强制性供给的弊端,并且由于高度行政化的社会管理体制,以及公共财政的缺位,形成了一种不反映需求的带有强制性的"自上而下"的农民教育供给决策程序,乡镇和村委会承担着过多的供给职责。而农村税费改革后,"一事一议"并没有使农民教育供给"自上而下"的行政管理机制发生实质性变化。成为全能型的政府,正在为农民教育提供全权服务,规定着农民教育的政策、资金、师资、教育方式、时间及地点等方方面面。"国家不但可能,而且常常践踏或者取代市场力量。"①

4.2.2.2 建设服务型政府背景下的供给行为分析

2005 年 10 月,中共十六届五中全会通过的"十一五计划建议"中明确提出了"更大程度地发挥市场在资源配置中的基础性作用,提高资源配置效率,切实转变政府职能,健全国家宏观调控体系"②。2008 年中央《关于深化行政管理体制改革的意见》指出:"深化行政管理体制改革要以政府职能转变为核心。加快推进政企分开、政资分开、政事分开、政府与市场中介组织分开,把不该由政府管理的事项转移出去,把该由政府管理的事项切实管好,从制度上更好地发挥市场在资源配置中的基础性作用,更好地发挥公民和社会组织在社会公共事务管理中的作用,更加有效地提供公共产品。"③这给人们发送出一个明显的政策信号:政府要借助公民和社会组织提供公共产品,以改进和提高政府公益供给的效率。美国学者戴维·奥斯本和特德·盖布勒(1996)在《政府改革:企业家精神如何改革着公共部门》一书中指出,政府的管理职能应是掌舵而不是划桨。也就是要求政府没有必要事必躬亲,而应该从繁重琐碎的具体事务中摆脱出来,专心于把握大政方针。由此可见,"小政府"所追求的是有限政府的导向。④ 建立中国特色的小政府应该是一种公仆政府、服务政府,从而为农民教育提供更好的服务。让民间组织、社团等社会力量参与农民教育事务,是政府自身改革需

---

① [英]弗兰克·艾利思:《农民经济学——农民家庭农业和农业发展》(第 2 版),上海人民出版社 2006 年版,第 63 页。

② 《中共中央关于制定"十一五"规划的建议》,《新华网》。http://news. xinhuanet. com/politics/2005-10/18/content_3640318. htm.

③ 《中共中央关于深化行政管理体制改革的意见》,《新华网》。http://news. xinhuanet. com/newscenter/2008-03/04/content_7717129. htm.

④ 司林波、韩兆柱:《"小政府"理念与中国政府职能转变探讨》,《改革发展论坛》2006 年第 1 期。

要,也是社会管理创新的要求。在这样的理念引导下,政府对农民教育供给应当更多地进行宏观管理,并在必要时给予指导。

4.2.3 对中央政府供给农民教育行为的逻辑思考

按社会契约论的说法,政府是国家和公民之间达成的社会契约的产物。政府是国家政治共同体的代表,同时又是公众的代言人和公共利益的代表,因此有为社会提供公共产品、准公共产品的责任。政府是根据市场经济的基本原则和要求,通过合适的经济手段,在尊重农民意愿的基础上,筹集农村公共产品所需的资源。① 虽然随着经济社会的发展,农民教育供给渠道发生了改变,政府不再像计划经济时期那样过多通过行政干预,但中央政府的责任并没有随之消失,而是政府行为得到了一定改观。

4.3 地方政府的行为逻辑

4.3.1 政绩观下地方政府供给农民教育行为分析

4.3.1.1 法律法规的要求

法律法规具有明示、预防、校正作用,对扭转社会风气、净化公民心灵和社会环境具有较强的社会效益。在农民教育方面,已有的多种法律、法规和条文明确规定了政府在供给农民教育中的角色、机构设置、资金投入、师资队伍建设等内容。当然,也可以通过法律的强制执行力来校正在供给工作中出现的一些偏差行为,使之回归到正常的法律轨道。例如,一些地方政府在农民教育中的急功近利、欺上瞒下的现象,甚至骗取政府农民教育补贴的问题;也有部分官员热衷于"形象工程"、"政绩工程"、"面子工程",农民教育缺乏实际的效果。这些都要用法律法规来规范,关注农民教育的整体利

---

① 吕亚荣:《政府与农民在农村公共产品供给中的博弈》。http://www.chinaelections.org/NewsInfo.asp? NewsID=53811.

益,从而推进农民教育的科学发展。通过法律法规的约束,可以尽量减少甚至杜绝地方政府在工作中出现这样的现象,营造一个稳定、高效、文明的社会,使地方政府为农民教育提供更好的服务。

4.3.1.2 中央政府行政指令

中央与地方之间最突出的问题应该是行政事权的划分,无论是中央集权还是地方分权的做法,都有其产生和发展的历史,孰是孰非,或孰优孰劣,并没有什么客观的标准,但地方政府一定受到中央政府的监督和控制。我国宪法第三条规定,"中央和地方的国家机构职权的划分,遵循在中央的统一领导下,充分发挥地方的主动性、积极性的原则"[1]。《中共中央关于制定国民经济和社会发展第十二个五年规划的建议》中指出,"健全对中央重大决策部署执行情况纪律保障机制,确保中央政令畅通"[2]。这也就是说,中央的政令地方政府必须服从,并在中央的指导下开展工作。当然,中央政府不能包揽农民教育的供给,也不能片面地把供给责任推给地方政府,他们不能也无力承担。由于地方政府制定政策出发点的不同,因此更期待向中央政府争取更多的资源,甚至一定程度上地方政府与中央政府在争取事权上的博弈。比如,中央财政农民教育培训经费的地方配套政策,就是这种博弈的产物,地方要发展就必须与中央协调一致。因此,在中央与地方的这种行政关系下,关于农民教育供给,地方政府需要在中央的行政指令下进行。

4.3.1.3 地方的经济发展要求:以 GDP 为导向

中央提出"壮大县域经济"以来,各地对县域经济的发展非常重视,县市之间的竞争也越来越激烈,县域之间 GDP 攀比之风极为强盛。在以 GDP 为导向的政绩观驱动下,地方政府都容易把钱花在更能够产生 GDP 的领域。教育是一个长期的事业,不是一朝一夕能产生效果的,农民教育也是如此。因此,政府投资农民教育一贯比较谨慎,这不是因为农民教育的复杂

---

① 《中华人民共和国宪法》。http://www.gov.cn/gongbao/content/2004/content_62714.htm.

② 《中央关于国民经济和社会发展十二五规划的建议》。http://www.gov.cn/jrzg/2010-10/27/content_1731694.htm.

性,而是投资对于官员有时是冒着不能提升的危险。在 GDP 主义主宰地方经济发展的时候,农民教育在官员的眼中显然不能算是一件重要的事情。2011 年 7 月 29 日,首份中国 GDP 发展质量的报告——《中国科学发展报告 2011》正式出炉,标志着我国政府正在努力改变这一发展思路。但正如一辆高速行驶的列车,意识到减速与改变方向还会有一个相当长的阶段,更何况无论是 GDP 主义还是科学发展观指导下,农民教育都无法为经济社会发展提供太多立竿见影的成绩。因此,在现行的政府考核制度下,地方政府更多的需要对上负责,对农民教育可能就不愿过多的投入资源、经费、人员。在这样的导向下,地方政府对于提供农民教育自然存在着较大的困难。

4.3.2 地方政府在农民教育供给制度变迁中的行为缺失

4.3.2.1 地方政府缺乏对农民教育的具体政策引导

虽然从 2004 年以来中央连续出台了"三农"问题一号文件,《教育法》、《职业教育法》、《农业法》都有一些涉及农民教育的内容,但农民教育还没有全国性的立法,即便是地方立法也少之又少。目前仅天津市在 2010 年 5 月 26 日通过了《天津市农民教育培训条例》,甘肃省 2011 年 4 月 1 日通过了《甘肃省农民教育培训条例》,《湖南省农民教育培训管理条例》还正在征求意见当中。有些地方政府、院校及民间组织有一些发展农民教育的意愿,但缺乏制度支持,多显得力不从心,发展阻力巨大。因此,农民的教育还未能形成完整体系,农民教育培训体系还有待进一步完善。地方政府在针对农民的教育培训中也还存在诸多问题,如,一周之内的短期技能培训较多,长期的职业技能教育较少;产业培训内容多,人文素质教育偏少;指定培训多,体现农民自身需求的培训较少。在这样的情形下,如何保持长远的发展眼光,更多关注农民这一最大群体的教育问题,是地方政府应该解决的重大课题。

4.3.2.2 农民教育供给中的资金短缺

我们说,衡量一个政府是否重视农民教育的一个重要标志就是能否为农民教育提供更多的资金。事实上,资金不足一直是长期困扰农民教育的重要因素。一些地方政府在资金相对紧张的情况下,将农民教育的供给任务简单地推给培训机构或学校,对农民接受教育培训的意愿关心不够,说明地方政府在农民教育培训这一问题上还存在一定的缺位和错位。政府为了减轻农民负担,近年来进行了税费改革,取消了农业税等,无疑是增加了农民可支配收入,促进了农村经济的发展。但同时也应该看到县级政府的财政收入减少了,对农民教育的资金投入也相应减少。加之如前所述,地方政府的 GDP 主义使得那些即使有支付能力的县,也因农民教育"见效慢"不去投资,而选择"见效快"的项目。凡此种种,都导致了农民教育供给中资金短缺现象的存在。

4.3.2.3 教育培训机构对农民教育缺乏规划

实际上,农民教育规划主要应由政府部门来提供,教育培训机构更多的是执行。但实际情况是地方缺乏农民教育的科学规划,对农民的供给与需求市场缺少科学的调研和分析,无法为教育培训机构提供有效的供需信息,这就导致部分农民教育培训常常流于形式。培训机构有的也缺乏对市场需求的调查研究,不能科学地设置培训科目和内容,使农民及农民工学非所用,所学与所用相脱节,造成了农民教育培训的结构性浪费。还有部分培训机构出于方便或者省钱的目的,只注重对理论的学习而忽视技能的学习,从而使培训效果大打折扣。造成这一现象的原因之一是对农民教育培训缺乏统一的评估标准。在委托—代理机制中,缺乏有效的监督管理。政府在评估过程中,由于培训机构地理位置的分散,师资力量、教学场所、教学管理参差不齐,常常无法形成统一的评价标准。对培训机构的考察多以场地大小、培训人数、发证率等来衡量,忽略了就业稳定率、农民收入增长率、农民教育满意度等实质性指标。在这一方面,地方政府的劳动就业部门没有发挥他们的作用,在职业教育机构的评估、职业资格的考核、就业信息、职业介绍等方面,没有采取积极、主动的措施来引导职业教育的发展,这是地方政府的失职。[①]

---

① 吕春燕、邵华:《地方政府在农民工培训中的责任》,《辽宁行政学院学报》2010 年第 4 期。

4.3.3 地方政府农民教育供给制度的改革

4.3.3.1 加大地方政府对农民教育培训的政策支持力度

从政策的角度来看,最重要的是省级人民政府或人民代表大会的立法工作,学习天津、甘肃等地的经验,为农民教育专门立法,让农民教育的供给有法可依。在法律或其他政府规章的支持下,地方政府应加大对接受教育的农民的财政补贴力度,让他们学得安心、舒心,更能够学有所获,不断调动农民参与各类教育的积极性。其次是在政府投入不足的情况下,给教育机构以税收优惠,降低农民教育培训成本,为更多的农民提供教育培训机会。再次,减少对政府的片面依赖,促进农民教育培训投资主体多元化。地方政府应该与用人单位、公益组织以及农民个体等共同投资教育培训工作,让农民教育能够真正开花、结果、发展。

加大资金投入是地方政府关注农民教育最直接的办法。可以采取立法或制定规章的形式,确保中央和地方对农民教育的投入落到实处,保证经费按时足额拨付。甚至可以通过撤并无关紧要的部门以缩减行政性财政支出,把节约下来的资金用于农民教育,尤其是贫困地区或边远山区。或通过发行教育彩票、教育债券等来筹集资金,鼓励个人或社会团体开设各类私立学校等。[①]

4.3.3.2 不断完善农民教育体系

完善户籍登记管理制度,由乡镇政府一级负责将农村人口统计汇报,弄清农村劳动力状况,尤其是高中辍学或毕业后未接受过培训的务农人员,建立起良性的职前教育—就业教育—再就业培训教育—终身教育的有序机制。另一方面,要区别不同培训对象,以实际、实在、实用为原则,分类、分层进行指导,并编制不同的课程组合供农民选择。此外,应发挥地方农业职业院校的作用,为农民教育提供更多、更好和更高层次的教育培训。作为高等职业院校,与一般培训机构相比,通常社会声誉高、办学经验丰富、师资力量

---

① 武永花:《从需求角度谈农村教育的供给》,《湖北经济学院学报》(人文社会科学版)2007 年第 4 期。

雄厚、实训条件好,让农业高职院校参与到农民教育中是一个较好的选择,不仅能为农民提供短期培训,还能为农民开展长期的教育培训。然而,只有地方政府承担起了农民培训的责任,才能引导和督促地方高等职业院校真正的参与到农民的短期培训和长期职业教育中来。[①]

4.3.3.3 加强对农民教育的监管

《2003—2010 年全国农民培训规划》和"十一五"期间大力发展职业教育的计划,已经成为农民教育实施的良好开端。但是,做好农民教育工作还必须加大监管力度,不仅要对政府委托方的行为进行监督,更要对教育培训机构进行监督,保证农民教育规划的贯彻和实施。对政府的不作为必须坚决反对,并追究相关责任人的责任;对师资不合格、质量差、管理混乱的培训机构应及时、坚决取缔。在教学质量监控方面,应充分尊重受训农民和用人单位(包括村委会)的意见,加强对农民教育培训效果的评估和反馈,以此不断改进教学方式、调整教学内容,使农民教育的有效性得以持续提高。建立起培训—使用—收益的良性互动,整合各类农民教育资源,形成以农业高职校、农业中职校、教育培训机构为主体的培训网络,提高农民教育培训的整体效益。

总之,在农民教育的供给过程中,地方政府应当扮演的角色是:在中央政府的指导下,充分发挥自身的积极性,与农民、教育培训机构和社会一起,共同承担起农民教育的责任。地方政府在农民教育的供给中,政府主要责任不在于直接参与农民的教育培训,而在于对农民教育供给市场的失灵现象进行规范、引导和干预,加强监管,并给予农民教育以制度保证。

[①] 吕春燕、邵华:《地方政府在农民工培训中的责任》,《辽宁行政学院学报》2010 年第 4 期。

5　我国农民教育供给的现状分析

我国政府对财政支出的绩效问题向来非常重视,对政府和公共部门开展绩效评价已成为财政领域研究的热点之一。不仅是中央政府强调这方面的研究与实践,一些地方政府也在准备实施全面的绩效评估与管理。

从公共经济学的角度理解,农民教育具有一定准公共产品的属性。更由于农业产业的特殊性和农村发展的紧迫性,政府理当进入农民教育供给领域,农民教育供给在本质上就是政府的财政支出。

新中国成立后,我国农民教育得到了快速发展,虽然不同阶段农民教育的重点各不相同,但总体上仍然存在供给总量不足、供给成本高、供给结构与需求脱节等问题。只有对农民教育财政支出的绩效进行评价和分析,才能避免经费短缺与浪费的现象并存,保证将有限的经费用在最需要的地方。

5.1　关于农民教育及其供给情况的抽样调查

改革开放以来,我国农村人口迅速转移,城镇化发展速度也远远快于西方发达国家走过的历程。从 2011 年公布的第六次人口普查结果来看,居住在乡村的人口为 674149546 人[1],占全国总人口比重由 1952 年的 87.54%[2]

---

① 《2010 年第六次全国人口普查主要数据公报》。http://money. 163. com/11/0428/10/72NJ1E9I00253B0H. html.

② 国家统计局:《中国人口和就业统计年鉴》,中国统计出版社 2010 年版,第 6 页。

和1979年的81.04%①下降至2010年的50.32%②。2009年年末,我国乡村就业人数约46875万人③,但农民接受教育的情况却不是十分乐观。为了对农民教育活动有一个较为全面的了解,作者组织了关于农民教育供需的问卷调查。调查地点为江西省瑞金市、山东省昌邑市、河南省新郑市和福建省安溪县、大田县、惠安县、仙游县,调查问卷在每个县(市)发放100份共700份,实际回收有效问卷509份。总体上,调查地点基本都属于中东部地区,问卷数量也具有一定的限制,所以并不能完全反映农民教育的真实情况,但可以由此略窥一斑。

问卷共设计26个选择题,涉及农民的基本情况、农民教育需求、供给主体以及农民教育培训形式、培训目的等方面,希望从多个角度来考察农民教育的需求和实际供给状况。

调查的总体情况大致如下:

5.1.1 调查样本的基本情况

在本次调查中,虽然主观上希望尽量多调查一些地区、尽量多地调查一些农民,但依然受到精力和财力的限制,故而实际受调查对象仅509人(见表5-1)。在调查对象性别上,调查前并未做太多的设置,但实际调查结果男女比例却悬殊近20个百分点。访谈中我们发现,这主要是由于农村女同志接受社会调查的意愿明显偏低,更多时候不愿意抛头露面。年龄结构上,我们主要考虑调查对象应该是农村当前的主要劳动者,所以20岁以下的人数明显偏少。高达53.05%的农民文化程度是初中文化,令人欣慰的是,这与全国就业人员中57.8%的初中文化者在从事农林牧渔水利生产基本相当。④ 可见农民的文化程度普遍偏低,文化素质总体不高。实际上,这也是

---

① 国家统计局:《中国人口和就业统计年鉴》,中国统计出版社2010年版,第6页。

② 《2010年第六次全国人口普查主要数据公报》。http://money.163.com/11/0428/10/72NJ1E9I00253B0H.html.

③ 国家统计局:《中国人口和就业统计年鉴》,中国统计出版社2010年版,第18页。

④ 国家统计局:《中国人口和就业统计年鉴》,中国统计出版社2010年版,第166页。

应该加强农民继续教育的主要原因。

表5-1　农民教育调查样本基本情况（样本数=509）

选项	性别	人数	比例
性别	男	305	59.92%
	女	204	40.08%
年龄	<20	32	6.29%
	20—35	238	46.76%
	35—50	170	33.4%
	>50	69	13.56%
学历	≤小学	83	16.31%
	初中	270	53.05%
	高中或中专	117	22.99%
	≥大专	39	7.66%
职业	务农	150	29.47%
	乡村干部	15	2.95%
	本地非农产业工人	65	12.77%
	外地打工	129	25.34%
	养殖、运输等专业户	42	8.25%
	本地私营业主	54	10.61%
	其他职业	54	10.61%

注：考虑到部分户籍在本地、但人在外地经营的私营业主较少，此类人员统一计入"其他职业"。

但较为严重的问题是，我们调查的509位农民中，接受过在职农民教育或培训的仅87人（见表5-2），只占被调查人数的17.1%，因此农民教育的道路依然是任重而道远。用教育部统计的农村劳动力转移培训数据做一个比较，我们认为调查数据应该基本符合实际情况，比较农民教育培训的途径还有其他很多。2009年，仅教育系统开展的农村劳动力转移培训就达到4249.31万人次[1]，约占当年农村就业人数46875万人[2]的9.06%。所以，要从根本上扭转农民教育的局面，迅速提高农民素质，适应当前社会发展的

————————

① 《教育部办公厅关于2009年教育系统农村劳动力转移培训情况和2010年工作计划的通报》。http://www.moe.edu.cn/publicfiles/business/htmlfiles/moe/moe_726/201005/87801.html.

② 国家统计局：《中国人口和就业统计年鉴》，中国统计出版社2010年版，第18—19页。

整体要求,还有很大差距。

5.1.2 农民对参加教育培训的认识明显不足

对于在农村开展的农民教育培训,农民自身对此了解还明显不足。调查中我们发现(见表5-5),多达34.18%的农民肯定地表达了对农民教育活动的"不了解","有些了解并参加过"的农民人数与表5-2中"参加过教育培训"的人数并不完全一致,这可能与个别农民盲目地"被"教育有一点联系,同时也不排除个别笔误。实际上,多达54.22%的农民并不关注农民教育问题,仿佛农民教育与自己没有什么太多的联系,有点"等"的感觉。对于实施培训的政府部门,多达半数以上的农民知道农业管理部门提供这一活动。虽然我们在走访政府部门中了解到,几乎所有的涉农部门都多少不等开展了一定形式的农民教育,但一般农民对此还是了解甚少。对于农村社区附近的企业或个人是否提供过相关教育培训,回答"没有"或"不清楚"的达到85.27%,很显然,当前农民教育的主要供给者还是政府,我国的社会企业还有待进一步发展。

表5-2 农民参加教育培训情况统计表

选项	人数	比例
参加过教育培训	87	17.1%
未参加过教育培训	422	82.9%

表5-3 农民参加教育培训的信息来源

选项	人数	比例
村领导通知参加	33	37.93%
乡亲之间口头传达	12	13.79%
培训组织人员通知	31	35.63%
广播、报纸、网络等信息渠道	11	12.64%
其他	0	0%

表5-4　农民未能参加教育培训的主要原因

选项	人数	比例
培训内容不合适	38	9%
估计(听说)效果不好	36	8.53%
没时间参加	132	31.28%
因为要交部分学费	28	6.64%
不知道有培训	164	38.86%
想参加,但据说没有名额	8	1.90%
其他	16	3.79%

表5-5　农民对教育培训的了解情况

选项		人数	比例
您是否关注农民教育信息	很关注	30	5.89%
	比较关注	136	26.72%
	不怎么关注	276	54.22%
	说不清楚	67	13.16%
您是否了解农民教育培训工作	有些了解并参加过	74	14.54%
	听说过一些	261	51.28%
	不了解	174	34.18%
您知道哪些部门提供过农民教育培训	农业管理部门	262	51.47%
	科技管理部门	145	28.49%
	组织部门	64	12.57%
	妇联	17	3.34%
	教育部门	93	18.27%
	其他	80	15.72%
附近企业或个人是否为农民提供过教育培训	有一些	75	14.73%
	没有	185	36.35%
	不清楚	249	48.92%

对于农民参加教育培训的信息通道,主要还是靠村领导和培训组织人

员通知,这两者的比例达到73.56%(见表5-3)。我们访谈中也了解到,部分地区的农民教育培训还比较被动,农民积极性不高,甚至需要村干部软硬兼施地动员才会参加。至于农民未能参加培训,其原因是多方面的,最大的问题是不知道有培训,这一比例高达38.86%(见表5-4)。当然,31.28%的农民认为,没有时间是未参加教育培训的主要理由。其实,这与农民本身文化程度不高有一定关系。我们在与农民聊天的时候发现,农民在经济社会生活中有一定的理性,但很有限,主要表现在对这些行为缺乏长远眼光,没有立竿见影的好处通常就裹足不前。而教育培训作为一种人力资源的长远投资,多数很难有显著的短期收益,尤其是素质教育类的内容,所以给部分农民找到了拒绝接受教育培训的理由。

5.1.3 农民对教育需求的内容多倾向于实用技术

需求是决定供给是否有效的重要因素。应该说,农民对教育总体还是有较大需求的,但对教育的需求有不同的侧重。77.01%的农民表现出对实用技术的需求(见表5-7)。当然这与农民参与教育培训的目的有一定联系,55.4%的农民认为接受教育培训的目的是"提高农业生产水平,多收益"(表5-8),说明当前解决经济问题还是农民最突出的要求。至于农民教育需求的其他选择,我们发现这还有一定的地方特色。比如,在山东昌邑市的调查中发现,由于近年来农村公路建设的快速发展,各类交通事故不断发生,受访农民认为急需加强法律知识教育以维护自身的权益;而福建安溪县的调查,农民对营销培训情有独钟,这与地方茶产业的发展和地方经济水平明显有很大关系。因此农民教育的供给需要考虑这些地方因素。

表5-6 农民教育需求的表达途径

选项	人数	比例
跟村干部说	124	24.36%
寻找机会向对口部门反映	127	24.95%
关注广播、电视、网站等信息渠道	167	32.81%

续表

选项	人数	比例
不想主动反映,反映也没用	91	17.88%

表5-7　农民觉得最需要教育培训的内容

选项	人数	比例
实用技术	392	77.01%
绿色证书培训	55	10.81%
人力资源转移培训	47	9.23%
营销培训	152	29.86%
法律知识等文化素质培训	156	30.65%
其他	13	2.55%

注:本项调查为多选。

在有教育需求、如何表达的问题上,诉求渠道并没有很大的差异性,分布较为均匀,难能可贵的是农民消极对待教育需求的并不多,认为"不想主动反映、反映也没用"的农民只占17.88%(表5-6)。说明农民对教育还是充满了期待,并积极表达自己的教育诉求,只为了让自己生活好起来,有尊严地生活。

表5-8　农民对教育培训目的的认识

选项	人数	比例
提高农业生产水平,多收益	282	55.4%
提高营销水平,把农产品卖个好价钱	129	25.34%
发展非农生产,增加收入	119	23.38%
保护自己的各种权益,有尊严地生活	60	11.79%
离开农村到城里工作生活	27	5.3%

续表

选项	人数	比例
其他	0	0%

注:本项调查为多选。

5.1.4 关于农民教育培训的费用分担

调查中我们发现,教育费用分担是一个有趣的话题。作者一位在福建三明市乡镇政府工作的学生这样说:"想让农民交费接受教育是不可能的,你拿刀押着他也不行。"说来有点极端,但在调查中我们得到了一定佐证。高达66.4%的农民认为教育培训费用应由政府(或培训组织部门)担负,如果教育培训能满足生产需要,有4.13%的农民能够接受完全自费(表5-9)。这种情况不同地区有一定的差异,经济发达的地区,接受政府与个人共同负担的比例明显较高;经济水平稍低的地区,要求政府支付的期望更为强烈。如,福建仙游县的调查中,83.33%的农民认为教育培训费用应由政府(或培训组织部门)担负,而在江西瑞金市这一比例为35.9%。说实话,这个结果可能无法说明什么,但有一点是肯定的,即农民总体上还没有从根本上充分认识到教育培训的重要性和必要性,所以当前由政府主导农民教育市场有一定的道理,向农民收取教育培训费用有较大难度,不具备太多可行性。

表5-9 农民对教育培训费用分担的认识

选项	人数	比例
政府(或组织教育培训部门)负担	338	66.4%
农民自负	21	4.13%
政府(或组织教育培训部门)与农民共同负担	150	29.47%

5.1.5 参加过教育培训活动的农民的感知

对于调查中参加过教育培训的87人,我们专门对其情况做了统计,希望能从中了解一些新的东西。严格说来,就是为了了解农民教育培训的效果到底如何(表5－10)。

表5－10　参加过教育培训的农民的感知

选项	选项内容	人数	比例
教育内容有无事先征求意见	征求过	42	48.28%
	未征求过	45	51.72%
是否希望经常参加教育培训	希望再次参加	66	75.86%
	不希望,浪费时间、金钱	8	9.2%
	无所谓	13	14.94%
教育培训的部门	农业管理部门	43	49.43%
	科技管理部门	30	34.48%
	组织部门	7	8.05%
	妇联	0	0%
	教育部门	5	5.75%
	其他	2	2.3%
对教育培训效果的评价	满意	25	28.74%
	一般	51	58.62%
	不太满意	7	8.05%
	较差	4	4.6%
教育培训的主要方法	课堂讲授	53	60.92%
	讨论	5	5.75%
	实地示范操作	21	24.14%
	现场参观	8	9.2%
教育培训师资来源	培训机构自己的教师	30	34.48%
	县、乡技术人员	39	44.83%
	外请专家(非本县)	15	17.24%
	其他	3	3.45%
如果培训收取费用,您是否参加	参加	27	31.03%
	要考虑一下	51	58.62%
	不参加	9	10.34%

　　关于农民教育的实施部门,调查发现还是由农业和科技部门组织实施

的占绝大多数,两者的比例合计达到83.91%。实际上从这里我们会感觉到,在实施农民教育的过程中,还是以农业技术类的教育为主,其他诸如政治教育、文化素质教育等则少之又少。这可能与当前农村经济发展水平不高有一定关系,正如马斯诺的需要层次理论中所说的生理需要,这是一种基本需求,应该说全国范围内农村的这一需要还没有满足。

对于这些已经接受过教育培训的农民,当问及如果收取费用还是否参加时,表示参加的有31.03%,说明我们的教育还是有一定效果的,能够部分激起人们的兴趣。表示"要考虑一下"的中间人群则达到58.62%,也就是说,如果教育效果再好一点,或者收费少一点,或者自己挣的钱更多一些,这部分人是完全可以争取的。这给我们的农民教育既增加了压力,但同时也让农民教育工作看到了希望。

关于教育培训的效果,我们发现一个比较奇怪的现象:认为效果一般的达到58.62%,可为什么却有75.86%的人希望再次参加培训?通过与乡镇干部的交流,我们分析原因有这样几个方面:一是培训多少有一点作用;二是培训一般不用交费;三是参加培训既给领导面子,还有适当补贴。或许这并不一定能够说明什么,但一定程度反映出教育已经在农民中被慢慢接受,正取得农民群众的认同。

对教育的内容、方法和师资,接受过教育培训的农民表示,当前农民教育的主要方法还是课题讲授,这一比例达到60.92%。教师则主要来源于培训机构或由县乡技术人员担任,两者合计达到79.31%,体现了强烈的本土化色彩。至于教育培训的内容,近一半(48.28%)的受训者认为事先曾征求过意见,应该说内容在一定范围内已经得到大家的默许。

5.2 我国农民教育供给存在的主要问题

5.2.1 我国农民教育供给总量短缺

在我国当前经济快速增长、农村社会不断发展的背景下,农民素质与这种快速发展呈现出明显的不协调,提高农民素质、扩大农民教育供给成为农村社会的重点需求,农民教育供给总量短缺现象极为显著。

城乡二元格局在我国已经有几十年的历史,长期以来对城市产业工人的教育培训已形成了相对完整的体系,其供给水平也与农民教育不可相提并论。虽说农民教育供给总量短缺,但想要准确地计算农民教育的需求总量,也几乎是不可能的。所以,只能从城乡对比或者财政投入总量、调查数据来近似地说明问题。

如前所述,目前我国农村地区居住的人口仍有 6.7 亿之多,即使剔除经常外出打工的农民,这一数字依然非常巨大。借用 2005 年 1% 人口抽样调查微观数据,16 岁及以上农村劳动力中,51% 的人仅受过小学及以下教育,41% 的人受过初中教育,8% 的人受过高中教育,仅有不到 1% 的人受过大专及以上教育。城市劳动力中,25% 的人受过小学及以下教育,39% 的人受过初中教育,22% 的人受过高中教育,13% 的人受过大专及以上教育。[1] 总体来看,城镇劳动力的平均受教育年限为 9.38 年,农村劳动力为 6.80 年。也就是说,城镇劳动力接受过初中再加 0.38 年的高中教育,农村劳动力仅接受过小学再加 0.8 年的初中教育。[2] 所以,从农村社会发展和城乡一体化的要求来看,针对农民开展教育具有很大的市场,也存在着巨大的需求。科技部中国农民素质研究课题组的调查表明,尽管我国对农民科技(技能)素质进行开发的政策力度不断加强,但农民自身对学习技术(技能)的意愿却仍需强化。[3] 约有三分之一的受访者对参与技术(技能)培训的意愿是不明朗或不积极的(见图 5-1)。[4]

这就从供给层面给我们提出了许多要求:必须加大农民教育培训的宣传,提高农民教育供给水平,注重农民教育培训效果,树立农民自觉参与终

① 蔡昉:《中国人口与劳动问题报告 NO.10——提升人力资本的教育改革》(光盘版),社会科学文献出版社 2009 年版。

② 《人口与劳动绿皮书:我国农村义务教育应增加到 12 年》。http://gov.people.com.cn/GB/10013734.html.

③ 中国农民素质报告课题组:《中国农民素质报告》,中国农业出版社 2008 年版,第 14 页。

④ 中国农民素质报告课题组:《中国农民素质报告》,中国农业出版社 2008 年版,第 15 页。

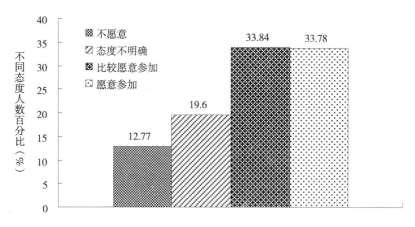

图5-1 受访农村居民对参与技术培训的意愿情况

身学习的信心和决心。另一方面,从我国政府农民教育实际供给的情况来看,供给总量应该说还是不足的。由于涉及的政府部门较多,这一准确数据难以获得。我们仅以全国教育系统为例,2009年教育系统共开展农村劳动力转移培训4249.31万人次,其中引导性培训1885.61万人次,占培训总人数的44.37%;技能性培训1564.46万人次,占培训总人数的36.82%,转移后(进城农民工)培训791.62万人次,占培训总人数的18.81%。[①] 如果剔除转移后培训,在农村进行的转移培训数为3457.69万人,与农村6.7亿的人口规模相比,比例还明显较低。即使按我们自己的有限调查,农民参与教育培训的比例也仅17.1%,但这个比例并非指一年,而是所有曾经接受过教育培训的数字总和。从这个意义上说,供给总量不足就显得非常明显,可以用财政投入偏少和培训数量不够来表示。图5-2为我国2000年到2008年农民家庭户不同受教育水平人数,可以发现,初中和小学文化程度在农村占有绝对的多数。

---

① 《教育部办公厅关于2009年教育系统农村劳动力转移培训情况和2010年工作计划的通报》。http://www.moe.edu.cn/publicfiles/business/htmlfiles/moe/moe_726/201005/87801.html.

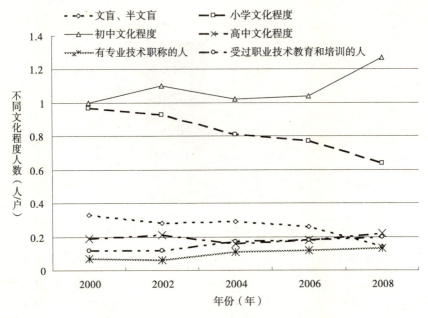

图5-2　我国农民家庭户不同受教育水平人数①

5.2.2　农民教育供给成本偏高

尽管我们前面已经表述,农民教育供给总量不足,但即便是这样不足,农民教育的供给还存在成本偏高的情况。这种成本偏高的说法,其实是基于与城市产业职工培训相比而言的,而且因为政府多部门供给、预算内经费偏少等原因,我们并没有较准确的调查数据来支撑,因此本部分论点多由实际访谈所形成。

应该说,农民教育供给成本至少包括两个部分:一个是政府对农民教育供给的成本,一个是农民个人为教育支付的成本。由于农业产业的特殊性和农村居住的分散性,要为农民提供有效的教育就远比城市产业工人的培训需要更多的投入。这至少可以从农民教育的师资聘请、农民教育的组织、教育的示范实践活动、农民因接受教育而产生的误工费等方面考虑。

---

① 国家统计局:《2010年中国统计年鉴》(光盘版),中国统计出版社2010年版。

第一,师资费用较高。为农民进行教育培训聘请的教师大多并不能从农村田间地头来,更多来源于县乡专业技术人员或外地农业科研院所的专家教授。无论是课时费用,还是在生活方面的花费,都需要一笔远比城市产业员工培训更多的费用。

第二,开展农民教育活动其组织难度要远比在城市开展教育培训要大。这样说绝没有贬低农民素质的意思。在福建省闽清县一个乡镇开展调研时,一位乡镇干部和一位村干部曾跟我谈及过这一问题:农民教育培训有时需要干部去一户一户动员,一般乡镇干部甚至还没有这种动员的能力,而农民更多时候是在村干部的恩威并施下不得不去。可以想象,这种付出可能无法用金钱来衡量,但又实际存在,它产生的成本有多高无法计算。

第三,在农村社区,农民居住具有突出的分散性,生产作业的田地更是远离居住区。实地示范操作作为农民群众最喜欢的一种教学方法,在农业技术培训时确有很多意想不到的优越性。但组织师生到这样的地方开展教学在普通高校都是困难重重,如果在农村地区为农民教育这样做,其中又增添了多少成本?要不就是不做,在附近地区偷工减料;要做,成本必然大大增加。对种植业也好,养殖业也罢,现场示范教学对农民这样一个受教育水平本就不高的群体来说不能不说是最好的方法。事实上,农民给我们的反映就是如此,只是苦于这样的教育形式次数偏少。

第四,是农民受教育过程中的误工问题。在市场经济社会,理论上这个问题是不存在的。按照舒尔茨的人力资本理论,农民接受教育自然就提高了自己的劳动生产率,当然就给自己带来了收益。既然农民受教育能够让自己得到好处,误工费从何谈起?实际上,农业是弱势产业,农民是弱势群体,发放误工费这不只是中国特色,世界各国都是如此。法国是世界最发达的国家之一,农民教育培训是所有产业培训中唯一得到补贴的。补贴不仅包括免收学费,还包括吃住费用以及因教育培训而产生的误工费。曾经亲耳听过的一个故事:我国西部地区的一位动物科学专业的大学毕业生,为了自主创业在家乡发展养猪业,并希望带动乡亲共同致富。请来大学的老师为乡亲讲科学养猪,结果不得不以每人每次5元钱的代价请乡亲们听课。

虽然后来的结果是好的,但这种现实没法否认。正如我们调查中所显示的,不能参加教育培训的农民 31.28% 的是没时间,而一些农村干部坦言这是一个美丽的谎言。所以,我国农民教育培训发放一定的误工费、误餐费也就非常正常。政府无时无刻都希望农村社会能得到快速发展,尽快实现城乡一体化进程,如果不通过这样的非常规手段,显然是不够的。东部支持西部,城市支持农村,这在我国有许多深层次的原因。

从以上分析我们应该不难看出,与城市产业工人的培训相比,虽然供给不足,但成本却又是高昂的。我们是否能从财政支农效益分析中发现什么?从 1996 年以后,财政支农效益基本上是呈下降趋势(见图 5-3),这能否也从一个侧面反映了支农效率在不断降低?或者说,农民教育供给活动可能也一定存在成本高、效率低的倾向?

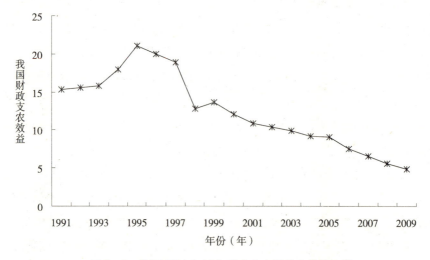

图 5-3 我国 1991 年以来财政支农效益变化情况①

注:财政支农效益=农业 GDP/支农支出总额。

---

① 国家统计局:《2010 年中国统计年鉴》(光盘版),中国统计出版社 2010 年版。

5.2.3 农民教育供给结构不合理

所谓农民教育供给结构不合理,是指农民需要的教育内容或形式没有获得提供,而可以从政府那里获得的教育又并非他们现实所需,这实际上也是供给效率低下的重要表现。至于说农民实际需要什么样的教育培训,根据科技部 2006—2007 年组织的中国农民素质调查(表 5 - 11),11 项调查数据前 5 名分别是法律知识、对国家农业政策的认识、农业生产的相关知识、与人交往的文明礼仪知识和经验管理知识。我们在走访中发现,供给最多的是农业部门和科技部门提供的农业生产的相关知识,其它内容则少之又少。即便是专项技能学习,农民的满意程度也不高(表 5 - 12),6 个项目中没有一个超过合格分 3 分(满分为 5 分)。尤其是与现代农业密切相关的信息技术(有关电子、信息和网络方面的技术技能),满意程度仅为 0.4,说明这一需求基本没有提供。农民的职业偏好见图 5 - 4。

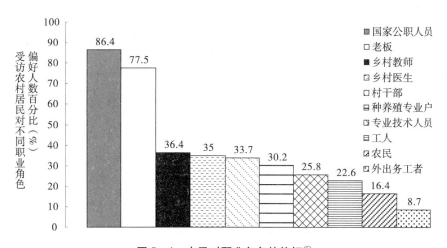

图 5 - 4　农民对职业角色的偏好①

造成这种农民教育供给结构不合理的最直接原因:一是农民缺乏反映真实需求的渠道。虽然我们调查中,有 49.31% 的农民认为自己可以主动向村干部或对口部门反映。但实际上,部分农民还是私下抱怨:哪里有太多

① 中国农民素质报告课题组:《中国农民素质报告》,中国农业出版社 2008 年版,第 17 页。

机会让自己反映真实的想法？所以说,农民在很多时候是一种"失语",并常常处于政治、经济双重弱势状态。二是政府不了解农民的需求,有些官员甚至也不想主动了解农民需求,而只是把农民教育供给当成一种简单的工作去完成,钱用了工作就算是做了,缺乏对工作的研究。三是决策者多生活于城市,即便是农村出身的决策者也由于长期在城市生活而被城市理念或现代化理念所充斥,很难设身处地从农民的角度思考问题。这种城乡之间的理念差异导致农民教育供给难免会偏离农民的真实需求。四是由于我国政府官员任命的特殊性,所以他们热衷于投资看得见、摸得着的"硬"产品,尤其是有显示度的形象工程,即便是教育内部也是哪种教育最有显示度哪种供给力度就大。对于农民教育需要的大型、基础性的教育设施建设,以及与农民素质教育相关的教育内容明显偏少。有基层干部甚至反映,一些乡镇干部在农民教育中仍带有一定的封建社会的愚民政策,生怕农民懂得太多、民主意识太强不好管理。五是与其他农村公共产品相比,农民教育显得过"软",同时还缺少强有力的监督,使得农民教育供给不仅质量得不到保证,效率与效益也较低。

表 5-11　农村受访居民对学习具体知识的需求①

序号	各类知识	比重
1	法律知识	57.6%
2	对国家农业政策的认识	56%
3	农业生产的相关知识	55.6%
4	与人交往的文明礼仪知识	42.5%
5	经营管理知识	35.2%
6	扩大汉字识字量	32%
7	学一门外语,如英语	31.4%
8	疾病防治知识	31.1%
9	财税知识	27%

① 中国农民素质报告课题组:《中国农民素质报告》,中国农业出版社 2008 年版,第 12 页。

序号	各类知识	比重
10	计划生育知识	15.4%
11	性知识	4.9%

表 5‒12　受访农村居民对专项技术技能的学习需求①

序号	技术、技能的学习需求	现状得分（满分 5 分）	需求比重
1	有关粮食作物、经济作物、非农作物等种植技术和名特优新动物养殖技术等在内的农业生产技术	2.6	67.8%
2	有关机械驾驶与操作、电机或电气维修、建筑、木工等在内的非农专项技能与手艺	2.3	52.1%
3	有关粮油加工、畜牧产品加工、水产品加工、木材加工等在内的农产品加工工艺和技术	2.3	48.5%
4	有关土壤治理修复、节水、病虫害生态控制、农村能源建设和废弃物循环利用等在内的农业环境保护以及资源循环利用技术	2.0	38.5%
5	有关农产品保鲜、贮运、包装、销售和综合利用的技术	1.4	30.7%
6	有关电子、信息和网络方面的技术技能	0.4	23.5%

5.3　影响农民教育供给效率的因素

应该说,在不同的时代,在不同的经济、政治和社会背景下,影响农民教育供给的因素会有所不同,并各有侧重,从而形成了不同时代农民教育供给的制度模式。从前面的论述我们可以总结出,影响农民教育供给效率的因

---

① 中国农民素质报告课题组:《中国农民素质报告》,中国农业出版社 2008 年版,第 14 页。

素归根结底还是取决于农民教育供给数量、结构、质量、制度与需求的对比关系。按照市场经济的规律，供给一定程度决定了需求，但需求同时对供给又有着较大的影响。所以在分析影响农民教育供给效率的因素时，我们认为应该从两个方面来考虑：一个是供给的角度，包括农民教育的成本、政府介入意愿、农民教育市场规模、供给主体的财力、供给者的组织能力等；一个是需求的角度，主要包括农民教育定价、农民的支付能力（主要从农民的收入水平来考察，但还应包括时间、精力的支付能力）、需求表达渠道、需求方参与程度等（见图5-5）。

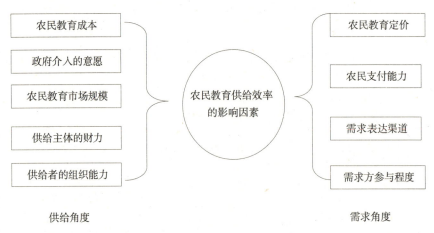

图5-5 影响农民教育供给效率的因素

5.3.1 供给方面的因素

从供给的角度，如果提供农民教育的成本越来越低廉，供给主体自然提供的可能性就越来越大。考虑到当前的供给主体实际上还是政府，因此政府的热情和兴趣将决定农民教育的供给数量和质量。农民教育市场规模的大小是供给主体需要考虑的重要因素，这与其财力大小有必然的联系，从而决定统一部署农民教育供给分布以及供给规模。事实上，即便供给主体有足够的财力完全满足农民教育需求，一般也只会在考察效率的基础上尽量满足这种需求，否则供给效率势必会降低。至于供给方的组织能力则是决定供给是否有效的重要因素,再好的供给产品没有有效的组织也会如流水东去,不留下太多痕迹。

5.3.2 需求方面的因素

从需求的角度,虽然农民教育不同于一般公共产品,也主要是政府在提供,但这并不影响为农民教育供给行为定价。这种定价不仅为供给方提供了决定供给数量的依据,也对需求者产生了一定影响。当然,对需求方的这种影响一般较弱,多半只将价格的高低作为判断是否珍惜或是否值得参与的一个因素。也就是说,如果价格较低,农民可能会做出"低价无好货,不值得期待"的价值判断。从农民的角度看,农民的支付能力(包括时间、精力和经济等)较强,参与的可能就大,效率可能更高。如果农民的教育需求表达渠道通畅,农民对教育的兴趣一般会更强,供给效率自然更高。如果农民自身参与教育供给事务越多,参与程度越高,供给效率想不高都难。

5.3.3 简要的小结

从前面影响因素的分析可以发现,评价农民教育供给的绩效需要从供给方和需求方两个方面来考察,供给不仅需要投入总量多,平均也要多;不仅是物力投入多,组织效率也要高;不仅是供给方自我评价,还要考察农民的满意程度,更需要了解教育对农村社会发展有没有起到作用。

客观地来看,对农民开展教育投资,实际上其费用绝大部分并不在农村形成消费力,而是流向了城市。作为转移教育培训,教育投资所培养的人才绝大部分是流向城市和非农产业,因而具有典型的"离农"特征。这种农民教育机制导致农民既失去资本又失去人才,不仅教育投资流向城市,而且由这种教育机制培养的"人才"部分也无助于农业和农村的发展。那些离开农村的受过良好教育的劳动力实际上是农业、农村发展所需要的,"剩余"在农村的没有受过教育和培训或者受教育较少的劳动力又很难承担起推动现代农业发展的重任。长期的教育"双亏"局面导致农民的贫困化积累和农村劳动力的逆淘汰。农民将微薄的收入用于教育,相应就会削减农业生产性开支,限制农业生产规模化,只能使农业生产维持较低的投入,进一步强化了土地的生存保障功能,同时也限制农业劳动力从事其他行业的可能性。农村劳动力综合素质偏低,使其在向非农产业的转移进程中也面临重重障碍,难以进入较高层次的产业,只能在低层次产业中形成过度竞争。从而造成转移劳动力队伍的庞大与可供选择就业空间相对狭窄这一矛盾。[1]

---

① 王全美:《〈资本论〉劳动力转移思想对新农村建设的启示》,《生产力研究》2011年第2期。

6 农民教育供给的国际经验

我国是一个传统的农业大国,但历史上统治阶级的愚民政策使农民教育只能成为一种奢望,几乎在现代农业产生后,农民教育才有了可能。而现代农业在西方发达国家以及部分殖民地国家的产生历史相对更为久远,所以学习这些国家农民教育供给经验,对科学建立我国农民教育供给制度具有重要意义。当然,这并不意味我们的农民教育一定要走发达国家之路,把发达国家农民教育的目标和模式当成我们唯一的追求。

本章研究并不拘泥于发达国家的农民教育供给制度,还涉及部分发展中的市场经济国家,主要包括美国、日本、德国、韩国、印度和巴西等国家。选择这些国家主要是考虑到农业发展水平、地区分布以及和我国的相似程度等多个方面,但国内对巴西尤其是巴西的农民教育培训介绍较少,可能会影响对该国农民教育供给的真实性判断。但他们的做法总体上还是为我们农民教育提供了范本,值得学习借鉴。

6.1 发达国家农民教育供给制度

对于农民教育,很多发达国家尤其是农业发达国家,都有一套较为完整的供给制度体系,这些制度对于振兴农业,带动整个农村社会的经济发展发挥了极大的作用。这里我们选择了美、日、德三个国家作为代表予以介绍。

6.1.1 美国

美国是一个联邦制国家,具有高度发达的市场经济体制,政府间事权划分较为清晰,联邦议会和政府都高度重视乡村发展,对农村地区的投入支持力度很大。美国农业、农村很发达,但对于整个社会来说依旧弱势。2008年,美国人口为 303824646 人[①],而这一年美国第一产业人口为 2168000人[②],占总人口的 0.71%。这样的农业产业人口,还能成为世界最大的粮仓,与农业现代化有关,但农民人口素质较高不可小觑。

6.1.1.1 美国"三位一体"的合作农业推广体制

美国实行的是教育、科研、推广"三位一体"的合作农业推广体制,它是在《莫里尔法》《哈奇法》《史密斯—利弗法》的基础上,以州立大学为依托而形成的一种推广制度。这种推广体制有利于科技成果及时转化,也有利于培养高素质的农业科研人才和推广人才。美国拥有世界上最发达的农业,其根本原因之一是它有一套协调高效的农业科技推广体制,从而使现代农业科学得以大规模推广应用。推广体系大体包括三个方面:

(1)农学院系统。

美国的农业高等教育极其发达,虽然不少农学院今天已发展为综合大学,如康奈尔大学、马里兰大学等,但农业高等教育的发展气势仍然不减。密歇根农学院是美国第一所农学院,创办于 1855 年。实际上,1862 年《莫雷尔法》的出台才使得美国的农业高等教育走上了飞速发展的道路。《莫雷尔法》通过赠地计划创建"赠地学院",主要开展农业科学及机械技术方面的教学和研究。当时有 30 个州先后接受了此法,各赠地院校培养出了一批农业科学技术人才。在课程设置上,《莫雷尔法》还规定,凡接受赠地的高等院校的学生,无论哪个专业,都必须接受一些农业教育才能毕业。随着 1890 年第二个《莫雷尔法》的出台,规定在继续支持赠地学院的同时还必须为黑人也创办赠地学院。早在 1879 年,康乃尔大学就由州政府资助开展了

---

① 《美国国家概况》,《外交部网》。http://www.fmprc.gov.cn/chn/pds/gjhdq/gj/bmz/1206_22/.

② 国家统计局:《中国劳动统计年鉴》,中国统计出版社 2010 年版,第 515 页。

农民的教育培训,说明农学院系统为开展成年农民的教育做出了许多贡献。

（2）农业研究系统。

美国的农业公共科研机构由美国农业研究局和州农业试验站组成,也是美国农业科研体系的主体。其中美国农业研究局直属美国农业部,包括国家研究中心和100多个国家农业实验站。各州的农业试验站以州立农学院为主体,侧重本地区的农业科研和推广工作,也接受农业部的任务和拨款,经费由农业部州际合作研究教育与推广局负责协调管理。这些研究机构在美国农业科研体系中起着不可替代的作用。农业是美国研究与开发长期投资的重点领域之一,国家对农业科技的投入自1958年以来以8%的年增长率逐年增加。① 农业公共研究系统的经费由政府拨款资助,研究成果面向农民,并为农民提供免费的最新农业科技服务。

（3）农教科推广体系。

合作农业推广体系由联邦农业推广局、州推广站、县推广办公室和县推广理事会三个层次组成,每个层次上的农业推广机构都有适合其特点的组织结构模式。其中,州农业推广站居核心地位。② 推广经费主要由联邦及州、县政府拨款资助。据美国相关农业立法规定,各州应提供与联邦数额相等的资金用于农业推广,与我国许多政策的地方配套极为相似,但他们是从法律上保障了农业推广的顺利进行。

6.1.1.2 农民培训的经费支持

美国农民教育培训的投入主要是按照法律由联邦政府和州政府拨款。美国是一个经济极为发达的国家,各级政府投入农民教育的资金也非常庞大。"美国财政每年用于农民教育的经费达600亿美元"③,而且农民教育的相关经费还处于不断增长之中。1915年美国农业科研和推广公共开支不到0.141亿美元,其后每年不断增加,到1945年增加尤为迅速,到1970

---

① 汪飞杰:《美国农业科研体系研究及启示》,《农业科研经济管理》2006年第2期。

② 高翔:《关于美国农业科技推广体系的考察报告》,《西北农林科技大学网》。http://news.nwsuaf.edu.cn/newsold/ShowNewsPaper.php? no=687.

③ 张雅光:《发达国家怎样培养新型农民》,《中国教育报》2008年11月18日。

年已经增长到 8.255 亿美元,55 年间增长了 58.5 倍①。在法律制度方面,《莫雷尔法案》是通过赠地形式为农民教育提供支持,第二个《莫雷尔法案》则规定每年各州赠地学院可得到 5 万美金的固定经费资助。根据《史密斯·利费法》的规定,联邦政府对农业合作推广系统的资助方法和对各州农业试验站的方法一致。除此之外,农业合作推广和农民教育中,还吸纳了较多的私人投资,且投资比重已经占整个农业科研经费中的一半以上。当然,这些私人投资重点是有高额利润的开发性研究,没有直接经济效益的基础性研究和应用性研究主要还是依赖政府投资。

6.1.1.3　农民教育培训的相关法律

美国对于各行业的管理都是依法办事,虽然国家历史不长,但法律体系健全,与农民教育相关的立法也不例外。1862 年出台的《莫雷尔法案》奠定了农业教育的立法基础。该法案提出按各州在国会中参议院和众议院人数的多少分配给各州不同数量的国有土地,要求各州在 5 年内至少建立一所"讲授与农业和机械工业有关的知识"的赠地学院,以法律的形式确定了联邦政府通过资金资助农业教育的原则,培养了大批农业职业技术人才。1917 年出台的《史密斯法案》把职业教育划分成农、工、商、家政等专业,同时确立了美国的双元教育体系,使普通教育和职业教育分流。1946 年的《乔治·巴顿法》和 1958 年的《国防教育法》扩大了职业教育的范围,增加了拨款额度,强调职业教育的全民化,使大量资金不断流入职业教育机构。

1963 年的《职业教育法》将补助的范围扩大到高中毕业生、在职人士、残障人士等,使其变成面向社会各阶层、各年龄段的教育。1974 年的《生计教育法》指出,生计教育是一种主张以职业和劳动为中心的教育。《卡尔·柏金斯生涯和技术教育修订案》自 1984 年颁布后经历了 3 次修订,2006 年的修订法案特别将性别平等和妇女发展作为重点,关注特殊人口职业教育,提倡生涯教育,强调学术与职业能力培养。1993 年颁布的《2000 年目标:

---

① 易红郡、谭建平:《新型农民与农民工的教育培训》,湖南人民出版社 2009 年版,第240 页。

美国教育法》规定成立"国家技能标准委员会",推动了职业技能标准的制定和推广应用。

6.1.2 日本

日本政府对农业的支持力度和保护程度是发达国家中最高的,它通过各种渠道用于农业的投资高达农业总产值的 15 倍之多。① 发达的日本农业不仅是因为政府重视农业科学技术的开发和普及,农民素质较高也是重要的原因。

6.1.2.1 日本农业教育体制

日本的农业教育体系与我国基本相似,包括农科类大学、综合大学的农学部,以及农业职业高中。

首先,农业大学系统。几乎各级政府农业行政部门的农业人才都是由农业大学培养的。全国目前 52 所农业大学,主要招收有志从事农业的高中毕业生,其中都道府县立的农业大学是专科层次,学制两年。除此以外,部分农业大学在两年制专科的基础上设立了高级研修教育,毕业后可以获得相当于大学本科的毕业文凭。另外日本农业大学也设有的研修部,主要为从事农林牧副渔的人员提供有针对性的短期进修培训。②

其次,是综合大学的农学部。这些学校的农学部同样承担着日本高等农业教育,但由于学校的综合性,农学教育已远远超过当初的学科范围。特别是日本比较知名的国立大学,如东京大学、东北大学、北海道大学等,经费主要来自国家的拨款,其办学条件和设备都很优良,毕业生多在政府的农政部门、研究所等工作。短期大学的农科类专业办学水平与此则存在较大差距。

再次,农业职业高中。这些教育在日本已经基本普及。2004 年,日本

---

① 廖红丰、尹效良:《农村公共产品供给的国际经验借鉴与对策建议》,《现代经济探讨》2006 年第 2 期。

② 李水山、赵方印:《中外农民教育研究》,广西教育出版社 2006 年版,第 63—93 页。

全国共有 5450 所高中,开设农业课程或学校为农科高中的有 378 所①,这些农业高中在开设国家规定的普通课程外,重点教授与农业相关的课程。如农业科学基础、环境科学基础、农业经营、农业机械、林产品加工、农业经济、蔬菜、果树等。

日本农业也面临着后继乏人的问题,因此非常注重培养后继农民,有计划、分层次、有重点地开展农民职业技术教育,主要由农业职业大学和农业高中来完成。具有 100 至 1000 万人口的都道府县,一般都有 1—2 所农业职业大学(专科)和 1—3 所农业高中,有的普通高中也开设农业课程。对农业职业教育,由文部科学省和地方政府农林局共同负责,提供体制和经费保障。各级农民协会也承担部分农民职业技术教育的任务。

6.1.2.2 日本农民教育培训的政策

日本之所以重视农业教育,就是为了培养"自主的农民"。要想提高农民的技术和能力,就必须依赖于办教育。② 战后,日本学习和借鉴美国的经验,于 1948 年成立了农业协同组合,颁布了《农业改良促成法》。该法案规定各都道府县地方政府须设立从事农业技术普及与培训的专门机构,并规定国家对这项事业予以资助。其中第一条就明确表明制定这一法律的目的是帮助农民获得农业经营和农村生活的知识,促进与农业有关的实验研究的进行与推广。该法案还规定国家承担农业技术普及培训费用的一半,经费由中央财政支付给各都道府县地方政府。而具体的支付额度,按相关的政令基准来核算。

"地域农业改良普及中心"是由地方政府按法案规定设立的主要开展农业技术培训的部门,农协也有一定的技术指导任务,但偏重农民经营和销售方面的服务。日本各都道府县按规定都设立若干个农业改良普及中心,且中心配置专门的技术人员,直接针对农户开展技术辅导和咨询活动。目

---

① 丁志宏:《国外农民的职业培训》,中国社会出版社 2010 年版,第 35 页。
② 李水山等:《日本农业科研教育推广的创新体系》,《职业技术教育》(教科版)2005 年第 28 期。

的是向农民推广和传授新的生产技术,帮助其开发新的富有地方特色的农副产品、改善农民生活环境。应该说,日本战后几十年农民教育培训的快速发展与日本的《农业改良促成法》以及以此建立的一整套农业培训体制有关。

6.1.2.3 农民教育的管理体制

日本农民教育的管理主要是学习并引进了美国的成功经验,建立了日本特色的农业教育科研、教育和推广集约化的管理体制。除了综合大学和农业大学,还包括各都道府县和农协等社会团体创办的2—3年制的短期农业大学。

日本的农业大学必须从教育和农业两方面考虑它的职能定位和发展方向。2001年10月,日本在香川大学召开了第104届全国大学农学部长会议,讨论了农学教育中存在的问题和发展方向,提出了今后日本农业教育的改革方向和发展课题,其中"如何协调和处理与国立、公立农业研究机构的职能定位、合理分工和合作"、"如何积极引进经营管理理念和机制,及早实现大学法人化,确保重点科研经费,加强与企业的合作"[①],成为今后一个阶段农民教育管理体制改革的重点。

从总体上看,各级农业科技教育培训中心、高中等农业院校、企业与民间的各类培训服务机构、各级农民协会、各级农业技术推广服务体系和农业改良普及系统,都是农民教育培训的重要力量。这种由政府、学校和民间力量共同构成的多主体参与、相互交流、相互补充的全方位供给系统,为有计划、分层次、有重点地开展农民教育提供了基础。

6.1.3 德国

德国是农业发达、机械化程度很高的国家。2008年共有农业用地1693万公顷,约占德国国土面积的一半,其中农田面积1193万公顷。2010年农

---

① 李水山等:《日本农业科研教育推广的创新体系》,《职业技术教育》(教科版)2005年第28期。

林渔业产值为国内生产总值的 0.9%。农业就业人数占国内总就业人数的 2.1%。① 德国的联邦体制保证了农民教育供给的均质化,并在农村形成了比较完善的供给体制,主要特点是地方政府主导、依靠法律约束、国家财政支持等。

6.1.3.1 明确的农民教育供给法律框架

德国《基本法》规定,地方当局对地方所有事务承担责任和权利。也就是说,各级政府在农村公共物品的供给中肩负着重要责任,但各种社会管理和公共物品供给也必须根据法律的规定施行。在发展农业生产方面,首先制定了《促进农业投资纲要》,规定任何企业主要从事农业土地经营和生产并达到一定标准者,均能够获得政府的补贴和资助,此项措施的目的是改善劳动条件,降低成本及保护生态环境。② 德国政府鼓励年轻人到农村去从事农业劳动生产,政府给予最高 1 万欧元的特别优惠贷款。2005 年颁布了修订后的《职业教育法》,更加明确了政府、企业和农民在农民培训中的地位和作用。③

在德国,"绿色证书"(也称为"农业师傅证书")是农民从事各种农业工作的资格,一般分为 5 个等级:一级证书是农业职业教育学徒工证书,需经过 3 年的农业职业教育,获得二级证书,才能成为一名合格的农业专业工人;二级证书获得者通过一年制的专科学校或参加农业师傅考试,获得农业师傅证书,即三级证书,此时便有了独立经营管理农场和招收学徒的资格;三级证书获得者通过深造两年制的农业专科学校,毕业后获得四级证书,成为农业企业技术员、农业企业领导,此后如能通过附加考试,便可进入农业高等学校深造,毕业后获得欧盟颁发的五级证书,成为农业工程师。④

---

① 《德国国家概况》,《外交部网》。http://www.fmprc.gov.cn/chn/pds/gjhdq/gj/oz/1206_12/.

② 杨瑞梅:《德国地方政府供给乡村公共物品的经验和启示》,《海南大学学报》(人文社会科学版)2006 年第 3 期。

③ 张雅光:《发达国家怎样培养新型农民》,《中国教育报》2008 年 11 月 19 日。

④ 张雅光:《发达国家怎样培养新型农民》,《中国教育报》2008 年 11 月 19 日。

6.1.3.2　农民教育培训的目的明确

根据德国联邦基本法,国家对全部学校教育事业予以监督。在德国,只有中学毕业文凭者要成为农场主,必须参加两年以上"双元制"的职业教育培训,并获得毕业文凭,才能得到政府提供的政策优惠和资助。德国农民教育培训的目标,一是培训新型的农业从业人员,为现代农业提供后备力量,提高就业人员的职业技术能力;二是推广传播农业实用新技术、新品种。[1]农民的职业教育始终贯穿在生产的各个环节和经营的各个领域,农民根据需要可以通过各种渠道索取信息,从而运用到各自的生产经营中,而国家和为农民服务的企业则根据不同的目的开办各种技术和信息的培训班,帮助农民掌握各种现代化手段,从而使农民的素质不断得以提高。

6.1.3.3　德国农民教育的经费和管理体制

依照德国法律,农民教育和培训的各项资金应完全由政府财政提供资金支持,这为农民教育供给的支出责任提供了基本依据,体现了不同层级政府职责的任务分配与财政支出责任负担之间的一致性,从而使农民教育培训经费有了可靠的来源。对农民教育培训的投入,一方面由国家将农民教育培训列入财政预算,安排专款。各农业学校、培训中心则依据制定的培训计划做出预算,国家财政按规定下拨培训费。另一方面,通过立法,由企业和个人以纳税形式交纳培训费。[2]德国虽然也鼓励私人资金注入教育,但法律明确规定政府有责任和义务为农业教育及培训提供资金支持。德国农民教育投资占国家教育投资的15.3%。[3]

德国实行联邦、州、地方三级政府管理体制,其财政体制也相应实行三级预算管理,分别对各自的议会(或理事会)负责。乡(市)镇财政收入来源主要有:联邦财政补贴,乡(市)镇政府与州政府的分享税收。德国法律规

---

① 丁国杰、朱允荣:《欧盟三国农民教育培训的经验及其借鉴》,《世界农业》2004 年第 8期。

② 丁国杰、朱允荣:《欧盟三国农民教育培训的经验及其借鉴》,《世界农业》2004 年第 8期。

③ 张雅光:《发达国家怎样培养新型农民》,《中国教育报》2008 年 11 月 19 日。

定,政府主办的公共事业项目,不接受任何企业或个人的捐助。企业和个人可以自己出资举办某项公共事业,但是企业和个人不能出资由政府操办的项目。①

6.2 发展中市场经济国家农民教育供给制度

除了发达国家外,很多发展中国家尤其是发展中市场经济国家,农业发展也取得了较高水平。本节选择了韩国、印度、巴西三个国家,虽然这些国家的农民教育发展还不完善,但各有特色,对我国农民教育也有一定的借鉴作用。

6.2.1 韩国

韩国于1948年建国,现有人口约5000万,农业人口约占总人口的6.8%。2010年农业产值(含渔业和林业)占GDP的2.6%。② 实际上,韩国已经取消了农民一词,代之以"农业人",我们为了阐述方便,仍使用农民一词。在农业方面,韩国还是一个不折不扣的发展中国家。农民收入提高很快,主要得益于农产品的提价、严格的贸易保护和高额的政府补贴等③。而农民收入的迅速提高正是我国许多政府部门热衷学习韩国农业的主要动力。从农民教育的角度来看,更主要是其新村运动所形成的分层培训的农民教育体制、管理经验值得我们学习借鉴。

6.2.1.1 韩国农民教育的法律制度

韩国十分重视农村社会的发展问题,先后制定了《农村振兴法》、《农村

---

① 张要杰:《德国农村公共物品供给的经验研究——基于地方治理理论的视角》,《农业经济》2009年第6期。

② 《韩国国家概况》,《外交部网》。http://www. fmprc. gov. cn/chn/pds/gjhdq/gj/yz/1206_12/.

③ 陶文昭:《韩国农业:温室里的花朵》,《南风窗》2006年第21期。

现代化法》、《农渔民后继者育成基金法》、《农业教育法》等 10 多部法规,尤其是 1980 年制定的《农渔民后继者育成基金法》,为教育培养农渔民后继者做出了巨大支持。该计划注重精神和技术教育,并为农民提供经营管理、技术诊断、农产品销售、海外研修等服务。1990 年《农渔民发展特别措施法》将农渔民后继者基金更改为农渔村发展基金,为培养农业后继者提供了法律保证。在 1998 年出台的《农业、农村基本法》中对农业人才的培养有明确的法规条文,如后继农业人的培育、专业农业人的培育、女性农业人的培育、经营农业组合法人的培育、农业公司法人的培育等,并对培训后的扶持也有明确规定。

6.2.1.2　韩国农民教育的实施主体

2003 年修订的《农村振兴法》明确规定农村振兴厅的责任是发展农村指导事业和教育训练事业。农民教育培训的实施主体是具有教育培训资质和职能的科研、教育和培训机构,包括农民协会培训机构、农业大学和农村振兴厅,培训券新制度的引入又呈现出新时期多元化的发展趋势①。农业大学主要开展知识、信息密集型培训和更高层次的中青年农民的培训,但直接作用并不显著。农村振兴厅是农民技术推广培训的实施主体,也承担对后继农民、专业农民、农村青少年和农村妇女的培训任务。它下属 9 个道级(省级)农村振兴院、182 所市郡农村指导所,能较好开展农民教育活动。农民协会是由农民自己组成的团体,其基层组织有 1300 多个,遍布全国各地。因此它主要对组织内的农民开展教育培训。

6.2.1.3　韩国的农民教育管理与新村建设

韩国的农民教育主要是由农协中央会和各级农协举办的,尽管只有约 340 万的农业人口,但农民教育网络却遍布全国。从实用技术培训到高等职业技术教育,从 3—5 天的短训班到一年的半脱产班、二年制的全脱产班,从培训一般农民、骨干农民、农协职员到各级农学指导者,韩国的农民教育已经成为一个功能齐全、涵盖层次众多的教育体系。在管理体制上,韩国政

---

① 李水山:《新时期韩国农民教育的特征和发展趋势》,《职教论坛》2005 年第 6 期。

府把农林部科教局的部分职能与农科院、教育培训中心及推广合作中心结合,建立了农业振兴厅,将农科教结合得更加紧密,为进一步推动新村建设发挥了更加重要的作用。到目前为止,韩国政府财政已累计向"新村运动"投入2.8万亿韩元,建设效果明显,尤其是农民生产生活条件得到显著改善。从20世纪70年代到现在,韩国城乡居民的收入始终保持在1:0.8—1:0.9之间。① 应该说,韩国已经真正将农村建设成为了名副其实的"新农村"。

6.2.2 印度

印度是一个传统的农业国家,经济总体不发达,尤其是农村经济发展比较滞后。但它拥有世界十分之一的可耕地,是世界上最大的粮食生产国之一。全国有70%多的人口生活在乡村,间接或直接从事农业生产。由于投资乏力、化肥使用不合理等因素,近年来农业发展缓慢。2007年,印度人口识字率达到75%,但成人文盲仍达3亿,居世界首位。②

6.2.2.1 印度的绿色革命与农民教育

1967—1968年,在美国洛克菲勒基金会和福特基金会的资助下,印度依靠国际玉米和小麦改良中心、国际水稻研究所的技术支持,开始了靠先进技术提高粮食产量的"绿色革命",从而使粮食总产量有了大幅度提高,印度农业由此发生了巨变。但由于农民受教育程度普遍偏低,传统的小农经济意识根深蒂固,限制了农业的产业升级。加之气候变化、环境污染、粮食产量增长速度放慢等问题,从2004年开始,印度开始了"第二次绿色革命"的征程。其中,提高农民素质是推行"第二次绿色革命"的内容之一,成败的关键在于人才。印度总统卡拉姆说,印度每年有300万大学毕业生及数量相当的中等职业人才,他们是"第二次绿色革命"宝贵的依靠力量,政府应当鼓励他们到农村去,用他们的知识为改变农村落后面貌建功立业。这

---

① 唐相龙:《韩国的乡村建设管理制度及其法律保障》,《城乡建设》2011年第4期。

② 《印度国家概况》,《外交部网》。http://www.fmprc.gov.cn/chn/pds/gjhdq/gj/yz/1206_42/.

样不仅可以解决他们的就业问题,而且对推动基层农业科技队伍成长,促进农村科技成果的推广十分有利。① 两次绿色革命使印度的农业取得了骄人的成绩,也使得农民的素质在这样的背景下得到了迅速提升。科学技术的开发、推广和普及是"绿色革命"取得成功的关键。20世纪60年代中期"绿色革命"刚刚开始,印度政府便建立起从中央到地方的多层次的农业科教和技术推广网络。② 在这一过程中,许多农民把学校看做是"庄稼医院"或"兽医站",生产过程中只要遇到难题马上就会想到找学校。

目前,印度政府农民教育的主要做法有国家农业技术计划中的技术推广改革和农业诊断—经营中心。前者在每个社区成立农业信息顾问中心、社区技术组,并成立由投资者和农民代表组成的农民顾问委员会,各省还成立了农业管理和推广培训学院;后者主要是通过培训农业专业的毕业生,让他们在充分掌握农业技术后到中心为农民提供技术指导和培训。到2002年12月,235个农业区启动了诊断—经营中心。这为农民提供了许多非常实用的教育培训,对印度农村发展起到了一定的作用。

6.2.2.2 印度农民教育的管理

印度从20世纪60年代以来就开展了一系列农民培训、教育或发展计划,但由于根深蒂固的种姓制度存在,加之人口多、农业整体发展水平低,农民教育还一直处于边缘化状态。1950年印度《宪法》第46条规定:"国家应特别注意增进人民中弱势群体的教育与经济利益,特别是表列种姓和表列部落的教育和经济利益,并应保护他们不受社会之不公正待遇与一切形式之剥削。"③虽然印度农民依然是弱势群体,在教育过程中还存在这样那样的问题,但能从宪法的角度予以保证、监督实在是一件不容易的事。印度富有特色的政府、科研部门和农业大学相结合,公共部门与私人部门相补充的

① 张静宇:《扶贫解困重在效益 印度启动"第二次绿色革命"》,《人民日报》2004年4月15日。
② 秦川:《印度农业奇迹启示录》,《环球财经》2004年第6期。
③ 荣黎霞:《发展中国家如何致力于更加公平的教育——以印度和南非为例》,《比较教育研究》2007年第2期。

农业技术推广体系,使印度的农业推广体系进一步得到了完善。

从中央一级层面看,印度农业部下设两个专门负责农业教育与科研的机构,一个是作为政府职能机构的农业研究与教育局,另一个是印度农业研究委员会。前者负责协调农、牧、渔业各科研院所的研究、教育活动及国内外合作事项,而后者则从事基础和实用技术的研究与开发,同时负责农业教育及高新技术的鉴定和推广。印度各级政府对农业科研和教育非常重视,各邦农业部门领导的60多个研究机构组成了地方农业科研系统,邦属大学的校长全部由邦长兼任,经费由地方和中央两级划拨,在税收和用地等许多方面享有种种优惠。① 在印度,农业大学承担着巨大的农业推广任务,不仅设置了推广部,更多学校还与农户建立了固定、广泛的联系,以开展各种形式的农业试验。如,哈里亚那农业大学园艺系对学生的要求是在毕业时至少开发出一种有市场前景的水果加工产品。

6.2.2.3 印度农民教育的经费保障

印度政府还是非常重视农业教育工作的,因此农业研究、教育和推广经费得到了较好保障,科教人员享有较高的社会地位,生活和工作条件优越,这也使印度农业科技和教育水平在发展中国家一直保持着领先地位。印度的教育经费主要来自以下三个方面:政府税收、公营企业的积累、贷款。捐赠也是印度教育经费来源中的另一个重要组成部分,主要包括捐赠基金、赠款和赠物。捐赠者包括富有者和热心教育的民众,但更多是来自财团、商行、宗教或慈善团体,以及国际组织、地区组织及一些非官方组织。其中,世界银行、联合国教科文组织、联合国儿童基金会、瑞典国际发展机构等都曾经资助过印度农村教育计划。

1985年,印度《国家教育政策》明确提出要"为辍学者、为居住区内无学校的儿童、为因工作而不能上日校的儿童制定一项庞大而系统的非正规教育计划"。1991年至1994年期间,印度建立了27万个非正规教育中心,其中93.5%的中心设在农村地区,它为普及教育、扫盲、劳动者的职业技术教

---

① 秦川:《印度农业奇迹启示录》,《环球财经》2004年第6期。

育等发挥了巨大的作用,对国家经济及社会发展作出了很大的贡献。① 这种做法实际上是通过行动将经费用在了农民和未来农民的教育培训上,相比拨款制度更具强制性,应该说是对农民教育经费的最好保障。

6.2.3　巴西

巴西是南美最大的国家,也是南美经济最发达的国家,国内生产总值位居世界第 8 位,是世界上适于农林牧渔各业全面发展的少数国家之一。农牧业发达,是全球最大的蔗糖生产和出口国、第二大大豆生产和出口国、第三大玉米生产国,玉米出口位居世界前五,同时也是世界上最大的牛肉和鸡肉出口国,2010 年人均国内生产总值达 10471 美元。② 虽然近年来贫富差距有所缩小,但依然是贫富较为悬殊的国家之一。相对来说,教育事业的发展滞后于经济的增长,但巴西政府已经意识到教育的重要性,正大力发展教育事业。由于巴西在农业领域的特殊地位,因此农民的教育培训是一个值得探讨的问题。

6.2.3.1　巴西教育及管理概况

农业被视为拉动巴西国民经济发展的"火车头"。2006 年,巴西农业产值占国内生产总值的 33%,农村劳动力占全国就业人口总数的 37%③。2001 年,巴西 15 岁以上成人识字率只有 86.4%,成人人均受教育时间不足 5 年④,2009 年,这一比例已经达到 90.3%⑤。2006 年,巴西东北部 15 岁至 29 岁人口的文盲率为 12.5%,农村文盲率则高达 27.2%。高等教育的情

---

① 荣黎霞:《发展中国家如何致力于更加公平的教育——以印度和南非为例》,《比较教育研究》2007 年第 2 期。

② 《巴西国家概况》,《外交部网》。http://www.fmprc.gov.cn/chn/pds/gjhdq/gj/nmz/1206_1/.

③ 《关于加拿大和巴西生态农业发展》,《中华人民共和国财政部网》。http://www.mof.gov.cn/pub/nongyesi/zhengfuxinxi/tszs/200806/t20080623_47825.html.

④ 王然:《教育与经济发展——美国巴西比较研究》,《内蒙古师范大学学报》(教育科学版)2005 年第 5 期。

⑤ 《巴西国家概况》,《外交部网》。http://www.fmprc.gov.cn/chn/pds/gjhdq/gj/nmz/1206_1/.

况也不容乐观,18 岁至 24 岁青年中只有不到 10% 的人有机会接受高等教育。巴西 20% 最富有家庭的子女占大学生总数的 70% 以上,而 40% 最贫穷家庭的子女只占 3%①。这些最贫穷家庭则多数居住在农村。

2001 年,巴西颁布第 10.332 号法令中明确规定,国家今后每年将当年税收总额的 17.5% 用于农牧科技项目。② 这项规定实际上从侧面反映了巴西国家财政投入要加大对农业扶持力度,确保农业科技的发展处于优先地位。60 年代初,巴西颁布了《教育方针与基础法》,明确宣布人人有受教育的权利。按照《教育方针与基础法》,各州设立了教育委员会,明确了联邦政府和州政府的责任权限,保证了教育经费的划拨。1996 年 9 月 12 日,巴西议会通过了第 14 号宪法修正案,再次强调了联邦政府、州、市,以及联邦直辖区对教育的政府责任。

巴西的教育行政管理分为联邦政府、州政府和市政府三个层次。近年来,公共教育支出占巴西国内生产总值的比重不断上升,2005 年达到 4.4%,由联邦、州和市三个层面为教育提供经费。1988 年巴西《宪法》明确表述:义务教育实行强迫和免费制度,其对象不但包括 7—14 岁的儿童也包括那些在适龄期没有受到教育的人。经过政府的多种努力,巴西初等教育的入学率和在校生人数已逐年提高。目前,巴西义务教育普及率达 97%。在 1992 年,来自最贫困家庭的儿童只有 75% 入学就读,而同期来自最富裕家庭的儿童入学率高达 95%。到 2003 年,来自最贫困家庭的儿童有 95% 入学就读,而最富裕家庭的儿童有 99% 的入学率,贫困和富裕家庭儿童入学率差距由 1992 年的 23% 下降到 2003 年的 4%。③

6.2.3.2 "全国教育发展计划"与农民教育

巴西严重的教育问题正成为其经济社会发展的最大桎梏,所以 2007 年时任总统卢拉提出了雄心勃勃的"全国教育发展计划"。该计划试图摆脱

---

① 宋霞巴:《"革命性教育计划"欲助巴西崛起》,《中国教育报》2008 年 10 月 22 日。
② 郑风田:《巴西农业为什么创造了奇迹》,《凤凰网》。http://finance.ifeng.com/opinion/fhzl/20101012/2697447.shtml.
③ 陈亚伟:《巴西基础教育十年进展述评及启示》,《基础教育参考》2006 年第 5 期。

历次改革的窠臼,将不同教育阶段和各种教育形式看作整体链条上的有机组成部分,谋求共同发展。同时通过教育改革扩大平等,减少社会排斥,将边缘人口和边缘地区纳入全国发展轨道,增强社会凝聚力。① 这样,"全国教育发展计划"就以法律的形式确立下来。它计划未来 4 年内投入 40 亿美元资金,旨在发展系统化和制度化的优质教育,强调基础教育、高等教育、职业技术教育和扫盲教育的内在联系,将各阶段和各类型教育的发展整合在一起。

巴西近年来农业得到了快速发展,甚至可以说是创造了奇迹,这当然与其经济发展计划有关,但与农民教育培训应该有着必然的联系。再科学的农业发展计划,如果没有掌握一定农业科学知识的农民来实施,也不可能取得较好的结果。扫除文盲主要就是针对农民来开展的,开展农业职业技术教育也是这一发展计划的重点之一。我们知道,由于巴西社会贫富悬殊较大,即便是教育,贫富家庭也有着不同的选择。贫民尤其是农村贫民,一般只能选择政府提供的公立学校教育,只有富人才会选择教育条件更好的私立学校教育。所以,"全国教育发展计划"主要是为社会底层人民提供的教育,也为农业这个巴西从业人口最多、规模最大的产业提供更多服务。

6.2.3.3　农业科技教育与推广

近年来,巴西的农牧业生产能力增长迅速,这与巴西的农业科技教育及推广密不可分,主要依靠科技进步和提高生产效益实现的。国家发改委 2009 年赴巴西的调查显示,巴西农牧业研究公司全国设有 40 个科研中心,该研究公司是目前巴西从事农业科研的主要机构,其研究的主要方向是生物技术。近年来巴西政府对生物技术方面的研究经费投入年均约 6000 万美元,今后三年内计划将扩大到 3 亿美元,达到目前投资额的五倍。②

与许多发展中国家一样,巴西拥有自己特色的农业教育系统。当前,巴西农业技术推广主要由州政府和私营机构组成,全国拥有 3000 多个农业技

---

①　宋霞巴:《"革命性教育计划"欲助巴西崛起》,《中国教育报》2008 年 10 月 22 日。

②　《国家发改委 2009 年出国(境)培训总结系列之一——农经司赴巴西"农业支持政策培训"总结》。http://www.tnet.gov.cn/jsp/sites/site? action=show&id=19614.

术推广站,有农业技术推广人员2.3万人,其中1.3万人的工资发放是由州政府负责,余下人员则是农业合作社或私营性质的农业技术推广职工。这两类的推广机构主要开展农民培训、各类生产技术分析、农户走访等。根据农户的大小收取相应的费用,一般小农户是免费的,相对较大的农庄则收取一定费用。

6.3 国外农民教育供给的共同特征及启示

从前面阐述的6个国家来看,在经济社会发展尤其是农村发展中,他们很重视农民素质的提高,都希望通过建立灵活有效的农民教育供给制度有效开展农民教育和培训,提高农民的科学知识和劳动技能。这为我国农民教育供给制度建立提供了良好借鉴。他们的共同特征包括以下几个方面:

6.3.1 建立农民教育的法律支持体系

对农民教育的支持多通过立法,将各级政府的职责和管理权限以法的形式明确下来,从而确保农民教育的顺利开展,尤其是美国。如,美国1862年依据《莫雷尔法案》建立"农工学院"或"赠地学院";日本依据《农业改良促成法》建立了一整套农业培训体制,2005年颁布了修订后的《职业教育法》,明确了政府、企业和农民在农民培训中的地位和作用;韩国出台的《农业教育法》,等等。我国的农民教育还缺乏全国性的法规,目前只有两个省(市)出台了《农民教育促进条例》,这对保障我国农民教育供给确有不足。

6.3.2 注重改善政府投资管理体制

从农民教育的发展历史可以看出,无论是发达国家还是发展中市场经济国家,农民教育和培训的经费一般都来自于政府财政的拨款。政府有义务和责任提供这些方面的基本服务,各国的私人提供只是增加了更大的选择空间,是点缀。他们都有相关的法律明确规定各级的政府职责范围以及资金支持该由哪一级政府负责。不管是发达国家还是发展中国家,都是通过法律规定明确各级政府职责和支出范围,从而确保其农民教育得到优先发展。多数国家都设立了专门的农民教育或农村发展管理机构,为农民教育的顺利实施提供了基础。

6.3.3　明确实施主体

发达国家的农民教育形成了以政府组织为主、社会团体和私人企业培训为辅的管理体制,从而有效促进教育工作的开展。农民教育的实施主体有两种模式:一种是由政府职能部门进行宏观管理,由农业院校或农业培训机构具体承担。例如德国的农民教育与培训管理体制就由联邦政府、州农业部、农业协会和培训机构构成。一种是由国家行政部门直接管理的模式,如日本的农业技术普及和培训是由政府农林水产部组织开展,由地方政府设立农业技术普及培训机构——地域农业改良普及中心进行农业技术的普及与培训。我国实际上也初步形成了政府直接提供教育培训和农业职业院校承担农民教育的机制。

6.3.4　建立了农民教育培训体系

发达国家像美国、日本,已经形成比较完备的农民教育、科研和推广的体系。如德国以"绿色证书"为主线,建立全国农民教育的一项新制度。总体上看,不断改革和调整现行的农民教育的管理体制和投入体制、加大投入是一个趋势,尤其是加大中央和省级财政对农民教育的投入比例,支持农村义务教育发展,让后继农民的培养落到实处。在建立农民教育培训体系的同时,非常重视农村职业技术教育。统筹兼顾农村职业教育和技能培训,提升农民及后继农民的就业能力和创业能力。

6.3.5　支持农民合作组织

美国是农民组织最发达的国家之一,全国有近5万个农民俱乐部,帮助农村青年学习各种农业技术,提高经营管理能力。韩国的农协也不含糊,遍布全国的农协基层组织,不仅便于向农民开展教育和培训,更主要是真正以农民利益为中心的教育得到发展反过来又推动了农民合作组织的发展。我国也应采取各种措施,发展农业专业经济组织,建立农民组织,发展乡村基层农民协会等,以完善农业教育服务体系。通过农民组织,鼓励农民自治,形成农民互助机制。[①]

6.3.6 以农业科技进步促进农业现代化水平提高

从这些国家的经验看来,每个国家都非常重视农业科技研究,并将研究成果应用于农业发展。农业经济的发展主要依靠农业科技的进步和推广。我国也应该考虑在重视农民教育和培训的同时,加大对农业科研和技术推广的投入,降低农民获取农用技术的成本。对有关农业科技推广的公益项目,政府应发挥主导作用,加大资金投入力度,在积极吸引其他投资主体参与农业科技推广中不断推进农业的现代化水平。

---

① 廖红丰、尹效良:《农村公共产品供给的国际经验借鉴与对策建议》,《现代经济探讨》2006年第3期。

7 农民教育供给的制度创新

德国哲学家黑格尔有一句名言:万古长存的山岭并不胜过转瞬即逝的玫瑰。制度作为一种存在,自然也不可能有万古长存的道理,只有变革和创新才是永恒的话题。重复严复先生的话就是:制无美恶,期于适时,变无迟速,要在当可。

在我国,农民教育供给的有效性实际上取决于多个层面,有供给者的责任,也有需求者的责任,还牵涉到组织、管理、经营等许多环节。虽然2005年十六届五中全会就提出建设社会主义新农村,然而冰冻三尺非一日之寒,要想取得我们预期的目标也非一朝一夕之事。农民、农业、农村仍然处于一个比较弱势的地位。因此,政府作为强势主体必然要承担起提高农民教育供给有效性的历史责任。但多年来的事实表明,农民教育供给制度尚不能称之为一种公平、有效的供给制度,这从客观上影响了农民教育的实施,影响了农民素质的提高,影响了农村社会的快速发展,从而进一步影响了城乡共同发展、共同富裕目标的实现。在这样一个背景之下,改革和创新当前农民教育供给制度,强化农民教育有效供给成为必然。

制度作为一种上层建筑,创新所要求的破旧立新就在于改变现有的经济基础,从而使农民教育供给中低效率的事实得以改变,在"工业反哺农业"和"重农助农"的政策引导下,实现城乡协调发展和建设小康社会的目标。然而,如何创新?怎么创新?本章将基于如下思路展开:首先是当前新的形势下农民教育供给制度创新的必要性分析;其次是对创新农民教育供给制度的原则进行剖析;最后是在分析农民教育制度创新重要特征的基础上,提出农民教育制度创新的主要路径。

7.1 农民教育供给制度创新的必要性分析

农民是统筹城乡发展最活跃的因素,农稳则天下安,没有农村的繁荣稳定就不会有全国的繁荣;没有农业的稳定,就没有整个社会的稳定;没有农民的发展,社会的发展也将是片面且不可持续的。党的十七大把我国教育发展的总体目标精辟地概括为"学有所教",对于处于相对弱势的农民而言,有效开展农民教育、不断提升自身素质是建设社会主义新农村的重要途径。十七届三中全会提出"农业是安天下、稳民心的战略产业,农业是国民经济的基础,农业丰则基础强,农民富则国家盛,农村稳则社会安"。2010年中央一号文件更是提出"把统筹城乡发展作为全面建设小康社会的根本要求"。但当前农民素质偏低的现实却在一定程度阻碍了农村社会的发展,拉大了城乡之间的差距。因此立足于统筹城乡发展和城乡一体化价值理念,创新农民教育的供给机制具有重要意义。

与一般公共产品的作用不同,教育的社会功能是间接的,最终是通过培养人来实现的。因此,创新农民教育供给制度也就呈现出间接性的特点。

7.1.1 创新农民教育供给制度是提高农民素质的主要途径

提高农民素质其实包括了农村的基础教育、农民职前教育以及农民的在职教育培训三个阶段。农村基础教育主要还是在义务教育阶段,不管现实中存在什么样的问题,它属于国家强制性教育范畴,因此我们谈农民教育更多是后面两个阶段。而当前农民素质不高的现实,为创新农民教育供给制度提出了要求。

当前农民素质的总体特征是:思想道德素质滑坡、身心素质较差、科技文化素质偏低、经营能力有限、组织化程度不高,以及法律意识淡薄。虽然这些问题的程度几十年来一直在变化,但与晏阳初博士认为的"贫、愚、弱、私"四大病依然有着惊人的相似,所以他提出"以文艺教育攻愚,以生计教育治穷,以卫生教育扶弱,以公民教育克私"的四大教育。今天,我们的农民教育仍然要面对 80 年前晏阳初所提出的问题。

第一,农民思想道德素质滑坡的问题。自农村实行家庭联产承包责任制以来,农村经济实现了快速飞跃,但农民生产生活基本上处于一个相对自由的状态,接受思想道德教育的途径与集体经济时期相比明显少了很多。尤其是市场经济的冲击,使更多的农民仅仅是在围绕经济建设的同时,兼顾了自己的道德修养,从而导致了农村道德生活陷入了困境。脆弱的社会道德根基隐藏了巨大的社会隐患,严重影响了农村社会的持续发展。以四川成都高新技术产业开发区人民法院审理刑事案件为例,2004 年至 2007 年 6 月受理的 1003 件案件中,被告人身份为农民的共 801 件,占所有刑事案件的 80%。而年龄在 30 岁以下的农民被告人又占到全部农民被告人的81%①。这些现象反映了农村思想道德教育有待进一步加强。

第二,农民身心素质较差。这主要反映在农村人口中营养不良、发育不良的现象严重,地方病、流行病发病率较高,因病致贫的现象比城市更为普遍。尤其是农村中老年人口,还停留在吃饱穿暖的层次,心理健康的理念在这里基本上是一片空白。据国家统计局扬州调查队的调查,2008 年扬州市开展的第一轮农村贫困人口脱贫攻坚工作的脱贫对象共 5.33 万户贫困户,其中因病、因残致贫的高达 2.53 万户,占整个贫困户的 47.5%。②所以,当前农民还比较缺乏自立、自主、自强、自律的现代精神,需要通过农民教育来补充实现。

第三,科技文化素质偏低。这是我们当前农民教育关注最多的内容。虽然科技文化素质是农民素质最主要的成分,但这一定不能替代农民教育的全部,农民教育除此之外还应关注更多的内容。农民文化素质不高这一现实我们也不必回避,目前农民还是以初中及以下文化程度为主体。当前

① 单孝虹:《四川农民思想道德素质状况调查与思考》。http://jswm.newssc.org/system/2008/12/17/011379072_02.shtml.

② 扬州市统计局:《关于农村因病致贫、因病返贫的典型调查》。http://www.yzstats.gov.cn/tjfx/2011/tjfx2011025.htm.

发达国家的农业科技成果转化率都在 70% 以上,而我国转化了尚不到 40%。[1] 农村居民参与技术认证和职业教育的总体水平偏低,全国平均参与率为 6% 左右[2],因此需要关注这一教育内容。

第四,经营能力有限和组织化程度不高的问题。新中国成立后一直到计划经济时期,农民自我经营农产品的现象极少,这有政治和社会环境等因素,但更多的还是农民延续了几千年来自给自足的生产理念。所以,市场经济的来临彻底让他们手足无措,根深蒂固的小农意识使他们很难一下适应,更因为教育的缺乏让他们的经营素质无法适应现代市场的需要。加之农民缺乏有效组织,使经营更是雪上加霜。所以,第七章对发展农民专业合作组织进行了探讨,其中农民教育可以针对性地为此做出贡献。

第五,农民法律意识淡薄。这在我们的调查以及中国农民素质研究课题组的调查中均有体现,农村与市场经济社会相配套的法制建设还十分落后,宣传不够,农民法制意识淡薄,不仅犯法事情常有发生,而且当自己的权益受到侵犯时不能用法律手段来维护自身的合法权益。

从这些方面的阐述,我们大体了解了农民的素质状况,既成事实的农民素质不可能再追究哪个环节的责任,只有加强农民教育,创新当前的供给制度。

7.1.2　创新农民教育供给制度是增加农民收入最直接的手段

创新农民教育供给制度是增加农民收入的最直接的手段,这种作用主要是从微观层面来减轻农民负担,教育农民知识,提高农民的劳动生产率,最终达到增加农民收入的目的,并从宏观层面促进经济的增长。长期以来,我国在以城市为中心的发展战略的惯性推动下,城市二三产业工人在教育培训方面占尽了优势,农民教育虽不至自生自灭,但相比之下明显是重视不够。农民教育要么就没有,要么是需要付出较大的代价,承担了过多本该由

---

[1]　中国农民素质报告课题组:《中国农民素质报告》,中国农业出版社 2008 年版,第 12 页。

[2]　中国农民素质报告课题组:《中国农民素质报告》,中国农业出版社 2008 年版,第 13 页。

政府承担的经济负担,这就一定程度上直接增加了农民的负担,也影响了其潜在的劳动生产率的提高。在建设新农村、统筹城乡发展、建设和谐社会等新的历史条件下,政府明确要实现工业对农业的"反哺",把农民教育的供给从无人问津或者是自我供给的状态中解放出来,这就从根本上减轻了农民负担,并为农民增加收入提供了可能。据资料表明,日本农民收入的60%、韩国农民收入50%、欧盟农民收入的40%来自政府补贴,而我国不足10%[①]。

另一方面,创新农民教育供给制度,改变政府的投资理念,进而向农民投资,产生连带的就业效应、收入效应和消费效应等,创造出农民教育投资的倍增效应,使农村社会财富不断增值,推动农村社会的持续发展。正如舒尔茨所说,一个受传统农业束缚的人,无论土地多么肥沃,也不能生产出许多食物。节约和勤劳工作并不足以克服这种类型农业的落后性。为了生产丰富的农产品,要求农民获得并具有使用有关土壤、植物、动物和机械的科学知识的技能和知识。即使农民得到了知识,如果是命令农民去增加生产也必然要失败。需要采用向农民提供刺激和奖励的方法,使得这种改造成为可能的知识是一种资本投资的形式,这种资本需要投资——不仅对体现了部分知识的物质投入品投资,而且重要的是向农民投资。[②]

7.1.3　创新农民教育供给制度是提高农村现代化水平的现实需要

建设信息化、现代化的新农村是新的历史时期农村社会发展的新要求,创新农民教育供给制度、提高农民教育供给效率为建设这种新农村提供了可能。新农村是"生产发展、生活宽裕、乡风文明、村容整洁、管理民主"的农村,不仅这些建设内容对农民素质提出了要求,更重要的是新农村是一个信息化、现代化的农村,必须用现代科学技术和现代管理方法来武装。

---

① 江夏等:《探寻中国特色农业现代化道路 农民需要什么样的现代化》,《人民日报》2010 年 11 月 18 日。

② [美]西奥多・W. 舒尔茨著、梁小民译:《改造传统农业》,商务印书馆 2007 年版,第175 页。

与城市相比,农村基础教育已经先天不足,如果再没有一个有效的农民教育供给,农村的发展必将受到更多的制约。2007 年中央一号文件指出,农业丰则基础强,农民富则国家盛,农村稳则社会安。加强"三农"工作,积极发展现代农业,扎实推进社会主义新农村建设,是全面落实科学发展观、构建社会主义和谐社会的必然要求,是加快社会主义现代化建设的重大任务。① 从农业来看,没有农业的现代化,是残缺不全、潜藏巨大风险和不可持续的现代化。农业强则中国强,农村兴则中国兴,农民富则中国富。也无法想象"城市像欧洲、农村像非洲"的中国社会,一边是先进的工业,一边是落后的农业;一边是繁华的城市,一边是凋敝的农村;一边是富裕的市民,一边是贫穷的农民。也就是说,农村的现代化水平是建立在城乡经济社会统筹协调发展的基础上。

创新农民教育供给制度就是要为农民提供更有效的教育,强化农民教育的适切性。没有教育就不可能培养高素质的新型农民,统筹城乡发展、推动农业现代化建设、破除城乡二元结构、破解"三农"难题可能都是空谈。现代农业生产要农民拥有现代科学技术知识,现代农业经营几乎离不开电脑、网络技术的支持,所以信息化农村的发展要求农民的知识体系更加全面,并体现了现代农业、现代农村对现代农民的要求。没有农民教育的支撑,实现农村信息化、现代化是不可想象的。

7.1.4　创新农民教育供给制度是推动城乡一体化进程的有效措施

党的十六大立足全面建设小康社会这个宏伟目标,提出了统筹城乡经济社会发展;党的十六届三中全会深入贯彻落实科学发展观,提出了"五个统筹",把城乡统筹放在首位;党的十六届五中全会提出社会主义新农村建设;党的十七大进一步强调统筹城乡发展;十七届三中全会则明确提出建立促进城乡经济社会一体化的制度。这些从政策层面解读了我国经济社会发

① 《中共中央国务院关于积极发展现代农业扎实推进社会主义新农村建设的若干意见》。http://news.xinhuanet.com/politics/2007-01/29/content_5670478.htm.

展正在贯彻统筹城乡发展方略,迈出了工业反哺农业、城市支持农村的历史性步伐,为有力推动我国农村经济社会的全面发展提供了政策依据。但这些政策只是从宏观上为实现城乡一体化提供了可能,具体还需要农民来身体力行。创新农民教育供给制度,提高农民受教育水平,成为实现这种战略目标的有效举措。

城乡一体化是以城市为中心、小城镇为纽带、乡村为基础,城乡依托、互利互惠、相互促进、协调发展、共同繁荣的新型城乡关系。它不是简单的农民进城,而是促进城乡在规划建设、产业发展、市场信息、政策措施、生态环境保护、社会事业发展的一体化,实现城乡在政策上的平等、产业发展上的互补、国民待遇上的一致,让农民享受到与城镇居民同样的文明和实惠,使整个城乡经济社会全面、协调、可持续发展。因此,除了上述政策性支持以外,加大农民教育供给,提高农民素质就是实现这一目标的最佳途径。目前农民教育已经有了诸多形式,虽然这些活动的规模还很小,尚处于起步阶段,人们对此了解不够、认识不够。还需要解决农村基层组织领导对农民教育的正确认识,这是农民教育工作顺利推进的前提。同时,要面向农民群体做好农民教育的宣传,让农民了解并积极参与这一活动。农民是农村社会建设的主人,引导他们积极参加教育,不断提高农民素质,农村社会发展自然就落到了实处。

7.2 创新农民教育供给制度的原则

所谓原则,其实就是不言自明的基本道理,是我们行动的准则。这里就是指在创新农民教育供给制度的过程中我们必须遵循的基本准则。但是,原则既然作为一种制度,就一定会受到时间、空间、环境等条件变化的影响,就不可能是永远不变的。因此我们考虑的创新农民教育供给制度的原则是一定历史阶段、特定条件下的产物。

7.2.1 政府供给为主体的原则

按照布坎南的解释,人们观察到有些物品和服务是通过市场制度实现需求与供给的,而另一些物品与服务则通过政治制度实现需求与供给,前者被称为私人物品,后者则称为公共物品①(这里的"公共物品"即本研究中所称的"公共产品")。农民教育作为一种特殊的公共产品,如果用非竞争性和非排他性来衡量,也许并不具备典型公共产品的特征。但如果按照实现需求与供给的渠道来看,至少在目前,农民教育的确是一种公共物品,它基本上是由政府来完成供给的,体现了公共产品的个人需求。即强调"物品实际被供给的方式,而不是物品按其描述性特征被分类的方式"②。

我们国家实行市场经济体制的时间还不长,因此体制中难免还存在许多有待完善的地方。农民教育是一个相对比较"软"的公共产品,与农民自身的利益还缺少更为直接的联系,因此在供给过程中受到的社会关注还相对较少,即便是农民自己有时都缺乏足够的兴趣。所以,对农民教育的供给来说,由市场供给基本上是不可能的,而是按照政府财政的活动范围,承担起政府的责任。不管是把农民教育当成纯公共产品还是准公共产品,对于这样的弱势群体、弱势产业和弱势区域,在现阶段,政府理所当然地要将此纳入职责范围,保障其有效供给。

当社会发展到一定程度,当城乡基本实现了一体化、城乡差距不再显著、城乡居民受教育水平基本相当,农民教育供给将会与其他产业工人一样,纳入政府、市场、第三方以及个人共同分担的框架。如果农民愿意为受教育活动共同付费,是因为他们能够从其他农民所消费的教育中得到了某些利益(比如,因受教育变得更加文明,更便于相处,或者农村社区因此而更为和谐,等等)。正如人们乐于和同样的一群邻居一起,直接或间接地为警察保护付费,不是因为你对邻居的生命和财产保护特别关心,而是因为联

---

① [美]詹姆斯·M.布坎南著、马珺译:《公共物品的需求与供给》,上海人民出版社2009年版,第1页。

② [美]詹姆斯·M.布坎南著、马珺译:《公共物品的需求与供给》,上海人民出版社2009年版,第157页。

合行动使你自己的生命和财产能够得到更有效的保护。①

7.2.2　满足农民教育需要的原则

从理论上来看,农村居民平均受教育年限比城市居民少了近三年,开展农民教育培训自然应该有巨大的市场。然而,我们的调查并未如此,农民对教育培训还不是充满着期待。以需求为导向,只是从一个方面来考察我们的教育供给。遵循这一原则需要注意四个方面:第一是农民教育的总量需求。虽然在改革开放以来我国的经济得到了快速发展,甚至 GDP 总量已经位居世界第二,但是整个国家的公共财政资源却是非常有限的,一定时期能够提供农民教育资金会受到一定的限制。政府在提供公共产品时还有轻重缓急之分,农民教育的供给不可能无限制满足农民需求。首先还要满足最广大农民群众生产生活的第一需要,尤其是对农业生产、社会保障具有重大影响的公共产品。第二是充分考虑农民教育供给的地区分配。经济社会发展水平不同,对农民教育的需求自然也会存在差异。对于东部发达地区,除了国家明令差异补偿外,应充分发挥地方的积极性,使农民教育资源能够得到充分利用。第三是农民教育的内容、方法、途径等方面的不同需求。在供给总量一定情况下,教育内容、方法要与不同地区农民的生产生活相适应,充分考虑不同群体、不同地区的特点,从而使农民教育的供给做到合理、有效。第四是满足特殊农民弱势群体的教育需求,促使其自食其力,进而为社会作出力所能及的贡献。

总之,农民教育供给需要基于需求来分析,力争扩大总量、合理分配、覆盖全部、尽力满足、照顾重点,让农民教育供给真实有效。

7.2.3　与农村社会发展要求相适应的原则

无论是农民对教育培训的需求,还是政府对农民教育的供给,实际上都

---

① 　[美]詹姆斯·M. 布坎南著、马珺译:《公共物品的需求与供给》,上海人民出版社2009 年版,第 67 页。

与农村经济社会发展阶段和发展水平是相适应的。超越或者滞后于经济社会发展阶段或发展水平都是脱离实际的。因此,从目前的实际供给情况来看,农民教育与农村社会发展还是不够适应的,超越与滞后并存,需求与供给存在一定脱节。比如,农村发展急需的技术教育供给总量不足,犹如蜻蜓点水;与农民尤其进城务工人员密切相关的法律、文明等知识内容主动服务不够,似乎不能在教育内容的面上予以满足;发达地区教育内容有吃不饱的情况,而欠发达地区部分教育内容则显得过分超前。

总体上看,农村已经得到了快速的发展,也取得了显著的成效,但农民教育供给总量不足、供给水平不高的现象依然存在,使得农民的素质没有通过农民教育得到切实提高,不仅与农村社会发展相脱节,与城市产业工人的教育还存在较大差距。因此,必须加大农民教育供给制度创新,不断提高供给水平,为提升农民受教育水平作出巨大贡献。

7.2.4　更加关注公平的原则

效率与公平是一对矛盾统一体,南京大学严强教授曾在我们的课堂上把它形象地比喻成跷跷板,效率与公平各执一端,谁多了都会出问题。事实上,政府提供公共产品时,由于财政总量基本上是一定的,所以既要保证全体公民享受大致相同的基本公共服务,又要兼顾效率,提高资金的使用效益,这确实是一件特别困难的事情。通常,在经济发展的初级阶段,人们往往更重视效率;但经济发展到一定阶段,公平自然就冒出水面。改革开放初期,邓小平"不管白猫黑猫,逮着老鼠就是好猫"的论断让我国经济发展仿佛坐上了飞机,那重视的是效率。1993年中央在确立社会主义市场经济体制的文件中明确提出了"效率优先,兼顾公平"的分配原则,到党的十六届五中全会强调"更加注重社会公平",说明我们要转变经济增长方式,这更与以人为本的基本理念相一致,更加有利于和谐社会的建设。

农民教育的供给出于历史的原因,应该说欠账较多,缺口较大。这就要求供给过程中需要严格遵循关注公平的原则,在最大限度发挥资金使用效率的基础上,让农民内部能享受更加公平的教育,让农民在接受教育的问题上能享受与城市居民一样的教育服务。

7.3 当前农民教育供给制度创新的重要特征

7.3.1 政府投入的主体性

无论是十六大报告提出统筹城乡发展,还是十六届五中全会提出的社会主义新农村建设,抑或是十二五规划提出"统筹城乡发展规划,促进城乡基础设施、公共服务、社会管理一体化"①,"以工促农,以城带乡"的总体发展思路都是对过去优先发展城市及其工业思路的改革,实际上也是对社会主义制度的进一步完善。贫穷不是社会主义,落后更不是社会主义,虽然这主要是政治和制度层面造成的问题,但这种贫穷与落后的另一个根源就是农民整体素质不高,从而进一步拉大了城乡之间的差距。所以,在这样的背景之下创新农民教育供给制度,我们认为首要的特征就是政府的主体性。也就是说,实现这种变革,较大程度上需要政府的推动,需要政府承担起主体性的责任。其次,如前所述,"三农"问题具有特殊性,政府强、非政府组织弱也有特殊的产生、发展历史。虽然农民教育缺乏公共产品的典型特征,但农民的弱势、农业的弱质以及当今农村的特殊性导致其供给必然要依靠政府为主体供给。即便从历史和国外的经验来看,政府都能够把农民教育当成提升农民素质的重要途径,加大投入,从而成为农村基础教育的有益补充和发展农村的基本动力。这些都说明了农民教育供给中政府的主体性基本上是不容怀疑的。

在我国经济快速发展的社会转型期,基于对农民素质不高的认识,加之农民素质对农村社会发展的重要性,我们在考察农民教育供给中充分感受到政府"供给总量不足、引导宣传不足、组织管理不足"等不够作为或失当

① 《国民经济和社会发展第十二个五年规划纲要》。http://www.china.com.cn/2011/2011-03/16/content_22154881_5.htm.

作为,影响了农民教育的有效供给。在今后一段时期,农民教育供给中政府的主体地位应该说是毋庸置疑的,农民教育供给制度创新的核心就是围绕以政府为中心的相关制度开展创新,离不开"政府主体性"特征。

7.3.2 部分内容多元参与的可能性

我们说,农民教育的内容是多方面的,不仅是农民的科学技术教育,还包括了农民的道德、文化、法制等方面教育。从西方公共经济学的实践以及我国农村公共产品供给制度变迁的历史来看,作为公共产品,多中心供给制度将有助于提高供给效率。如,皇权统治下的乡村自治,农村公共产品主要由宗族组织提供,但政府和农民自己也提供了部分。农民的教育与此有一定相似之处。当然,教育是一个很特殊的产品,出于统治阶级的恐惧,历史上更多的政府采取了愚民政策,不仅不为他们提供教育,甚至禁止社会为这些底层百姓提供教育。新中国成立后,农民翻身做主,这一问题得到了根本解决,农民能够通过许许多多的渠道来接受教育。

客观地说,越是政府提供的公共产品,供给越充足。传统社会正是由于政府未能承担起供给的主要职责,所以农村的公共产品供给才维持着较低的水平;人民公社期间政府的强制供给,农村的公共产品供给水平得到了大幅提高;税费改革后,政府公共产品供给能力的下降催生了农村公共产品供给的危机。然而,从供给效率的角度来看,效率是一种投入产出比,上述哪一个时代供给效率都难称优秀。因为这些都不是农民自己的选择,无论是高投入下的充足供给还是低投入下的供给危机,都造成了农民教育的低效供给。

由此看来,针对农民教育的部分内容,建立符合市场经济要求的多中心供给制度能有助于提高供给效率。这种制度是政府、私人和第三部门共同作用的结果,具体供给可以按照内容、特点等加以适当区分,发挥不同主体的优势和特点,实现多元参与,不断提高供给效率。比如,以城镇就业为导向的农民教育培训就得发挥城市及相关企业的作用;为社会主义新农村建设服务的各类人才自然主要是以需求为导向的政府供给或农村社区供给。

7.3.3 基于统筹城乡发展的农民教育城乡协作

城乡一体化是社会发展的理想模式,是和谐社会追求的重要目标。在人口统计工作中,人们一般将农村或其他地区流入本市、居住时间半年以上、尚未加入本市户籍的人口均纳入本地区城镇人口计算。然而,对于这些进入城镇生活又未取得相应户籍的"新市民",他们该由谁来培养教育一直是一个争论不休的事情。我们按西方经济学来理解,成人教育肯定不算是公共产品,但从其他角度来看农民教育一定具有准公共产品的一些特征。而公共产品在我国的供给,却是按照户籍来提供的,因此农民教育供给有时会出现一些困难。比如,城市觉得农民该由农村教育,因为城市公共资源没有他们的"份子";农村则觉得农民在城市发展中发挥了非常重要的作用,也是城市建设的主力军之一,因而城市对他们开展教育具有不可推卸的责任;也有人认为,如果农民为城市企业工作,企业会直接因此而获利,教育农民自然成为他们的义务。

统筹城乡发展就是加快消除制约城乡协调发展的体制性障碍,促进公共资源在城乡之间均衡配置、生产要素在城乡之间自由流动,从而实现城乡基础设施、公共服务、社会管理一体化。因此,今后的发展过程中,农村或城市都应发挥农民教育供给中的主动性,政府需要加强引导和统筹,按照城乡一体化发展的要求,加强城乡协作,协调农民教育供给机制,把农民教育成为适应社会发展的有用人才。

7.4 农民教育制度创新的主要路径

7.4.1 加强农民教育立法,保障农民受教育权益

农民是建设社会主义新农村的主体。实现农村经济社会又好又快发展,必须把培育观念新、讲文明、有文化、懂技术、会经营的新型农民放在基础性、战略性的突出位置。通过立法为农民教育培训工作提供了规范和保障,对于提高农民科学文化素质和从业能力,增强产业竞争力和综合实力,

加速推进现代农业建设、社会主义新农村建设、统筹城乡一体化发展,具有重要的促进作用,意义十分重大。

党和政府向来高度重视农民教育培训工作。中央从 2004 年连续出台的 8 个一号文件,对农民教育培训提出了明确的要求;2007 年中办、国办下发了《关于加强农村实用人才队伍建设和农村人力资源开发的意见》;2008 年,党的十七届三中全会出台了《中共中央关于推进农村改革发展若干重大问题的决定》;2010 年,国务院办公厅下发了《关于进一步做好农民工培训工作的指导意见》等。这些文件都提出要加强农民教育培训工作,培养有文化、懂技术、会经营的新型农民,可以说,这些政策措施的出台,为农民教育培训工作步入法制化轨道,指明了方向,奠定了立法的政策基础。

虽然当前农民教育供给还存在这样那样的问题,但各级政府对农民教育培训工作还是比较重视,能够将这项工作纳入政府的重要规划。"三农"问题的核心是农民问题,而农民的核心问题是增加收入,要提高农民的收入,就必须提高农民素质,加强对农民的教育培训。这基本上已经成为各级政府的共识。因此,各级政府能够把农民教育工作纳入年度工作要点、人才工作要点、民心工程等,并采取了各种各样的具体措施,取得了明显的成效,加快了新农村的建设进程,促进了现代农业的发展,增加了农民的收入。

我们也应看到,在实施农民教育培训过程中,仍然存在着教育培训工作缺乏统筹规划、经费投入保障缺乏长远安排、教育培训体系能力薄弱等问题。针对农民教育,目前国内仅两个省(市)出台了相关法律条文,还没有全国性的立法。这就为推动农民教育立法工作提出了要求。需要进一步明确农民教育培训机构的地位和职能,使农民教育培训工作正常开展、健康发展、充分保障,从而有力推动农民教育事业的发展、有助于进一步探索农民教育培训可持续发展的长效机制,并使广大农民直接受益。

7.4.2 基于有效需求表露,建立民主决策机制

长期以来,由于农村公共产品供给主体基本上是政府。由于决策者长期生活在城市,甚至那些来自农村的决策者也因为长期的城市生活打下了现代城市社会思维的烙印,因此决策过程中主观上就常常带有一定的城市色彩,或者出现与农村现实不相吻合的现象。从而导致农民教育供给不足与供给过剩并存的现象,造成了结构性的效率损失。为此,建立能够准确反映农民需求的表露机制,在尊重大多数人意愿的基础上,鼓励农民参与农民教育供给的决策和执行过程中,形成政府与农民共同决策的民主决策机制。也就是将农民教育供给的决策程序由"政府决策——农民被动接受"的"自上而下"向"农民民主表达需求意愿——与政府共同决策"的"自下而上"的转变,这是满足农民教育需求的关键,即把农民的需求作为农民教育供给函数的内生变量来处理。

由此看来,农民教育供给如果实现由"自上而下"向"自下而上"的供给决策机制的转变,将有助于农民教育供给效率的提高,并在一定程度上提升农民的社会福利水平。当前,村民委员会作为一个自治组织在建立"自下而上"决策机制中具有重要地位,农民对教育的需求、决策、监督等意愿表达需要这样一条民主制度通道。如果把这条民主通道比作农村公共生活的"生命通道"的话,看似有些夸张,但确实是保证新农村建设过程中农村公共事务顺利推进的基础。针对农民的教育,就得由村民来商议参与到政府的供给决策之中,体现农民自己的需求意愿,减少不必要的浪费和支出,确保农民教育在源头上体现公平。

7.4.3 保证地方政府权责对等,完善直接供给机制

农民教育虽然与一般公共产品或私人产品有一定差别,但供给过程中依然遵循"筹资—生产—分配—消费"这样的环节,显然筹资环节是大家最为关心的。但由于农民教育供给中地方政府的职责不清或权利不明确,使得他们对筹资环节心有余悸,影响了供给效率。创新农民教育供给制度,实现地方政府在农民教育供给事务中的"权责对等"就十分必要。

美国经济学家奥茨(Oates)在《财政联邦主义》(1972)一书中,通过一系列假定提出了分散化提供公共品的比较优势,即奥茨"分权定理"①:对某种公共产品来说,如果对其消费涉及全部地域的所有人口的子集,并且关于该公共产品的单位供给成本对中央政府和地方政府都相同,那么让地方政府将一个帕累托有效的产出量提供给他们各自的选民则总是要比中央政府向全体选民提供的任何特定的且一致的产出量有效率得多。也就是说,如果下级政府能够和上级政府提供同样的公共品,那么由下级政府提供则效率会更高。事实上,由于信息的不对称性,奥茨的理论很容易在实践中得到证明,地方政府更了解辖区居民的偏好、更容易提供合适的公共服务,因而比中央政府直接提供来得更有效率,即中央政府统一供给公共产品将带来巨大的社会福利损失。

农民教育没有像其他公共产品那样具有广泛的受益人,也相对比较单纯,但依据供给范围我们可以将它分为全国性和地方性的供给。当然,即便是地方供给还有省级、市级、县级、乡级的差异,政府部门也有科技、农业、教育、卫生等区别。合理的分事权可以明确中央与地方、同级政府不同部门以及不同地方政府主体之间农民教育供给的责任和范围。在农民教育的供给问题上,我们提倡按教育内容以及内容的时效性来区分供给主体,并尽量以政府直接供给为主。比如,农业技术教育就应该以中央政府为主体,也可以通过转移支付的方式由地方政府或地方相关产业来承担;以产业为导向的农民转移培训教育地方政府就应该发挥更大作用,并进一步强化输入地教育;农民的素质教育和国家方针政策教育等内容则应加大中央政府的支付力度,具体可以由农村社区来承担。

当然,由于多年来供给制度变迁的惯性影响,农民对政府提供教育还存在着过多的依赖,所以政府直接供给仍然是今后一个阶段农民教育供给的主要形式,但进一步完善政府直接供给的机制是关键。针对当前我国政府农民教育直接供给效率不高、官员责任心不够强等问题,需要着重做好两方

---

① Oates, W. E. *Fiscal Federalism*, New York : Harcourt Brace Jovanovich , 1972.

面工作:一是政府相关工作的整合与工作监督要落到实处;二是建立政府直接提供农民教育的责任机制,消除干好干坏一个样的积弊,让官员真正成为人民的公仆。

总之,要清楚界定地方政府在农民教育供给中的职责,从减轻农民负担、提升农民素质的角度出发,将农民教育筹资制度化、规范化,并纳入相应政府财政预算。不能再把农民教育当成一项可有可无的工作,通过临时挪用经费的方式开展农民教育培训,拆东墙、补西墙,使农民教育工作无法得到根本保证。在调研中我们了解到,曾有在一位副省长要求下临时从其他经费挤占 300 余万元用于农民转移教育的实例。所以,农民教育供给纳入政府财政预算,强化直接供给,应该是一个不错的选择。

7.4.4 创新"委托代理"关系,扶持第三方代理机制

委托代理是制度经济学契约理论的主要内容之一,委托代理关系就是指一个或多个行为主体根据一种明示或隐含的契约,指定、雇佣另一些行为主体为其服务,同时授予后者一定的决策权利,并根据后者提供的服务数量和质量对其支付相应的报酬。授权者就是委托人,被授权者就是代理人。委托代理关系起源于"专业化"的存在,在这种关系中,代理人由于相对优势而代表委托人行动。委托代理理论建立在非对称信息博弈论的基础上,因而比微观经济学更容易解释一些组织现象。比如,在信息不对称情况下,代理人为了追求自身的利益往往会采取损害委托人利益的行为,委托人为了防止代理人出现"道德风险"行为,就必须设计相应的激励机制,使代理人行为与自身的要求相一致。

农民教育是一种特殊的公共产品,但一样可以由政府、集团组织或私人通过业务外包的形式实现其委托生产,代理生产的主体则可以是事业单位、国有办学机构,也可以是私人办学机构或其他。农民是农民教育最终的消费者,显然农民就应该是终极委托人,政府是受农民的委托来实施相应的教育活动。也就是这样一种委托代理关系,即农民和各级政府之间,农民是委托人,各级政府是代理人;政府内部又存在上级政府是下级政府或下设行政

机构的委托人,下级政府或下设行政机构是上级政府的代理人。从理论上上来看,农民是主人,是委托人,应该拥有绝对的发言权。然而,我国目前农村社会的委托代理关系却出现了严重的错位,农民的现实地位与应有地位存在较大差距,使得其难以履行委托人职能。究其根本,有历史原因,更因为农民的素质问题,难以行使自己的权利保障其自我权益。同时,作为代理人的政府缺乏必要的约束。按照毛寿龙教授的观点,政府面临着硬、软两种约束。"所谓硬约束,是指政府面临的合法性约束,即社会的支持率,因为它直接影响到政府的生存,所以政治的合法性是政府面临的硬约束;所谓软约束,是指财政约束,财政约束对政府的生存环境和发展环境有很大的影响,但一般不会直接影响到政府的生存,所以相对于合法性来说显得较软。"①从硬约束的角度看,我们的政府官员还不是广泛的民选,所以他们可以不用对农民负责;从软约束的角度,财政约束对于农民更是一纸空文,根本无法影响政府什么。

从当前的委托代理关系看,最好是能够为代理人的各种目标行为设定可以测量的考核指标,通过激励机制诱使代理人追求满足委托人需要的目标。实际上,这一设想目前是行不通的。由于政府不同目标之间的冲突,所以难以确定统一的地方政府官员的评价指标,甚至对政府官员还出现了一定程度的"激励不相容"现象。因此,农民教育供给中必须创新这种委托代理关系,最大限度发挥第三方代理的作用,从而不断提高供给效率。为此,我们提出几点建议:第一,是政府为农民教育提供的经费必须纳入财政预算,使教育支出有法可依,对随意违反预算规定的政府行为必须追求其责任;第二,强化农民的主人翁地位,推进农村社会民主建设,让农民有机会充分表达自己的受教育意愿;第三,不断提高农民素质和农民组织化程度,保证维护自身的合法权益,有效监督代理方行为;第四,把农民是否满意真正作为考核政府官员的重要标准,使官员做到为农民负责。只有这样,农民教育委托代理的有效性才能得以保障。其基本关系见图7-1。

---

① 毛寿龙:《中国政府功能的经济分析》,中国广播电视出版社1996年版,第89页。

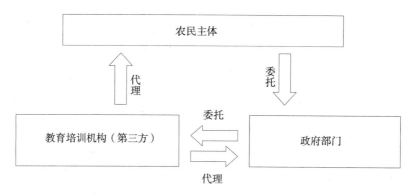

图7-1　农民教育供给委托代理关系

7.4.5　倡导风险分担,强化多中心供给机制

无论是什么样的投资活动,人们主观上都期望回避风险,或者承受最小的风险;但另一方面,又希望自己的投资能获取最大的收益。然而,现实中这种既无风险又有着高收益的投资是不存在的,风险总是与收益相伴而生。投资农民教育与其他社会活动一样,也具有一定的风险成分。因此,适当开展风险管理,让更多的主体加入到农民教育投资中去,分担投资风险,是我们追求的目标之一。相对来说,政府在公共产品供给中的主要优势在于其稳定性、不太受偏爱的影响;私人部门的优势则主要体现在革新的能力、产生资本的能力和获得规模经济的能力强;而第三部门的优势主要是有很强的同情心、责任心和产生信任的能力。所以,农民教育供给从以政府为中心的单中心供给向以政府为主导、以私人补充为主和市场广泛参与的多中心供给模式的转变,将是今后制度变革的重要趋势。通过大力推进农村市场化进程,动员社会各方面力量参与,建立一个多中心供给制度,农民教育的风险分担机制将逐步形成。

但就目前来看,农村公共产品基本还停留在政府供给阶段。据于水(2007)博士的调查,"江苏苏北地区广大农村公共产品的供给主要由中央和地方政府来完成,几乎没有政府以外的任何组织来生产;而在江苏的苏南地区,农村公共产品的提供主要由乡村自身之外的财力来完成的,辅之以企业或个人提供。这种供给主体的多元化可以使公共产品供给存在相当丰富的空间,能够使公共产品的需求最大限度地得到满足"①。从这里不难发现,多元供给与农村经济发展水平有着很大的联系。江苏南北部差距较大,尤其是乡村,苏南的工业化进程较快,并基本形成城乡一体化的局面,农民教育供给也是如此。我们在江苏张家港市调研时发现,企业对转移农民的需求促进了其教育活动的开展,城乡初步一体化的现实则使农民素质教育得到了政府的充分认识,而农民个体则在发展农业产业中体会了投资教育的效果。也就是说,农民教育供给的多元投资是可能的,与农村经济发展水平有一定联系,它分担了投资的风险,更创造了巨大的效益。

---

① 于水:《乡村治理与农村公共产品供给问题研究——以江苏为例》,南京农业大学2007年博士论文。

8 农民教育供给实证研究——以福建省为例

关于农民教育的实践,既需要考察国外的经验教训,也需要总结我们自身的实践。因此,作者在本章以福建省作为对象,对农民教育研究进行了一定梳理。从前面的论述我们可以了解到,在城乡一体化发展背景下,针对农民的教育实际上有两个目的:一个是留下来更好地发展农村社会,一个是把农民更好地转移到城镇。对于转移到城镇的部分农民,虽然从供给的角度,还存在谁出钱、谁来组织农民教育的问题,但城乡一体化发展背景下的社会应逐步淡化这种体制隔阂,统筹城乡发展,培育更多更好的社会公民。

本章研究所涉及的农民包括刚进入城镇工作、生活的"新市民"①以及仍在农村社区生活的农民两大部分。考虑到福建省地理环境、产业特色、经济社会发展水平差异等因素,我们又将福建省城镇"新市民"的教育分成为主导产业型、政府主导型和社会化型等不同类型。依据前文对我国农民教育供给调查分析以及农民教育供给制度的构建创新探讨,选取福建省进行实证研究对检验前文研究的合理性具有一定意义。在对福建省农民教育供给开展调查分析的基础上,试图构建福建省农民教育供给的参考模式,从而达到进一步完善我国农民教育供给制度的目的。

---

① 注:笔者参照国家统计局人口统计的做法,将常住城镇 6 个月以上的农村户籍人员归入"新市民"。

8.1 福建省及其农民教育的总体特征

福建省位于我国东南沿海,东临台湾海峡与台湾省隔海相望。土地总面积12.4万平方千米,山地、丘陵占全省总面积的80%以上,素有"八山一水一分田"之称。全省设有福州市、厦门市、泉州市、漳州市、莆田市、三明市、龙岩市、南平市、宁德市共九个地市,其中,厦门市属于全国经济特区之一。按照传统惯例以及全省地理位置划分,福州、厦门、泉州、漳州、莆田属于闽东南沿海相对发达地区,宁德虽也临海,但依然与龙岩、三明、南平等以山区为主的市一起被称为闽西北欠发达山区。改革开放三十多年来,沿海地区交通便利、资源集中,以及开拓进取的精神为其提供了优越的发展优势,因而其经济、社会、文化、教育的发展水平大大高于内陆山区,使福建全省的经济社会发展水平呈现出明显的不平衡。2009年《国务院关于支持福建省加快建设海峡西岸经济区的若干意见》出台以来,更是为福建的全面发展插上了翅膀。并提出了"加强人的能力素质建设,支持发展职业教育,培养高素质劳动者和实用性、技能型人才"①的要求。《福建省国民经济和社会发展第十二个五年规划纲要》更是要求全省各级政府大力重视农民教育,在政策、制度、资金、资源等方面给予支持和保障,并充分发挥闽台合作交流优势,积极贯彻落实中央"三农"相关文件精神,在绿色证书工程、跨世纪青年农民科技培训、星火科技培训、新型农民科技培训项目、农村劳动力转移培训阳光工程、农业科技入户示范工程等项目,因地制宜,集中全力,使福建省农民教育得到进一步发展。

8.1.1 福建省城乡一体化与农民教育

城乡一体化是在一定区域内,城市与乡村在政治、经济、文化等方面广

① 《国务院支持福建加快建设海峡西岸经济区若干意见》,《中央政府门户网站》。http://www.gov.cn/zwgk/2009-05/14/content_1314194.htm.

泛融合,城乡的发展有机结合,形成"以城带乡,优势互补,共同发展"的城乡关系。当前,福建省经济社会发展已经迈入城乡一体化新的发展阶段,福建省委、省政府从 2004 年提出"海峡西岸经济区建设"这一重大战略构想以来,该省农村发展迎来了新的发展机遇和挑战。2010 年,全省常住人口3693 万人,其中农村人口 1585 万人,占人口总数 42.9%,城镇化率达到57.1%。① 福建省是海峡西岸经济区的主体,近年来人口和产业不断集聚,城镇化水平不断提高,基础设施建设得到快速发展,城乡、区域协调发展不断增强。然而,福建省农村经济社会发展水平不高。2011 年全国各省 GDP排名,福建省居于第 11 位,在沿海省份中居于末位。2010 年全年实现地区生产总值 14737.12 亿元,其中第一产业 1363.67 亿元,增长 3.3%,占生产总值9.25%。② 农民群体的收入水平明显偏低,2011 年福建省农民人均纯收入 8779 元,与城镇居民人均可支配收入 24907 元相比③,相差 16128 元;农村居民家庭恩格尔系数为 45.9%,而城镇居民家庭恩格尔系数为39.7%④,两者相差 6.2 个百分点。虽然福建省农村劳动力资源丰富,但文化程度偏低,不利于城乡一体化发展。福建省第二次全国农业普查数据(见表 8-1)虽然相对陈旧,但还是大体可以反映出福建省农村劳动力资源相对丰富。福建省 2009 年统计信息显示,农民群体中具有高中及以上文化程度的仅占 22.2%,初中文化程度的占 31.5%。⑤ 农民素质的高低决定着农村经济社会发展的速度和水平,受教育程度偏低一定程度影响了城乡一体化进程。推动福建省城乡一体化发展,对大力开展农民教育、培养高素质的农村发展人才提出了要求。

---

① 福建省统计局:《福建省 2010 年第六次全国人口普查主要数据公报》。http://www.stats-fj.gov.cn/xxgk/tjgz/zxgg/0201105250027.htm.

② 《福建统计年鉴—2011》。http://www.stats-fj.gov.cn/tongjinianjian/dz2011/index-cn.htm.

③ 福建省统计局:《2011 年福建省国民经济运行简况》。http://www.stats-fj.gov.cn/xxgk/tjxx/0201202080016.htm.

④ 《2010 福建年鉴》。http://www.fjnj.cn/2010/web/shengqing.html.

⑤ 福建统计局:《福建统计年鉴》,中国统计出版社 2010 年版。

表 8 - 1　2006 年福建省第二次全国农业普查农村劳动力资源总量及构成[①]

		全省	福州市	厦门市	莆田市	三明市	泉州市	漳州市	南平市	龙岩市	宁德市
农村劳动力资源总量(万人)		1403.2	214.6	50.0	131.0	96.3	358.3	216.4	110.1	112.1	114.4
农村劳动力文化程度构成	文盲(%)	5.5	4.0	6.0	5.1	7.8	3.0	5.9	6.1	7.8	10.3
	小学(%)	36.6	35.2	32.2	30.7	41.6	32.9	40.2	42.9	32.5	46.4
	初中(%)	44.9	45.2	43.8	49.2	37.1	52.4	43.6	40.1	41.9	33.2
	高中(%)	11.3	13.7	14.9	12.9	11.6	10.1	9.2	9.4	15.7	8.7
	大专及以上(%)	1.7	1.8	3.1	2.2	1.8	1.6	1.1	1.6	2.1	1.4
农村从业人员总量(万人)		1220.6	182.3	42.4	112.6	83.7	318.1	193.7	95.0	95.7	97.2
第一产业(%)		47.1	33.3	31.0	37.8	70.3	28.1	59.8	72.9	60.0	70.0
第二产业(%)		28.9	26.2	41.0	38.4	12.1	50.3	19.0	11.1	17.6	10.4
第三产业(%)		24.0	40.5	28.0	23.8	17.6	21.6	21.3	16.1	22.4	19.7

　　城乡一体化是城镇化发展的新阶段。生产力的发展促进了城乡居民在生产方式、生活方式和居住方式的变化,使城乡人口、技术、资本、资源等要素相互融合,逐步达到城乡之间在经济、社会、文化、生态上的协调发展。因此,城乡一体化的发展目标就是要把工业与农业、城市与乡村、城镇居民与农村居民作为一个整体来看待,由此来思考城乡发展。从而改变长期形成的城乡二元结构,实现城乡在政策上的平等、产业发展上的互补、国民待遇上的一致,让农民享受到与城镇居民同样的文明和实惠,实现城乡经济社会全面、协调、可持续发展。所以说,城乡一体化是一项重大而深刻的社会变革,是城乡发展的整体要求,更是思想观念的更新,是发展思路和增长方式

---

　　① 福建省统计局:《福建省第二次全国农业普查主要数据公报》(第五号)。http://www.stats-fj.gov.cn/tjts/tjgb/0200807010161.htm.

的转变,也是产业布局和利益关系的调整。这样的发展是当前农村社会发展的最高目标,要使之与城市融合的过程中更加顺利平稳,对农村各方面发展人才的素质必须有更高的要求。发展农民教育正是提高农民群体素质、促进农村经济发展最有力的武器。

　　然而,福建省农民教育开展的现状,与城乡一体化发展要求还存在着较大距离,这对福建农村社会与城市的良好结合有一定的影响,同时也阻碍了"三农"问题的有效解决。因此,为了更好地顺应城乡一体化的发展趋势,促进福建省农村经济社会的快速发展,有必要从农民着手,从农民教育入手,通过农民教育来提高农民素质,培养农村建设的主力军和主导者。

8.1.2　福建省农民教育供给的调查与分析

　　基于福建省省情、农民教育及其教育供给的相关情况,为了更好地开展本研究,作者设计了"福建省农民教育培训情况调查问卷",并在全省9个地市开展了有限调查。调查内容涵盖样本基本情况、对农民教育培训的了解情况、教育培训意愿、农民教育培训供给情况、对政府(或培训组织部门)开展农民教育活动的建议等五方面信息。调查活动于2012年1月—5月在全省九地市的部分具有代表性的乡镇、农村进行,地点选取范围较广,包括全省沿海与山区、经济发达地区与欠发达地区、经济特区与非经济特区,城市与农村,样本具有一定代表性。共发放问卷2200份,回收1802份,有效问卷1442份。问卷对象界定为居住在农村、主要从事农业生产的农民。在调查过程中,积极采用走访和个别访谈的形式,从多角度、多方面了解受调查者的情况。

表8-2　福建省农民教育培训调查样本基本情况(N=1442)

选　　项	性　　别	人　　数	比　　例
性　　别	男 女	808 634	56.03% 43.97%

选　　项	性　　别	人　　数	比　　例
年　　龄	<20	62	4.30%
	20—35	508	35.23%
	35—50	668	46.32%
	>50	204	14.15%
学　　历	≤小学	396	27.46%
	初中	604	41.89%
	高中或中专	304	21.08%
	≥大专	138	9.57%
职　　业	务农	646	44.80%
	乡村干部	236	16.37%
	本地非农产业工人	184	12.76%
	外地打工	128	8.88%
	养殖、运输等专业户	60	4.16%
	本地私营业主	118	8.18%
	其他职业	70	4.85%

8.1.2.1　形成了以政府为主体的农民教育供给现状

根据笔者调查访谈发现,目前福建省农民教育供给现状主要形成以政府为主体的供给现状,而市场、第三部门供给的局面尚未形成。针对300个已参加过农民教育培训样本的分析,我们发现(图8-1),"农业管理部门"、"科技管理部门"等政府职能部门提供的培训所占比例最大,分别为37.20%和22.04%;而"企业"、"团体"及"其他"仅为5.69%、3.08%和6.16%。在访谈过程中笔者也了解到,大多数被调查者对究竟有哪些政府部门提供农民教育培训表现出迷茫或不知道,相反对于企业所提供的培训,大部分外出务工的农民表示所在企业曾提供过短期的入职培训。从相关统计数据及访谈的情况我们发现,目前的农民教育活动主要以政府供给为主,市场、第三方等社会力量的参与度较低,尚未形成三者共同参与、互相促进的局面。

8.1.2.2　农民文化素质影响着农民教育供给

农民的文化素质高低影响了农民对教育目的、内容的认识,从而在一定程度上影响了农民教育培训的供给及其供给内容、供给量和供给方式。一

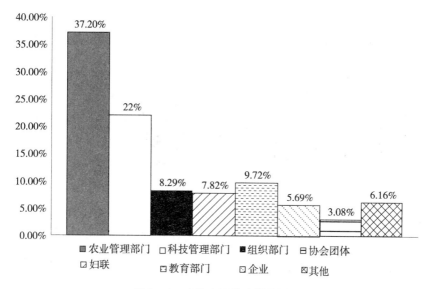

图 8-1　当前农民教育供给渠道

般来说,受教育水平的提高可以直接影响一个人的知识水平、视野宽窄、意识觉醒、思维方式、心理状态。《中国农村扶贫开发的新进展》报告指出,抽样调查显示接受培训的劳动力比没有接受培训的劳动力月工资可提高300至400元人民币。[①] 我们在调查中也发现(图 8-2),不同文化程度的农民对其自身的教育培训差异非常显著。文化程度越高,农民受教育的正反应越明显,更关注农民教育信息、更有意愿参加农民教育活动,甚至支付部分的教育费用。比如,小学文化程度的农民有意接受教育的比例为11%,而具有大专以上文化程度农民的这一比例达到48%。不能不说,受教育水平偏低使他们眼光短浅、思维受限,更加注重眼前利益,忽视作为一种投资行为的农民教育。

8.1.2.3　农民家庭经济条件影响农民教育供给水平和教育内容

经济条件一定程度影响着人们的心理与行为。农民对待教育培训活

---

① 《中国农村扶贫开发的新进展》,《中央政府门户网站》。http://www.gov.cn/gzdt/2011-11/16/content_1994683.htm.

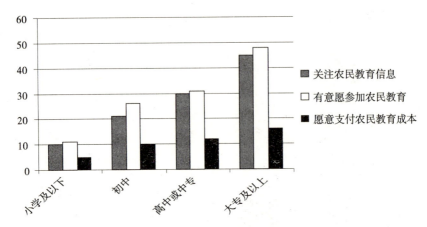

图 8-2 不同文化程度农民对农民教育的关注程度

动,其家庭经济水平状况就成为一个主要的影响因素。在设计问卷时,我们曾专门针对被调查对象的家庭人口、劳动力人口及家庭年收入做了调查。与此相呼应,我们同时调查了农民对"培训费用应由谁支付"的态度。调查发现,选择"政府支付"的为1030人,选择"政府与农民共同负担"为316人,而选择"农民自费"的仅96人。这一方面反映了农民群体对政府提供农民教育的普遍期待,另一方面也发现这与农民家庭经济水平大体呈正相关(见图 8-3)。即,随着家庭收入的增加,选择"政府与农民共同承担"、"农民自费"的比例也逐渐增加。

同样,在回答"如果培训收取部分成本费用,您会参加吗?"问题时,调查结果也证实了这一现象(见图 8-4)。低收入家庭对支付教育成本的意愿明显偏低,而收入相对较高的家庭对支付部分教育费用的意愿则较高。因此,发展福建农民教育,提高农民教育供给水平,还需要充分考虑农民的家庭经济状况。

此外,不同家庭经济条件的农民由于所从事的工种有所不同,从而直接影响了农民教育的具体内容。在调查中我们发现,从事不同性质工作的农民对农民教育的了解、需求差距均较大(见图 8-5)。图中,选择"农业科技培训"和"实用技术培训"的比例最大,分别达到27%和26%,这说明在农

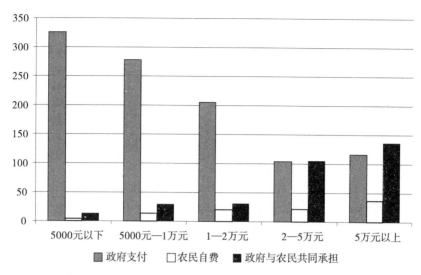

图8-3　不同收入水平农民对承担农民教育费用的看法

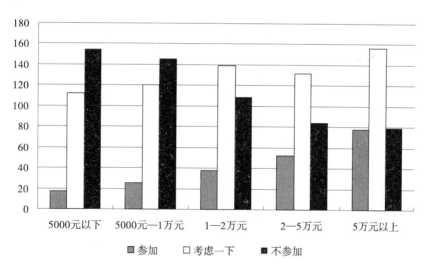

图8-4　农民家庭不同收入水平对农民教育成本的承担意愿

民群体中,提高农业生产技术水平、增加农业收入仍然是他们的迫切需求和现实选择。当然,随着社会的多元发展以及外出务工现象的增多,对"人力资源转移培训"和"管理、营销培训"等与市场结合较紧密的技术也提出了较大的需求。虽然目前随着扫盲工作的持续开展,福建省文盲比例在下降,但作为一名现代社会公民,农民对于法律、道德、科普等适应市场经济社会基础文化知识的需求在不断增加,这应该成为今后农民教育培训中需注意的一个重要方面。

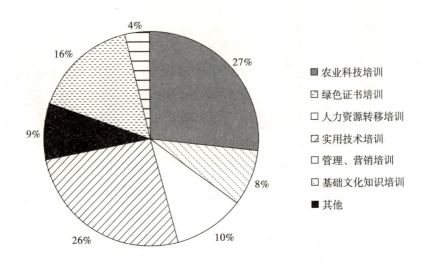

图 8-5　农民从事的不同性质工作对农民教育内容的需求

8.1.2.4　沿海与山区的农民教育供给不平衡

调查中我们发现,福建省农民教育供给还呈现出明显的地区不平衡性,主要表现在沿海与内地、城市与农村两方面的差异。由于这只是调查过程中的一种感受,并没有直接的调查数据以支撑这一判断。所以我们根据《福建省第二次全国农业普查主要数据公报》(第三号),从农民文化教育硬件设施建设情况从侧面反映这一问题(见表 8-3)。

从全省九地市农民文化教育硬件设施建设普及程度来看,全省平均11.7%的乡镇建有职业技术学校,其中沿海五市均在 13% 以上,尤其是厦门市高达 30.8%,山区四市则明显低于全省平均水平;在图书室、文化站建设方面,全省的平均普及率为 20.6%,其中普及率最高的厦门市为 38.2%,

普及率最低的宁德市仅为 10.2%,两者差距达 28 个百分点;在具有农民业余文化组织的村中,全省的平均水平为 22.1%,沿海厦门市、泉州市、莆田市远远高于这一均值,而山区市则明显有差距,尤其是宁德市,具有农民业余文化组织的村仅为 9.6%。这些数据尽管与当前的社会发展有一定差异,但仍然具有一定的代表性。

表8-3　2006 年福建省农民文化教育设施的乡镇或村比重①(单位:%)

	全省	福州市	厦门市	莆田市	泉州市	漳州市	三明市	南平市	龙岩市	宁德市
有职业技术学校的乡镇	11.7	13.8	30.8	19.6	18.8	13.3	8.4	5.1	6.6	9.8
有农民业余文化组织的村	90.2	91.0	69.2	95.7	83.5	85.8	90.1	97.4	90.2	94.6
有图书室、文化站的村	20.6	12.6	38.2	33.8	34.4	15.0	19.9	28.3	18.1	10.2
有农民业余文化组织的村	22.1	20.3	31.5	45.0	32.6	20.1	19.4	23.6	17.6	9.6

另外,城中村农民与深居乡村的农民,其教育供给的差异性更为明显。由于城市总体经济较为发达,农民教育经费相对较为充足,教育资源丰富,所以无论在硬件设施还是在教育理念上都显著高于农村地区。

8.1.2.5　农民对教育培训活动的满意度较低

农民教育满意度是农民对教育培训活动开展的总体情况的综合评价与反映,满意度的高低直接影响着当前及今后一定时期农民教育改革的方向。我们的调查问卷曾要求接受过教育培训的农民,根据教育培训活动的组织实施、渠道来源、培训内容、培训方式、经费支付、培训教师等因素,给予一个综合性、整体性的评价。在问卷"满意"、"一般"、"不太满意"、"较差"四个选项中,回答"一般"、"不太满意"、"较差"分别占 34.99%、32.26%、11.91%,共占 79.16%,而"满意"仅占 20.84%(图8-6)。数据说明农民

---

① 福建省统计局:《福建省第二次全国农业普查主要数据公报》(第三号)。http://www.stats-fj.gov.cn/tjts/tjgb/0200807010163.htm.

教育培训需要改进的地方还有很多,开展让农民满意的教育培训活动值得期待。

为了深入了解农民对教育培训活动效果的具体感知,我们在问卷中设置了主观题"您对政府(或培训组织部门)开展的农民教育培训活动有什么好的建议",诸多被调查者从不同角度提出了建议,如"应多宣传、多开展"、"不要收费或少收费"、"多点实用技术培训"、"结合各地实际举办有帮助的培训内容"、"能提高收益,增加收入"、"尽量让人听懂"、"实行示范性培训"、"听取农民意见"等。这些建议和意见代表了被调查农民自身的受教育理想,另一方面也反映了当前福建省农民教育供给还存在一些实际问题。

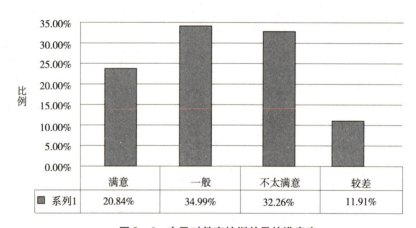

	满意	一般	不太满意	较差
■ 系列1	20.84%	34.99%	32.26%	11.91%

图 8-6 农民对教育培训效果的满意度

8.1.3 福建省农民教育供给的总体特征

农民教育在我国虽然算不上是个新生事物,但全国范围内广泛开展,历史并不悠久。全国各地在开展农民教育的过程中,都逐渐形成了各具特色的发展路径。福建省各级政府在开展农民教育培训活动时,注重因地制宜,发挥本省特色优势,形成了符合本省省情的农民教育供给特征。同时,由于受到经济社会发展水平、教育资源配置、文化发展氛围等因素的制约和影响,福建省农民教育在供给主体、组织管理、供给模式等方面都呈现其优势与不足共存的双重性。

8.1.3.1   政府主导供给,供不应求与供需失衡现象并存

政府在宏观调控、扶持弱势产业方面具有不可推卸的责任,因此它能够运用公共权力开展工作,具有一定的强制性。这就决定了农民教育持续健康的发展离不开政府的重视、支持和主导。但针对农民教育供给,不少国家都认识到,单纯依靠政府的力量是难以构建完善的农民教育体系,必须依靠和鼓励其它力量的积极参与,如市场、第三部门等。通过其他形式分工协作,发挥各自的积极性和优势,整合、共享教育资源,提高农民教育供给效率。

如前文所述,目前福建省农民教育主要是由各级政府来供给,但同时存在供不应求、供需失衡的问题。相对来说,政府官员热衷于投资看得见、摸得着、见效快的公共项目,对农民教育这类投资见效慢、周期长、难以量化的项目通常重视不够,导致农民教育明显投入不足、项目规模偏小、补贴标准较低等问题。在已开展的农民培训教育中,包括新型农民科技培训、农村劳动力转移培训、返乡农民创业培训、农村实用人才学历教育、农民科学素质行动等教育培训活动,看似培训活动层次多、类型广、方式活,但不少农民反映教育培训内容与实际需求之间存在着差距大,而且存在一定程度的供求错位。主要表现在各实施主体基本上都围绕着农业技术培训,对二、三产业相关职业技术及基础文化知识的培训较少,这与当前大量农民进城务工的潮流相脱离,存在供给主体对农民教育需求了解不够的情况,"拍脑袋"决定教育内容的现象时有发生。这在我们的调查中得到了明显的验证。对调查问题"培训前,培训内容是否征求过您的意见"的回答,选择"没有征求"的比例达70.61%。或许可以说明目前我国的农民教育决策机制依然是"自上而下",同时农民表达渠道不够畅通,无法反映农民的真实需要和价值偏好,导致农民教育供给与需求脱节,供不应求,或者供求错位。

实际上,来自主管部门的反映也让我们吃惊:不少教育培训活动农民不领情,不得不动用乡镇干部鼓励、动员,甚至物质刺激,才勉强保证活动的开展。也就是说,不是所有的农民教育形式都能得到农民的欢迎,不是所有的教育活动都有合适的听众。"供不应求"与"供大于求"同时并存。

8.1.3.2　闽台农业合作助推农民教育发展

福建省与台湾省一水相连,具有地缘近、血缘亲、文缘深、商缘广、法缘久的"五缘"优势,在两岸农业合作中区位特殊、地位特殊、作用特殊,具有天然的地理、人力、政策、资源等优势。继1997年7月福州市、漳州市被列为大陆首家"海峡两岸农业合作实验区"以来,2005年国务院台办、商务部、农业部又批准福建在原有试验区的基础上,建设覆盖全省的"海峡两岸(福建)农业合作试验区"。随着《国务院关于支持福建省加快建设海峡西岸经济区的若干意见》的颁布实施,闽台农业合作大力推进,使得福建省农民教育从内容到形式都发生了巨大变化,"台湾经验"在农民教育中逐步生根、发芽。

以漳州市为例,2009年正式成立了闽台农业技能型人才培训基地,有效解决了当地农业台资企业对农业技术人才的社会需求,促进农业产业的发展。仅漳州市漳浦县台湾农民创业园就有农业台资企业66家,花卉从业人员就达2万多人。① 2011年9月1日,由台盟中央联络部、台盟福建省委员会指导,福建省海峡两岸农业合作交流服务中心、漳州市委农办在厦门举办了首期台湾农业技术培训班②,培训对象为大陆的农业各领域的带头人,许多是农业专业合作社和台湾农民创业园的负责人。

2012年,福建省将着力推动罗源、东山、南靖、诏安、永春、上杭、邵武、福安、梅列、秀屿10个闽台农业合作推广示范县(市、区)建设。在以闽台农业合作科技推广示范项目为载体的同时,加强农业人才队伍建设,提升农业从业者素质。每个示范县都要举办相应的技术培训活动,年度培训目标不少于200人次。③ 通过闽台农业交流合作项目并以此为契机,使海峡两

---

① 吕峰鹏:《福建漳州成立闽台农业人才培训基地》。http://news.xinhuanet.com/tw/2009-06/26/content_11607165.htm.
② 文佳:《首期台湾农业技术培训班在福建举办》。http://www.chinataiwan.org/xwzx/bwkx/201109/t20110901_2019202.htm.
③ 刘溪:《福建将建10个闽台农业合作推广示范县》。http://www.chinadaily.com.cn/hqcj/xfly/2012-07-19/content_6482318.html.

岸同胞更加重视农民教育、增加农业科技交流学习,在农业新技术推广、指导福建农业发展等方面具有积极的促进作用。

8.1.3.3 福建省农民教育供给的地区不平衡

教育均衡发展是教育的价值追求,其实质是维持教育的公平与公正,因此也是农民教育发展的追求。然而,如前所述,农民教育供给不平衡现象在福建省各地区表现较为显著,包括沿海与山区、城市与乡村。究其原因,主要是地区经济发展水平失衡导致农民教育发展不平衡。据2011年《福建统计年鉴》资料显示(表8-4),2010年沿海地区的福州、厦门、泉州、漳州、莆田五市生产总值分别为 3123.41 亿元、2060.07 亿元、3564.97 亿元、1430.71 亿元、850.33 亿元,五市总产值占全省生产总产值76.26%;而山区四个地级市 2010 年生产总值共 3433.26 亿元,仅占全省生产总值23.74%。显然,这种经济差距使得沿海与山区地区的农民教育投入会受到影响。同时,农民家庭收入差异影响农民教育投入。人均纯收入方面,沿海五市农民人均纯收入最低的莆田市为 7665 元,山区市农民人均纯收入则均在 7000 元以下。这些数据体现了福建省地区经济发展的不平衡,影响了地方政府和农民个人在教育活动中的投入。此外,农民教育资源城乡分配也存在不平衡现象。现实中不只是基础教育资源分配向城市倾斜,农民教育投入也是如此。同时,农民教育供给主体方面,企业、侨台胞、农业院校相对较多的沿海地区则存在较多供给优势,因而导致各地区农民教育发展不平衡。

表 8-4　2010 年福建省各设区市生产总值及农民生活水平指标

地区	生产总值 (亿元)	农民人均纯 收入(元)	人均生活消费 支出(元)	恩格尔系数 (%)
福州	3123.41	8543	6071	45.48
厦门	2060.07	10033	7523	41.33
莆田	850.33	7665	5679	46.63
三明	975.10	6949	4862	46.15
泉州	3564.97	9296	6782	42.29

地区	生产总值 （亿元）	农民人均纯 收入（元）	人均生活消费 支出（元）	恩格尔系数 （％）
漳州	1430.71	7861	5524	46.65
南平	728.65	6759	4991	45.44
龙岩	990.90	6931	5245	45.82
宁德	738.61	6542	4469	47.28

数据来源：2011 年《福建统计年鉴》，中国统计出版社 2011 年版。

8.2　对福建省转型时期农民教育的探索[①]

改革开放以来，我国城镇化发展速度远远快于西方发达国家走过的历程。2009 年年底，全国城镇化水平达到 46.6%[②]，而福建省更是达到 51.4%[③]，比全国平均水平高 4.8 个百分点，城镇化水平每年几乎提高 1 个百分点。发展速度虽然较快，但这种城镇化却是不完全的，一定程度上是土地的城镇化，或者说是在城镇连续居住 6 个月以上的人口达到了这样的规模。对于那些游走于城乡之间的农民工及其家属，多数还未能实现城镇化，尤其是人口素质还远没有适应现代城市发展的要求。另一方面，从农村转移出来的这些农民工多为文化水平相对较高的青壮年，本是农村建设的骨干力量，但随着他们的快速流失，农村人口结构发生了巨大变化，社会主义新农村的建设人才遇到了前所未有的挑战。在这样的社会发展转型时期，加强农民教育显得尤为必要。不仅是福建城乡一体化发展的要求，更是农村社会自身发展的现实需求：一方面为农村的持续发展培养建设者；另一方

[①]　吴锦程、刘海燕：《城镇化进程中福建省农村社区教育问题研究》，《福建农林大学学报》（哲社版）2011 年第 4 期。

[②]　国家统计局：《2009 年国民经济和社会发展统计公报》。http://www.gov.cn/gzdt/2010-02/25/content_1541240.htm.

[③]　福建省统计局：《福建统计年鉴》，中国统计出版社 2010 年版，第 73—80 页。

面为城镇培养部分新市民,提供更多合格劳动力。

8.2.1　福建省近年来城镇化得到了快速发展

从最近 10 年的统计数据来看,福建省城镇化速度明显高于其他省份。
2000—2009 年,全省农村人口净递减 216 万人,城镇人口净递增 433 万人,
城镇人口年平均递增率达到 2.66%,农村人口却递减 1.27%(表 8 - 5)。[①]
由此不难发现,不仅农村人口持续向城镇转移,新增人口也主要集中在城
镇。这种人口结构的快速变化引发了人们对农村社会发展的诸多深思。
2010 年福建省在《中共福建省委关于进一步贯彻落实胡锦涛总书记在闽考
察重要讲话精神　推动福建跨越发展的若干意见》中更是提出"推动福建
跨越发展,加快推进城镇化,力争城镇化率每年提高 1.5 个百分点……"[②]
也就是说,"十二五"期间,福建省城乡人口流动将进一步加快,农业产业在
国民经济中的比重势必迅速降低,但农村社会建设的重任和城市新市民人
口素质的提升问题也摆上了议事日程。

表 8 - 5　2000—2009 年福建省总人口及人口变动情况

年份	总人口 (万人)	城镇人口 (万人)	比上年递增 (%)	农村人口 (万人)	比上年递增 (%)
2000	3410	1431		1979	
2001	3440	1462	2.17	1978	-0.05
2002	3466	1546	5.75	1920	-2.93
2003	3488	1573	1.75	1915	-0.26
2004	3511	1615	2.67	1896	-0.99
2005	3535	1672	3.53	1863	-1.74
2006	3558	1708	2.15	1850	-0.70
2007	3581	1744	2.11	1837	-0.70

---

① 福建统计局:《福建统计年鉴》,中国统计出版社 2010 年版,第 73—80 页。
② 《中共福建省委关于进一步贯彻落实胡锦涛总书记在闽考察重要讲话精神推动福建
跨越发展的若干意见》,《福建日报》2010 年 7 月 26 日。

续表

年份	总人口 （万人）	城镇人口 （万人）	比上年递增 （%）	农村人口 （万人）	比上年递增 （%）
2008	3604	1798	3.10	1806	-1.69
2009	3627	1864	3.67	1763	-2.38
平均			2.99		-1.27

数据来源：福建统计局：《福建统计年鉴》，中国统计出版社2010年版，第73—80页。

8.2.2 积极推进农民教育是福建省城镇化发展的必然要求

在农村教育水平总体不高、农民受教育水平相对偏低的情况下，利用各种社会资源积极开展农民教育是应对当前社会发展的重要途径，也是对正规学校教育的有益补充，其形式灵活多样。农民教育应是以农村社区发展为根本，通过开发农村社区人力资源，不断提高农民整体素质，从而达到全面提高社区广大农民生活质量为目的。

8.2.2.1 农民教育是培养新型农民的主要途径

建设社会主义新农村归根结底是通过培养新型农民建立新型农村社区。十六届五中全会提出的"生产发展、生活宽裕、乡风文明、村容整洁、管理民主"[1]正是这种新农村的主要特征。人是生产力诸要素中最活跃的因素，也是生产过程中起主导作用的因素。所以，社会主义新农村建设为的是农民，靠的也是农民，农民是新农村建设的主人，也是推动农村经济、社会发展的关键所在。因此，通过教育加强农村人力资源开发，是培养造就有文化、懂技术、会经营的新型农民的主要途径。然而，当前农民受教育水平相对不高也是一个不争的事实。福建省2009年统计信息显示，农民群体中具有高中及以上文化程度的仅占22.2%，初中文化程度的占31.5%。[2] 据笔者在福建省闽侯县、闽清县等地的调查，农村劳动力基本属于体力型和传统

---

[1] 《中国共产党十六届五中全会公报》。http://news.xinhuanet.com/politics/2005-10/11/content_3606215.htm.

[2] 福建省统计局：《福建统计年鉴》，中国统计出版社2010年版，第73—80页。

型农民,职业技能水平不高,多数还没有掌握现代农业生产知识。农民教育的本质内涵是以开发农村社区人力资源为本,充分利用社区内外的各种资源,以提高农村社区全体人员素质和生活质量为宗旨,促进农村社区经济社会的全面发展。所以说,与其他任何类型的教育相比,农民教育更有利于提升农民的整体素质,提高广大农民整体的科学知识和技术水平,从而有助于实现农村经济发展,改善农民生活,加快新农村建设步伐。所以说,全面提高农民的文化素质、科技素质和人文素质等综合素质便成了培养新型农民、建设新农村建设的必然要求。

8.2.2.2　农民教育是有效转移农村劳动力的重要手段

改革开放三十多年,劳动力转移是农村得以发展的重要因素:一方面带来大量经济收入,另一方面从城镇带来诸多现代开放意识。在劳动力转移这一问题上,一般是受教育程度越高转移越容易。因为他们思维相对开阔,更容易接受新事物、适应新环境、掌握新技术。据一些专家估计,接受过培训的农民工不仅更受市场欢迎,而且收入也可能会高出 10%。同时,农民受教育程度越高,就越倾向于进行社会流动,流动机会和获得的收益也相对较多。尽管其技术教育、素质教育的责任不完全在农村,但如果农村能够提供一定的技术教育,他们将有更多的机会进入城镇就业和进一步向上流动,同时也能够为农村带来更多收益。

8.2.2.3　农民教育将有助于转移进城的"新市民"真正融入城镇生活

城镇化进程中要推进农民工的市民化,实际上就是要在就业、医疗、教育、住房、社保等方面实现与市民的同等待遇,但农民工群体文化素质偏低严重影响了这一目标的实现。从农村人力输出的源头上尽力做好社区教育工作,将有助于进城"新市民"快速、真正融入城镇生活。从农村转移到城镇,农民不仅是地域、职业的转换,更是价值观念、思维方式、生活方式、行为准则与目标取向等各方面的转换,从而实现其再社会化的过程。但从目前的情况来看,农民工能真正融入城镇的状况并不乐观,面对生活方式的激变、文化观念的碰撞,面对城市生活的巨大压力,难免会有一些人产生心理危机和走向极端。从农村社区教育入手虽不能改变根本问题,但能从知识层面掌握一些职业技能、了解一些城市文化,以此为迈入城镇生活实践打下知识基础,从而转变思想观念,提升道德素质,真正融入城镇生活。

8.2.3　福建省农民教育存在的主要问题

8.2.3.1　对农民教育的认识不到位

虽然推进农民教育得到了各级政府的高度重视,但一定程度上存在农民认识普遍不足的问题。我们在对闽清、永泰、闽侯、仙游、大田、惠安、晋江等地的调查中发现,不少农民认为,农民教育就是学点农业技术,对其目的、实质缺乏足够的认识。即便是村干部,他们对此显然也认识不够,甚至对福建省关于农民教育的相关政策了解也不多。然而,没有思想的变革就没有其他变革。农村要发展,教育是先导,只有从理念、技术等层面加强引导,农村社会才能得到真正发展,农民教育才能落到实处。

8.2.3.2　农民教育管理体制还不够完善

一般说来,农民教育包括了为满足社区内成员各种需求而进行的各类教育活动,因此,正规或非正规、职业性或文化娱乐性的,都是可以的。但这样就引起了不少农民对农村社区教育的工作性质、组织实施、管理机构等出现了一定程度的误读。从行政管理的角度来看,社区工作是民政部门管理职能之一,但教育工作则属教育部门管理,而当前真正在做的却是农业、科技等涉农管理部门。从教育角度来理解,农民教育是成人教育的一个部分,应该说在管理上还是新生事物。目前有部分省(市)教育主管部门设立了专门的管理机构,如江苏省教育厅的社会教育处、上海市教委的终身教育处,福建省教育厅则是在原职业教育与成人教育处(以下简称职成处)新增加了这一方面的管理职能。但笔者调查发现,福建省的这一做法成效不明显。原因是职成处本已管辖着较多学校教育方面的任务,导致其没有足够的精力去管理农民教育方面的工作。同时,较少的经费对这项工作而言也是一个巨大的制约。实际上,农民教育开展最多的还是各地党委(政府)的农村工作办公室。

8.2.3.3 有限的农民教育资源缺乏整合

农民教育资源是指农村社区内能够用于该活动的一切人力、物力、财力和文化资源的总和。在农村地区,这一资源主要包括内外两个方面:

(1)社区外部资源,主要是指政府各涉农部门在农村开展的各种教育活动。农村社区不再是封闭的,它与外界有着越来越多的联系,尤其是随着国家对"三农"问题的日益重视,越来越多的人力和财力向农村倾斜。在福建省农村组织开展过农民教育或培训的涉及农业、科技、民政、教育、妇联、文化、卫生、组织等几乎所有的政府涉农部门。但开展教育活动时,各个部门往往是各自为政、独立操作,因此,难免会出现多头领导、重复劳动、浪费资源的现象。

(2)社区内部资源,它主要包括社区内的物力、人力等资源。物力资源主要是各级各类学校,以及与农民教育有关的中心、馆、院、站等。人力资源主要包括社区中的能工巧匠、各种养殖和种植专业能人。这些都是开展农民教育的重要资源。然而无论是社区物力还是人力目前都没有得到充分发挥,有的人是对农民教育工作热情不够,有的教育场所则因管理体制弊端而无法施展其功能。以阳光工程为例,2010 年福建省的培训任务为 4 万人,分为农民创业、农机使用与维修、沼气建设及后续服务人员、村级动物防疫员、机防手、乡村旅游服务员、渔业船员、农民专业合作社负责人、畜禽繁殖员、农村经纪人、地方特色职业农民共 11 类开展教育培训,但种类划分、名额分配的依据在哪里?如何体现其科学性实际上是个问题,是否真正考虑到农民的需求意愿?显然,农民教育资源原本就稀缺,如果有限的资源还得不到充分利用,甚至于浪费,这极不利于农村社区的发展。

8.2.3.4 农民教育发展不平衡

产业教育的城乡发展不平衡是一个不争的事实,实际上农村社区内部,福建省农民教育发展也存在着巨大的差异。由于福建省县域经济发展的差距,促使农民教育也存在着极大的不平衡。2009 年福建省 10 个最发达县域的 GDP 平均是 343.87 亿元,后 10 个 GDP 平均数则仅仅为 27.15 亿元,两者相差达 12 倍之多;前 10 个发达县域的地方财政收入平均是 16.76 亿元,后 10 个则是 0.84 亿元,两者相差近 20 倍①。实际上,除政府指定的教育培训外,农村社区中农民教育的发展水平几乎与地方经济发展水平呈正相关。

8.2.4 推进福建省农民教育工作的几点建议

8.2.4.1 加大宣传力度,强化对农民教育的认识

目前农民教育已经有了诸多形式,虽然不少政府涉农部门都在农村开展过相关的培训、教育,但这些活动的规模还很小,尚处于起步阶段。因此,让更多人了解农民教育,宣传农民教育的作用显得尤为必要。一方面,应加强农村基层组织领导对农民教育的认识。领导认识是农民教育工作顺利推进的前提,只有领导充分认识,农民教育才可能真正纳入地方经济社会发展规划之中,从而引导全体居民积极参与,推动农村社会全面发展。另一方面,面向农民群体做好宣传是开展这项活动的保证。农民是农村社会建设的主人,培养农民社区意识,引导他们积极参加社区教育,不断提高农民素质,农村社会发展自然就落到了实处。

8.2.4.2 以科学发展观为指导,强化职业技能培训

针对农民的教育必须在科学发展观指导下稳步开展。科学发展观是坚持以人为本,树立全面、协调、可持续的发展观,促进经济社会和人的全面发展。无论农民还是市民,科学发展观都是其生产、生活必须严格遵循的根本指导方针。改革开放三十多年,福建农村人与自然和谐问题、环境问题,城镇新老居民冲突问题,都遇到了前所未有的挑战,如果不能认真思考、学会融会贯通,发掘其参与社会竞争的能力,城镇化进程必然会受到阻碍。

同时,强调农民教育以职业技能培训为主,是由于城镇化快速发展背景下所承担的双重任务:一方面新农村建设需要培养掌握现代农业生产技术的新型农民。他们是现代农业生产的急需人才,也是推动农村的经济社会发展的主力。依靠农民教育,推动农业增效、农民增收、农村稳定,是今后很

---

① 福建省统计局:《福建统计年鉴》,中国统计出版社 2010 年版,第 105—106 页。

长时期内的主要任务。另一方面城镇化背景下的农村劳动力转移需要以农民教育做好前期服务。福建省城镇化今后一段时间还要以更快的速度发展,农民进城务工实质上就是在城镇就业的问题,提高其城镇生存能力、更好地适应城镇生活是农民教育的责任之一。而且随着我国经济的快速发展和产业结构的升级,城镇就业对劳动者素质提出了更高的要求。因此,农民教育必须以职业技能教育为主,增强相应职业技能。

8.2.4.3 以灵活实用的短期培训为主,完善农民教育形式

农民教育应以短期培训为主,其原因主要有两方面:

(1)农民的文化教育水平相对偏低,受教育的需求相对不高,学习动机趋于现实、简单,甚至就是短视行为。相当一部分农民为了眼前利益,可能会放弃对文化知识和科学技术的学习。他们的理由非常简单:学习技术耽误生产,搞生产多少能挣点钱。这种短视行为甚至在农村基层干部中也表现得比较突出。

(2)农民总体收入水平不高。工作时间长、家庭生活负担重、教育收费高、教育投入与短期收益的矛盾等,导致部分农民无法顾及自身的教育需求。因此,短期培训应成为农民教育首选教育形式。

8.2.4.4 完善农民教育管理体制,有效整合农村社区教育资源

由于农村居民和基层领导对农民教育的认识不明确,需要在政府相关部门的引导下,建立起"以政府为主导,教育部门主管,多个部门协调,社会广泛参与,农民自主活动"的农民教育管理体制。可借鉴社区教育相对较成熟的江苏、上海、山东等地的管理经验,在教育主管部门设立专门的机构,管理、引导农民教育活动。在每个农村社区建立起一个类似美国初级社区学院的社区教育中心,负责统筹管理农民教育工作,并直接面向农民开展相关教育活动。

针对当前农民教育资源还不丰富的现实,应有效整合农村社区教育的外部和内部资源。如政府各部门分头实施的各种针对农民的教育培训,完全可以由政府(党委)农村工作办公室牵头,依照农民教育需求,有效实施,提高供给效率。对农村各类能人,提倡发挥其奉献精神,带动农民走共同富

裕之路。同时,依托社区内中小学建设村民学校或社区教育中心,服务农民,不断提高农村社区资源利用效率。

8.3　关注城市"新市民":福建省农民教育的延伸①

晏阳初曾经说过,富有的人民和富有的国家必须认识到,只有当贫穷的人民和贫穷的国家满足了,你们才是安全的。你们把这叫做明智的自身利益也可以。② 所以,社会建设过程中单纯城市的发展或者城市的一部分人生活条件的提高都是不够的。

随着福建省城镇化进程快速发展,农民大量向城镇转移,"新市民"队伍迅速扩大,教育新市民、提高新市民城市融入度是农民教育的延续,这项工作对城市社会健康发展意义重大。通过开展各类教育活动,提高公民素质,建设和谐社会成为社区教育的重要任务。由于这些新市民文化程度不高,生活方式、价值观念与城市不甚融合,对城市认同感、归属感较低,其居住社区管理难度大,常常成为各种社会问题的重要源头。因此,开展新市民教育对推进福建省和谐社会建设和城乡一体化进程具有重要意义。

8.3.1　开展新市民教育的必要性分析

8.3.1.1　伴随着新市民数量剧增,城市发展对其素质提出了更高要求

如前所述,2000 年至 2009 年,福建省城镇人口增加 433 万人,而农村人口则减少 216 万人。如此计算,这 10 年福建省城镇化率平均年增长达到1.27%。按照《中共福建省委关于进一步贯彻落实胡锦涛总书记在闽考察重要讲话精神推动福建跨越发展的若干意见》提出的意见,这一增长率还

---

① 吴锦程等:《探索我省新市民社区教育模式》,《政研专报》2011 年第 13 期(总第 073期)。

② 余也存编:《非常之人必有非常之语》(书摘),《光明日报》2005 年 8 月 1 日。

力争达到1.5个百分点。可以想象,这对福建省城市发展不只是机遇,更是一种挑战,对新市民素质也就提出了新的更高的要求。

这些涌入城市的新市民,不只是对城市公共服务增添要求,由于其文化程度相对偏低,以及与老市民在风俗习惯、生活方式、价值观念等方面存在的巨大差异,给和谐社区建设和城市管理带来了许多难度。新市民的城市融入实际上是个体再社会化的过程,缺少城市生活经验和对城市公共文化规则的了解,从而在卫生健康、求职就业、子女教育等基本生存方面带来了不可忽视的问题,并一定程度上造成了他们与城市原居民相互信任和理解的缺失。因此,新市民真正融入城市社区生活需要时间来化解,需要教育以推动。城镇化不是简单的城市地盘扩大、硬件设施完善或者人口数量的增加,其本质是新生市民素质的普遍提高,即人口素质的城镇化。

8.3.1.2 社区教育是新市民应对城市生活压力的重要途径

对新市民来说,城市充满机遇,但机遇又与挑战并存。与农村社区相比,城市生活更加遵循市场经济规律,只有那些掌握了一定生存技能和知识的人才能更好适应。加之城市消费水平较高,人口密集,竞争激烈,新市民的生存压力可想而知。2009年在福建省新市民社区教育抽样调查①中发现,新市民群体的就业率为64.57%,失业率占9.25%,与该年度全省城镇登记失业率3.6%相比②,比例明显偏高;且普通员工、自由职业者和技术人员偏多,分别占25.40%、15.59%和9.07%;人均年收入也以5000—10000元居多,占28.16%,这与该年度全省城镇人均年收入(19577元)③相比,有明显差距。

---

① 这一调查涉及福州市区和泉州市德化县、莆田市仙游县、宁德市古田县等城区,具体调查地点主要选择城乡结合部以"新市民"为主体的社区。调查共发放问卷1200份,实际回收有效问卷为1121份。

② 福建省统计局:《2009年福建省国民经济和社会发展统计公报》。http://www.fujian.gov.cn/zwgk/tjxx/tjgb/201003/t20100306_197570.htm.

③ 福建省统计局:《2009年福建省国民经济和社会发展统计公报》。http://www.fujian.gov.cn/zwgk/tjxx/tjgb/201003/t20100306_197570.htm.

由于新市民在关乎生活的各方面几乎都明显低于城市老市民,因而当调查中问及"如果您参加社区教育,最希望带来什么"时,回答"好找工作"、"习得一技之长"、"增加收入"者分别占 26.34%、39.84%、31.63%,远远高于回答"增加邻里交往"、"丰富业余生活"、"培养兴趣爱好"等选项。这与新市民群体接受教育年限少、文化程度普遍较低、缺乏必要的城市生存技能、就业竞争处于弱势地位、身心等方面不适应城市新生活新环境有密切关系。在这种情况下,提高技能、找份好工作、增加家庭收入便成为新市民适应城市生活所关注的头等大事。同时,新市民价值理念各异、对新环境认同感低、人际关系紧张等也导致其难以顺利融入城市新生活。通过社区教育,开设适合新市民群体的技能课、基础课、心理调适等课程,将大大提高他们应对城市生活的能力。

8.3.1.3 新市民教育是推进和谐社会建设的有效途径

民主法治、公平正义、诚信友爱、充满活力、安定有序、人与自然和谐相处是社会主义和谐社会的基本内涵。但新市民对城市生活规范的缺失、对农村生活习惯的难以割舍以及在城市的艰难求生,常常诱发诸多社会不和谐因素。新市民是城市发展中的弱势群体,他们主要居住在城乡结合部过渡地带。对于刚刚入城的市民来说,这里是城市和农村文化、生活的渐变地带,容易适应。而且离城市中心距离适中,可供租用的房屋、场地较多,租金低廉,为新市民生活提供了方便。但这些社区公共服务不足,社区居民存在素质差异性显著、从业技能竞争性差、城市文化适应性不强等问题。因此,社区容易滋生经济、社会、文化、服务等方面的冲突,一定程度影响到和谐社会的建设进程。

新市民社区教育是一种推动社会公正,保护弱势群体利益,以实现市民福利最大化为目的的人道主义公益性活动。如果能针对新市民开展各级各类社区教育培训活动,锻炼其生存技能,养成自我保护意识,强化城市融入,不断提高素质,必将是实现社区和谐、社会和谐的重要途径。福州市福峡路车祸频现实际上就是一个新市民城市意识不强的典型案例。福峡路是福州一条城乡接合部道路,许多新市民就居住在这里。然而这条 2009 年 10 月 1

日才通车的道路,仅仅开通 1 年便夺去 21 条人命。① 死者基本上是居住在附近的新市民,他们对城市规范缺少必要的认识,马路过街设施对他们似乎形同虚设。显然,和谐社会建设需要开展新市民社区教育,不断提高市民素质。

8.3.2　福建省新市民教育发展中的主要问题

福建省快速的城镇化进程对新市民教育提出了新的更高的要求,然而由于经济发展水平、地区自然地理和产业结构的差异等因素,使得福建省的新市民教育发展参差不齐,不能很好地满足广大新市民群体对社区教育的需求。

8.3.2.1　地区发展不平衡

虽然福建省自实施《福建省终身教育促进条例》(2005)和《关于加快发展我省社区教育的意见》(2008)以来,社区教育取得了一定成效,但是仍然存在着经济发达地区与欠发达地区、城市与农村、老城区与新城区之间发展不平衡的问题。具体表现为:

(1)发展程度差异大。从实验区情况看,全省 3 个国家社区教育示范区,3 个国家级社区教育实验区都集中在福州、厦门、泉州、漳州等经济发达地区,龙岩、南平、宁德等经济欠发达地区社区教育明显滞后。

(2)社区教育资源普遍较少,存在硬件设施缺乏和师资队伍薄弱等问题,且各地教育资源整合情况相差甚大。

(3)经费投入不平衡。许多社区特别是经济欠发达地区都面临着经费短缺问题。全省仅厦门市思明区政府从 2004 年开始,按全区常住人口人均一元的标准设立了社区教育专项经费。大部分地区开展社区教育工作的经费主要来源于教育部门和当地政府、社区的临时性支出。经费投入不足严重阻碍了社区教育的正常发展。

(4)社区教育参与率不高且地域不平衡。从居民参与社区教育活动情

---

① 苏燕梅:《开通 1 年夺命 21 条 闽调研组会诊福峡路》,《海峡都市报》2010 年 10 月 20 日。

况看,调查表明,经常参加社区教育活动的仅占 13.5% ,偶尔参加的占 30.7% ,没有参加的多达 55.8% 。而 2008 年厦门市思明区全区各类社区教育培训达 712244 人次,占社区居民总数的 82.7% 。①

8.3.2.2 社区教育内容适切性不强

虽然福建省有部分社区因为社区教育内容丰富、活动多样,而被评为国家级或省级社区教育示范区、实验区。但在调查中我们发现,这些丰富多彩的教育内容中,还多以闲暇教育、技能教育为主,并不能很好地满足新市民教育需求。新市民在诸如基础文化知识、职业技能、城市文化、价值观等方面还存在强烈的学习要求,这些对新市民融入城市生活非常重要。我们认为,新市民社区教育的内容可以把就业、就医、居住等城市生活常识培训作为载体,辅以职业规划、公民与社会、健康与法律等通识教育,使他们适应城市生活、还原公民角色。

8.3.2.3 新市民社区教育管理体制、运行机制不完善

近几年,福建省社区教育发展较快的个别地区已摸索出适合自身实际的社区教育管理体制和运行机制,例如,厦门市思明区建立和完善了"党政统筹领导、教育部门主管、有关部门配合、社会积极支持、社区自主活动、群众广泛参与"的社区教育管理体制和"三级两线"的运行机制,福州市鼓楼区形成了"区社区学院—街(镇)社区分院—社区分校"的全区社区教育三级网络。但从总体来看,福建省社区教育管理工作还存在缺乏领导、统筹不力、经费不足、观念落后、认识不够、师资力量薄弱、活动形式单一、管理人员不专、激励机制缺乏等,严重阻碍了福建省新市民社区教育的持续健康发展。仅仅依靠热衷于社区教育事业的社会人士、民间团体来开展组织,其力量显然不够,不可能形成强大的社区教育规模,依靠政府力量进行指导和推动是社区教育持续发展的动力。

8.3.2.4 对以新市民为主体的社区教育关注不够

福州市鼓楼区、厦门市思明区、泉州市鲤城区等是福建省社区教育的先

---

① 2009 年《厦门市思明区社区教育经验汇报材料》。

行区,是发展相对成熟的地区。即便如此,针对新市民这个巨大群体或者开展以新市民为主体的社区教育依然远远不够。原因是多方面的,但首先还是应引起政府主管部门的关注,让他们了解开展这项工作对城市发展的重要性和社会长治久安的重要意义。在社区教育已有一定发展的社区,其教育对象更多关注青少年、老年人和老市民弱势群体。如,面向婴幼儿的早期教育、面向青少年的校外教育、面向弱势群体的职业技能培训、面向老年人的夕阳教育以及各类学习型组织的创建活动等。社区教育发达的城区对新市民都明显缺乏关注,不发达城市的新市民教育更是无从谈起。

8.3.3　构建福建省新市民社区教育发展模式的建议

地区产业结构差异和自然地理条件差异是影响福建省新市民社区教育发展的重要因素。[①] 据此我们将福建省的城镇新市民社区教育大致区分为产业主导型、山区城镇政府主导型和沿海城镇社会化型三种类型,由此构建相应的新市民社区教育发展模式,注意地区差别,分类指导,共同发展。

8.3.3.1　新市民社区教育发展模式的设想

(1)产业主导型新市民社区教育发展模式。

主导产业既是一个地区的经济支柱,也是开展新市民社区教育的重要依托。如德化、安溪、石狮、晋江、武夷山等地方,均具有明显的主导产业,在这一类城镇开展新市民社区教育,应构建以主导产业为中心的技能培训型社区教育发展模式。[②] 例如"瓷都"——德化,陶瓷是推动当地城镇化的支柱产业,陶瓷及其相关服务吸聚着众多的新市民。因此,在德化县开展新市民社区教育,必然要侧重陶瓷技能、营销、贸易及相关技能培训。可以在政府牵头、主导产业的引导下,通过德化陶瓷职业技术学院等提供教育设施、教师等教育资源,用人企业提供培训资金、就业机会,社区负责配合协调管

---

① 郭涵、吴锦程:《福建省城镇化转型期社区教育影响因素分析》,《福建论坛》(社科教育版)2010 年第 8 期。

② 吴锦程、陈榕:《主导产业型城镇新市民社区教育探讨》,《福建农林大学学报》(哲社版)2010 年第 4 期。

理工作的发展模式,共同推进新市民社区教育的发展。这样,一方面可以增强就业培训的针对性,另一方面,主导产业又可以成为社区教育重要的筹资渠道。

(2)政府主导型新市民社区教育发展模式。

在广大闽北和闽西的经济欠发达地区,特别是山区城镇,不论是基础设施,还是人文条件,抑或是社会化服务水平,都相对落后。在这一类城镇开展新市民社区教育,特别是在发展初期,必须突出强调政府的主导作用,不但要充分发挥政府对新市民社区教育的规划、政策制定、组织管理等宏观决策作用,而且要充分发挥政府对新市民社区教育的设施提供、经费投入、部门协调等服务职能,构建政府主导的新市民社区教育发展模式[1]。例如经济欠发达的古田县,其社区教育发展缓慢,各种教育资源相对匮乏;居民对社区教育的认识不足,但他们接受社区教育的意愿较为强烈;性别、年龄、文化程度以及不同来源的居民对社区教育内容、形式等方面的要求差别明显。如何在政府主导下,利用有限的教育资源和社会条件,来满足新市民群体多样化的学习需求,这是对落后山区城镇政府的一大考验。

(3)社会化型新市民社区教育发展模式。

福建沿海地区经济发展快,基础设施条件完备,各类社会教育资源丰富。同时,这些经济发达地区的新市民群体数量庞大、繁杂,但参与社区教育意愿普遍较高。在这一类城镇开展新市民社区教育,应构建以区校合作为中心的社会化型社区教育发展模式。例如福州、厦门、泉州,新市民群体数量庞大、人口成分复杂、多居住在城乡结合部等城市新兴区域,他们对建立和谐互助友爱的社区氛围充满期待,对社区教育抱有较高的参与意愿,对社区教育内容、形式的要求更显多样化。因此,可以充分利用这些区域内学校等丰富的社会教育资源,来满足广大新市民的强烈而多样化的学习需求。首先,可以充分共享社区内丰富教育硬件设施。例如,借用社区内各类学校

---

① 杨素铧、吴锦程:《古田县社区教育发展状况的调查与思考》,《福建农林大学学报》(哲社版)2010年第4期。

的操场、教室、阅览室、娱乐室、实验室等教育场所开展教育课程培训;借用社区内工业园区、机关单位的会议室、活动室等场地开展短期的新市民社区活动,提供教育服务。其次,可以充分挖掘社区教育人才资源。例如,可依托社区内中小学教师开展相关基础文化补习、生活常识教育等;可利用社区各高校和科研院校的专家学者,邀请他们讲授自然科学、社会科学方面的基本知识;可邀请社区内企业家、优秀的企业管理人员和优秀的技术人员担任社区教育辅导员、技能培训讲师等职责;可发动一部分热心的社区居民充当社区教育的志愿者,提供有关服务等。再次,积极发挥社区内企事业单位和相关社会团体、海外侨胞等在社区教育经费筹措等方面的支撑作用。

8.3.3.2 构建转型时期福建省新市民社区教育发展模式的建议

(1)完善社区教育立法,加强社区教育政策法规的可操作性。

当务之急是尽快出台诸如《福建省终身教育促进条例》的实施细则、《关于加快发展我省社区教育的意见》的操作指南等,明确社区教育各项工作的规定与操作。比如明确规定经济发达地区的新市民社区教育经费应纳入财政预算,经济欠发达地区一定时期通过政府转移支付的方式来进行补贴;加强对已有法规执行情况的考评和监督;增加已有社区教育政策法规对新市民群体的关注等。

(2)充分发挥政府在现阶段新市民社区教育中的主导作用。

鉴于福建省目前社会力量参与社区教育的力量较为薄弱的实际情况,满足日益增多的新市民群体的学习需求,特别是开展以免费为主的社区教育,这既是大部分新市民的期待,更是政府建设现代城市、关心弱势群体的重要措施。因此,现阶段福建省新市民社区教育与农民教育一样,必须充分发挥政府的主导作用,特别是在组织管理、经费投入、设施保障等方面承担起主要责任。可以考虑成立社区教育工作指导中心,由社区居委会或街道领导担任主要领导,具体负责基层社区教育的组织、协调、管理等工作。此外,从全局考虑,必须高度重视落后地区的新市民社区教育工作,以此实现全省社区教育均衡发展、全面提高的目标。

(3)培养新市民社区意识,强化新市民的主体地位。

新市民既是新市民社区发展的历史创造者,也是新市民社区教育的实际推动者和践行者。开展新市民社区教育必须正视城镇化快速发展的现实,促进新市民群体在价值观念、思维方式、心理结构、言行举止、竞争意识等方面,不断适应现代城市生活需要并实现有序的人口转移。因此,新市民社区教育既要重视技能培训,更应重视现代公民教育、学习能力培养以及城乡理解教育等,帮助新市民群体逐步形成市民意识、社区意识,激发其热爱社区、建设社区的热情,增强社区凝聚力和归属感,真正实现从"空间转移"到"角色转移"的跨越。并以此强化新市民的主体地位,以更主动、更积极、更自觉的姿态参与到社区教育中,实现主体自我管理。

(4)广泛调动社会力量,积极参与新市民社区教育。

社区教育是教育同社会的结合,是教育社会化和社会教育化的体现。新市民社区教育是一项系统工程,必须通过社会方方面面的协同努力才能完成。例如,沿海城镇社区要调动企事业单位和社会团体等社会力量,产业主导型社区需要充分发挥区域内主导产业及其相关服务机构的主动性,山区城镇型社区则可以深挖区域内中、小学校以及集体组织等社会力量。总之,调动全社区各方面力量共同参与,以主人翁的姿态来开展新市民社区教育工作,构筑以社区为枢纽的"政府—社区—用人单位"与"学校—社区—家庭"立体教育网络。

(5)丰富新市民社区教育内容,突出职业技能培训。

社区教育是一种基于生活的实践性教育,只有切合新市民需求的社区教育,才能激发其参与热情,从而实现新市民社区教育成本的最小化、效益的最大化。因此,新市民社区教育内容必须多样化、教育形式必须灵活化,满足不同新市民的社区教育需求。其中,职业技能培训应该是重点。因为新市民除少数是城郊"失地农民"被动转移而来外,绝大多数是以"农民工"为代表的主动转移进城的市民,其教育的驱动力主要源于谋生的欲求。

(6)深化研究,推动新市民社区教育的全面发展。

首先,必须关注国外社区教育成功经验的研究,洋为中用,寻求适合国情、省情的新市民社区教育途径、方法等。其次,注重研究发达地区社区教

育的成功范例,尤其是对福建省成功社区教育实践的推广研究。再次,开展
新市民社区教育的前瞻性研究,如专家学者与社区教育实验区定点挂钩制
度研究,新市民社区教育供需研究、对城市社会发展影响研究等,推动福建
省新市民社区教育的全面发展。

8.4 福建省农民教育供给模式的构建

供给模式是从供给主体、供给渠道或筹资途径等方面进行区分而形成
的供给方式的理论体系和标准样式。本研究在借鉴国外农民教育供给模式
的基础上,按照农村公共产品供给理论的要求,结合福建省农民教育的实际
情况,从供给主体、筹资途径、供给渠道、供给内容等方面考虑,构建了福建
省农民教育四种供给模式。

8.4.1 以政府为主体的内陆山区农民教育供给模式

农民教育的这种供给模式是基于政府的合法权利之上,以公共权力为
后盾,以权威手段和计划手段直接或间接供给农民教育的一种模式,实际上
也是当前农民教育供给的基本模式。这种模式主要适用于贫困山区或不发
达的内陆山区,如三明市、龙岩市、南平市和宁德市的内陆地区。

政府具有经济调节、市场监管、社会管理和公共服务的职能,具有普遍
性和强制性的政治权力。基于农民教育的准公共产品属性,政府在农民教
育中的主体地位不可动摇,发挥着权威性的主导作用。因此,政府在农民教
育供给中可以运用这种宏观调控手段,发挥强制性、法定性、服务性等作用,
有效动员社会的力量,发挥市场、第三方所不具有的供给优势。根据福建省
省情及当前农民教育开展的情况,在相当长的时期内,福建省农民供给的主
体主要是政府各职能部门,企业、第三部门等力量的供给只是补充。虽然近
年来随着市场经济的发展以及社会力量的增强,这些补充力量得到了较大
发展,但鉴于农民教育的特殊属性,政府在供给中仍然具有不可替代的作

用。对于福建省经济欠发达的山区地区,农民教育活动明显偏少,尤其是部分农民对所提供的教育培训活动只是被动接受,缺乏主动性和积极性。因此由政府力量来引导这些地区的农民教育就具有重要意义。其运行机制如图8-7所示。

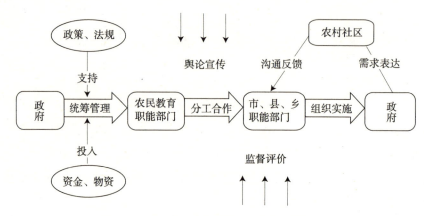

图8-7 以政府为主体的农民教育供给模式图

在这一供给模式中,福建省政府将居于农民教育供给的源头,是开展农民教育活动的主要策划人、计划者,并实行"自上而下"的决策、组织、管理与监督。通过制定福建省地方性法规政策、文件指令、规划目标,营造良好的政策环境与氛围,从农民教育的制度层面上予以保障。同时,作为资金、人力、物资的主要投入者与供应者,它必须统筹安排、有序管理,才能保证各阶级目标的实现。政府职能部门将一定时期的目标任务及时下达到下一级有关农民教育职能机构,这些职能机构按照农民教育发展的任务要求,并结合自身的工作职能进行分工、合作,有针对性地做好培训项目,有序开展农民教育培训活动。当然,由于基层职能部门财力和人员等资源的局限性,上级部门应给予大力支持,并经常性地予以指导、监督。

在以政府为主体的农民教育供给模式中,一般应当注意做好三方面工作:

第一,是充分发挥政府的主导作用和工作的主体地位。政府是整个农民教育培训活动的领导者、计划者、组织者,政府应在资金、师资、培训内容、培训方式等方面予以保障和规定,使农民没有后顾之忧。同时,应根据农业作业的特点安排好培训时间,并适当予以误工补贴,调动农民积极性,提高参与率。

第二,农村社区(村委会)应扮演好中介桥梁角色。作为基层单位,虽然具有村民自治性质,但它是政府职能部门与农民之间的桥梁,是上传下达的纽带。因此,一方面要认真倾听、了解农民对农民教育培训的具体需求、想法,并将之反馈上级部门,使上级部门真正了解农民的想法,适时作出调整;另一方面要将上级部门的任务、目的、要求及时传达给农民,并鼓动农民积极参加这些活动。

第三,发挥监督部门、媒体机构的功能。主要是在农民教育供给活动中,建立起完善的监督机制和舆论导向机制,不断提高农民教育的效率和质量。包括农民个体、农村社区的监督,以及媒体和专门监督机构的监督评价,从而逐步形成重视农民教育实效性的良好氛围。

8.4.2　以企业为主体的沿海地区农民教育供给模式

以企业为主体的农民教育供给模式并不表示忽视政府在农民教育供给中的作用,而是指在政府指导下,发挥企业在农民教育中的特殊优势,并通过市场机制来提供农民教育的一种供给模式。这种模式我们认为未来主要适用于工商业相对发达的沿海地区,如福州市、厦门市、泉州市等地。

企业是以产品为中心开展一系列生产经营活动,通过企业化的管理和运作,紧贴市场需求,优化生产要素配置,提高效率,节约成本。随着福建省经济社会的不断发展,企业与农民之间的联系日趋密切,企业承担部分农民教育供给的任务也就成为可能。一方面,企业在一定程度上可以弥补政府失灵所带来的缺陷,单一的政府供给主体已不能满足农民教育供给的多元化需求;另一方面,资本逐利的本性是企业进入农民教育的内在动力,同时可以依据市场规律充分调动农民学习和受教育的积极性、能动性,从而提高农民教育供给效率,丰富农民教育供给量。当然,以企业为供给主体,并不是排斥政府指导,相反是在政府的指导和统筹安排下提供农民教育活动。政府根据福建省农民教育计划及目标,进行宏观上的引导,以保证计划的顺利实施。这样,在有条件的地方就可以大力发挥企业作用,为农民教育提供支撑,其供给运行机制如图8-8。

图8-8 以企业为主体的农民教育供给模式图

企业为主供给的方式是将政府生产与企业生产有效地结合了起来,改变了以往政府直接供给和包揽一切的做法,而更多地引入市场机制,发挥企业在农民教育供给中的积极性。福建省经济发展水平较高,企业数量众多,发展迅猛,尤其是福州市、厦门市、泉州市、漳州市、莆田市等沿海地区,不仅数量多而且知名企业集中,吸纳农民作为其劳动力的重要组成部分是它们无法回避的选择。因此,培养其合格工人开展的岗前培训教育,或者新时期"工业反哺农业"过程中提供的各种农民培训,企业既责无旁贷又显得义无反顾。在具体实施过程中,各企业一般会根据市场和农民需求,制订各培训项目,经过汇总、整合成培训总项目,单独或由行业统一开展农民培训。目前,主要有三种形式进行供给农民教育:

第一,政府授权委托,其形式是由福建省各级政府出资,企业出人力、技术、资源和管理等,从而建立一种委托模式①。

第二,合同式委托,主要是指政府通过与企业签订合同协议等方式实现

---

① 方雪:《我国第三部门公共物品供给模式》,黑龙江大学2008年硕士论文。

职能的委托①。

第三,公开招标活动,福建省政府根据本时期的农民教育任务,进行公开招标,各企业进行竞争,政府挑选有实力、有责任心、经验丰富的企业提供农民教育。政府在招标过程中担当着策划、组织、评判与选择的角色,在整个项目建设中起着服务检查评估的作用。对于接受过教育培训活动的农民出路问题,有实力的劳动密集型企业可以接收由自己培训的务工劳动者,而这种培训方式的效率远远高于从劳动力市场寻找工人。

8.4.3 侨台胞集中地个人与农业院校共同协作的农民教育供给模式

在侨台胞集中地,由侨台胞个人、农业院校共同协作的农民教育供给模式可以作为有益的尝试。它是指在政府既定目标的引导下,充分发挥侨胞、台胞的力量以及农业院校的优势,以个人捐助的形式与农业院校联合供给农民教育的模式,是农民教育供给的有益补充。这种模式在侨胞、台胞集中地且农业院校较多的地区具有一定可行性,如侨胞集中地的福州市马尾区亭江镇、福清市、长乐市、连江市、闽清县、闽侯县,宁德市古田县;台胞集中地主要在泉州市、厦门市、漳州市等闽南地区。

由于福建省地处沿海地区,浓厚的出海经商氛围,使福建省华人华侨数量仅次于广东省,居于全国第二。这些华人华侨遍布全世界的 160 多个国家和地区,其中东南亚国家约占总数的 95%,香港的福建籍同胞有 111 万人,澳门的福建籍同胞有 12 万人。② 同时,作为海峡西岸经济区建设主体的福建省,还是台湾同胞的主要祖籍地,80% 以上台湾民众祖籍地在福建。据不完全统计,改革开放至今,台湾同胞到祖国大陆寻根认祖的人数已达500 万人次。在对台交往中具有地缘相近、血缘相亲、文缘相承、商缘相连、法缘相循的"五缘"特点。福建省侨胞、台胞具有组织程度高、社团活动活

---

① 千川兰:《委托与替代:第三部门履行公共职能的模式研究》,《上海行政学院学报》2003 年第 1 期。

② 《福建华侨、华人的人数与分布》,《福建侨报》。http://www.66163.com/Fujian_w/news/fjqb/990903/2_5.html.

跃、凝聚力强、经济实力雄厚、热爱家乡的优势,从 1979 年到 2010 年,福建的外商投资达到 733 亿,其中 73.5% 来自于海外华侨。① 因此,随着企业家及侨、台胞对农民教育的认识及重视,发挥他们优势,吸引他们逐渐参与到福建省农民教育中来就成为可能。

另一方面,农业院校、农技推广机构等都是农民教育供给链中的重要组成部分。据各省级教育行政部门统计,2009 年,我国共有 16.44 万所职业、农村成人学校参与了农村劳动力转移培训工作。其中,职业院校共培训农村转移劳动力 1045.32 万人次,农村成人学校共培训 2600.65 万人次,而其他教育培训机构共培训 603.34 万人次。② 从这些数据可以看出,农业院校是开展农民教育活动的主要力量,在农民教育供给中发挥着重要作用。目前福建省拥有地市级以上农业科研机构 48 个,省、市、县、乡四级农林水技术推广机构 4800 多个,广大农村还兴办了村级科技服务组织 8000 多个,农民技术协会 4400 多个,民办科研机构 600 多家,初步形成了多形式、多层次的农业科技推广服务体系。③ 这些农业院校及农业科研、推广机构在福州、泉州、漳州等沿海地区分布相对更广,如福建农林大学、福建省农业科学院、福建农业职业技术学院以及各级农业技术推广机构,形成了科研、教育、技术推广较为浓厚的气息。全国首批两个"海峡两岸农业合作实验区"就分布在福州、漳州两市,目前两岸农业合作试验区几乎遍布福建全省各市。如果侨台胞和农业院校能够共同协作,将形成农民教育供给的新模式(如图 8-9)。

以福建侨胞、台胞为主的个人力量供给主要是根据个人投资农民教育的兴趣和意愿,以雄厚的经济实力为基础,通过办学、投资等方式来提供农

---

① 《苏树林纽约会见侨胞》,《侨报网》。http://chinese. usqiaobao. com/2012-02/19/content_1275951. htm.

② 教育部办公厅:《关于 2009 年教育系统农村劳动力转移培训情况和 2010 年工作计划的通报》。http://www. moe. edu. cn/publicfiles/business/htmlfiles/moe/moe _726/201005/87801. html.

③ 福建年鉴编纂委员会编纂:《福建年鉴》2004 卷,福建人民出版社 2004 年版,第 243 页。

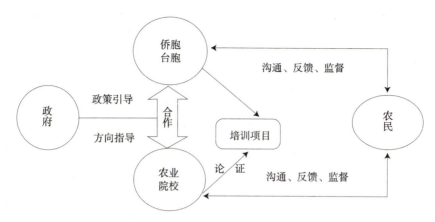

图 8-9　侨台胞与农业院校共同协作的农民教育供给模式图

民教育。当然,这种供给形式从理想成为现实的必要条件是个人意识的觉醒,能够清醒地认识到农民教育在"三农"问题中的重要作用,了解并重视农民教育,愿意将大量资金投入到针对农民群体的教育培训活动中来。中职、高职、农林院校、农技站、农业推广站等农业科研教育机构作为供给主体之一,依据其丰富的教育资源,为农民教育提供师资、技术等教育服务,并与侨胞、台胞投资者进行分工合作,制订培训项目。作为最终接受者的农民,可以根据实施情况进行及时沟通、反馈和监督,以不断改进、完善。在整个过程中,政府必须进行政策引导、方向指导,既要放手这些供给主体去做,又要及时给予指导,指明方向。同时,监督评估机构应进行跟踪监督,并根据农民反馈结果进行指正,以确保培训效果。

8.4.4　多元主体联合的农民教育供给模式

多元主体联合的农民教育供给模式主要是指政府、农业企业、农业院校、农民协会及个人在农民教育供给中发挥各自优势,整合资源,分工合作,实现农民教育发展与自身价值相统一的供给模式。这种模式将在福建省各地农民教育形成完善的体系、供给局面良好及各供给主体发展壮大的情况下得到推广。

在这种供给模式中,应明确界定各主体的角色、职责和地位。政府在整个供给活动中处于引导、指挥的地位,统筹规划、全局把握。企业、农业院校、农民协会、个人根据自身的性质、特点、优势,为农民教育提供各方面资源,从而成为农民教育供给的重要力量。由于无论是政府供给、市场供给、第三方供给还是自主供给,都有着各自的局限性,任何一种单一的供给模式都不可能实现农民教育的有效供给,也难以满足农民多元化的教育需求,因此需要寻求多元主体联合供给模式。多元主体联合供给的模式能够弥补各单一供给的失灵与缺陷,发挥整体优势,在理论研究中得到较多推崇,是农民教育供给实践发展的必然趋势。其运行机制见图 8-10。

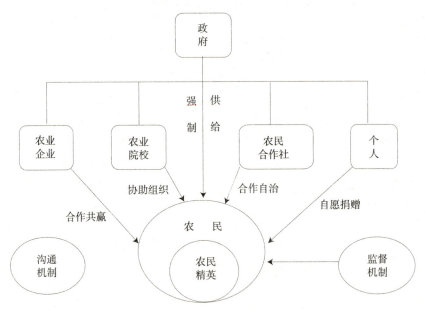

图 8-10　多元主体联合供给的农民教育供给模式图

多元主体联合供给的农民教育供给模式在供给主体方面,确立政府、企业、农业院校、农民协会、个人等部门机构和社会力量作为农民教育的提供者;在运行方式上,各供给者根据自身的性质、职能、角色、地位、优势等情况,进行分工协作、合作共赢。如,政府依据政治权力和职能实行强制供给;

企业运用市场机制与其他部门合作供给;农业院校利用自身丰富的教育资源和农业推广技术,协助支持;农民协会根据自身的运作方式实行自我管理;有意愿、热心参与的个人可以自愿捐赠,提供资金或其他资源支持农民教育发展。在农民教育需求方面,由于经济社会的快速发展,农民对教育也必然呈现出多层次、多元化的需求,必须积极沟通、扩大交流、满足需要。可以组建农民群体中具有强烈的现代农民意识、知识面广、素质较高、有领导力和威望的农民精英团体,使之成为农民教育发展的中间力量。既深入到广大农民群众中去,了解农民心声,传达上级要求;又代表农民群体来维护利益,向农民教育供给者、实施者、监督机构表达农民需求和想法。农民精英团体的出现和产生,将弥补我国农民阶级根深蒂固的"小农意识"带来的农民组织分散、凝聚力不强的缺点,有利于农民教育供给的实施和反馈。在配套措施上,需要增强法律制度建设,从法律层面引导保障;加强监督评估、沟通反馈;加快现代网络技术的普及和应用,实现资源、信息、技术共享;加大媒体对农民教育的关注宣传和舆论导向等等。配套措施的完善和保障,能大大提高农民教育供给的质量和效率,以更好地促进农民教育的顺利实施和可持续发展。

多元主体联合供给的农民教育供给模式是一种较为理想的模式,需要社会经济较为发达、社会意识觉醒、各部门分工协作秩序井然,需要多种配套措施齐全到位等条件的具备才能实现。虽然目前要形成这样理想的供给模式较为困难,但这种高效率的供给模式在理论研究方面已经成为首推之选,并将随着经济发展与农民教育发展、完善而在实践中得到实现。

8.5 福建省农民教育供给模式的完善

构建福建省农民教育供给模式需要相应的组织、技术,以及舆论及监督机制等措施的不断完善,从而提高效率,确保供给的顺利进行。为了使福建省农民教育供给模式在实践中有效运用及推广,我们建议在以下四方面加强建设,即增强农村社区凝聚力、加快网络信息技术在农村的普及应用、加大大众传媒对农民教育的宣传力度、加强监督评估和反馈沟通机制建设。

8.5.1　增强农民的社区意识及凝聚力

按照 2000 年民政部《关于在全国推进城市社区建设的意见》中的提法,社区是指聚居在一定地域范围内的人们所组成的社会生活共同体。[1] 构成社区的五个主要因素为:一定关系的人群,一定的地域,各方面的生活服务设施,特有的文化,居民对社区有一种情感和心理认同感。村庄就是一个典型的农村社区,具有地域性、血缘性、规范性、约束性等典型特征。由于我国的农村社区这种天然的血缘关系和共生性,容易集合农民群体的力量,便于沟通交流,形成强大的农民利益共同体,维护农民群体利益,因此在开展农民教育的过程中具有特殊优势。但同时也由于农民"小农意识"根深蒂固的影响,农村社区发展水平还较低。中国农民主要以家庭为单位,社会关系多为地区型而非社团型,导致组织化程度较低,结构关系较为松散,具有明显的分散性特点。这些特点对农村社区的组织管理,增强认同感、凝聚力和集体意识,以及维护农民整体利益,都极为不利。尤其是居民对社区的认同。因此,强化农民社区意识、增强农民主人翁意识是有效推进农民教育,促进农村社会发展的关键。

社区意识具体表现为三方面,一是居民对所属社区的认同感和归属感,把社区看做是自己的依靠,是自己的家。与此同时,社区意识体现了明显的排他性。二是居民关心社区的公共事务与共同利益,有强烈的主人翁意识。三是居民具有强烈的参与意识,愿意参与社区组织的各项活动。由此可见,培育社区意识是农民教育的重要内容,是培养农村社区成员的参与意识、自治意识和形成认同感、归属感的重要渠道。从城乡一体化建设的角度来看,社区意识更是一种合作意识、共赢意识,是推进社会共同进步的发展意识。

---

[1]　《民政部关于在全国推进城市社区建设的意见》。http://www.haimen.gov.cn/default.php? mod=article&do=detail&tid=165817.

所以,社区意识不仅能使社区成员团结合作、共同进步,而且能够容忍差异、拥抱差异、互惠互利,是推进城乡一体化最重要的思想基础。

培养社区意识的最终目的是增强社区凝聚力,而社区服务是增强社区居民向心力和凝聚力的关键。社区服务是指在党和政府的统一规划、领导下,以社区组织为依托,以社区居民的自助互助为基础,面向社区全体居民,以提高社区居民生活质量为最终目的的社会性服务。社区服务主要包括面向特殊群体的社会救助和福利服务,面向社区全体居民的便民利民服务,面向社区单位的社会化服务,面向社区居民的就业服务和社会保障社会化服务等。社区组织应当以不断满足社区居民的社会需求、提高居民生活质量和文明程度为宗旨,紧紧围绕社区服务的内容,急社区居民之所急,想社区居民之所想,扎扎实实地为社区居民多办事、办实事、办好事,为社区居民服务好,使他们切身感受到社区在他们生活中的地位,从而培养社区居民对社区的认同感和归属感,增强社区的凝聚力和向心力,让社区成员从内心深处喜欢上自己的社区,从行动上为社区贡献一份自己的力量。此外,还需要不断完善农村社区居委会自治制度,保障农民参政议政权利;积极开展各种社区活动,加强相互间沟通交流;发挥农民个人专长,满足自我实现需要,发挥主观能动性和积极性等。

8.5.2 加快网络教育技术在农村的普及应用

网络技术是从 20 世纪 90 年代中期发展起来的新技术。它把互联网上分散的资源融为有机整体,实现资源的全面共享和有机协作,使人们能够方便地使用资源并按需获取信息。当前,随着网络技术的发展与普及,人类进入了以网络文明为标志的信息社会。网络技术连接着世界的每一个角落,也改变了人们传统的求知方式和认知心理,在信息技术传播和发展方面具有不可替代的作用。在农民教育活动中,同样需要顺应网络技术发展的要求,并运用网络技术为之提供更好的支持。

信息技术正以其独特的优势推动了网络教育的发展,并全面影响着教育改革,对传统教育、教学产生了有力的冲击。它使全世界的教育资源得到沟通,创造了一个充分开放、广阔而自由的教育学习环境,以信息资源的多源性冲破学校的围墙。当然,网络教育绝不是全盘否定传统教学,相反是采用先进的多媒体技术,更好地表现传统教学方式难以表达的内容。如抽象的概念、难以理解的原理,同时还一定程度弥补了实验环境、条件的不足。如果能充分利用网络资源,应用网络虚拟教学功能,将会有效拓展农民教育的教育教学空间,使农民教育部分枯燥的教学内容变得形象、生动、有趣,从而提升农民教育的效果。

福建省网络教育技术的普及应用程度还不高,人们还未充分享受到网络教育技术所带来的便捷性,尤其是在广大的农村地区,网络教育在农民教育发展中的优势还远未凸显出来。网络的根本特征并不是它的规模,而是资源共享,消除资源孤岛。为了更好地实现知识交流、信息传递、技术传承等,应该加快网络教育技术在农村的普及应用。除一些有条件的家庭外,农村社区、农民合作组织也可以根据自身的财力购置电脑、建立网络,经常性地对农民进行培训指导,使他们掌握基本的上网技术,以共享农业政策、农业技术等知识资源,甚至是开展相关农产品营销。如,福建省南安市兰田村世纪之村(福建)集团公司创建了农村版"阿里巴巴",形成了以"世纪之村"平台为龙头,集政务、村务、校务、院务、厂务和党务公开为一体的网上办事公开平台,开创了强农富民的新路子。

农村网络平台建成后,一方面要以它的先进、实用、新颖、便捷吸纳优秀的网络课程;另一方面应抓紧推广网络知识,加强农民教育数据库建设,指导农民充分利用网上资源,让更多的农民和教师成为网络农民教育的参与者。坚持开放性原则,尽量采用先进的配置和成熟的技术,以满足大量的多源信息交流的需要。实现开放式的网上教学,如视频教学、VOD 点播、远程示范、网上检索、网上讨论、网上答疑、网上测评等等。条件允许的情况下,还可以创造情境教学、虚拟现实教学的环境条件,把农民迫切需要的教育培训内容传输到网络平台。让他们按照自己的兴趣选择学习内容,确定学习方式。开放性的网络教学平台,不仅便于农民浏览、讨论、协作,还能够通过网络跨越时空,与众多的对象交流信息,提高网络使用效率,培养较强的学习能力和获取知识能力,养成终身学习的习惯和良好的学习方法,有效推动农村社会发展。此外,应鼓励三下乡大学生、大学生村官以及本村知识青年担任志愿者,教授农民网络技术,让网络教育技术更好地为农村和农民服务。

8.5.3　加大大众传媒对农民教育的宣传力度

大众传媒是指面向广大受众的传播媒体,包括用以传达信息的广播、电视、报纸、书籍、杂志、音像制品、互联网以及与高科技紧密结合的新兴传播媒介。大众传媒与现代人们的生活密不可分,它们在传播信息、连接社会、文化传承与监督方面具有重要作用。与其他类型的传播者相比,它们地位更优越、力量更强大,某种意义上也是传播特权的拥有者。它们所拥有的传播能力和权利都远远超过了作为个人的社会成员或其他一般社会群体,它改变了人们的学习方式、工作方式和日常生活。因此,如果有效利用大众传媒宣传农民教育,提高农民教育知晓率,辅助农民学习,农民教育将会收到意想不到的效果。大众媒体通过不断宣传,能够使大众了解政府决策的内容,同时伴随媒体的导向作用,达到潜移默化影响农民、影响决策者的目的。大众传媒还可以通过"焦点效应",反映社会和大众的需求,使决策者在决策时充分考虑到大众的需求,充分体现大众利益。

传播学的奠基人之一、美国传播学家威尔伯·施拉姆等学者指出,"媒体很少劝人怎么想,却能成功劝说人想什么"。实际上就是利用大众传媒强大的舆论、宣传、监督功能,营造浓厚的舆论氛围影响大众。因此,大众传媒在农民教育这一社会问题上可以发挥其获取与传递信息、文化传承、舆论监督、休闲娱乐等功能为农民教育提供服务。

首先,获取与传递信息方面。对作为农民教育供给主体的政府,其决策对农民有着非常重要的影响,有时候甚至是决定性的。通过媒体可以传播农民教育政策法规、意义作用、先进经验等信息、引导舆论,让决策者从思想观念上引起注意并予以重视。对于农民,通过丰富多彩、喜闻乐见的报道,能够很好地传播、展示各地农民教育开展情况,让农民切身体会到教育带来的利益,达到正面引导农民重视对自身教育、提高技能的目的。

其次,文化传承方面。大众传媒具有教育功能,将知识、信息通过图书报刊、网络电视等具体的传播媒体进行宣传教育,对农民受众者起到间接教育的作用。

再次,舆论监督方面。这是大众传媒的重要功能之一,同样是利用其受众面广、影响深远的优势进行舆论监督。如在农民教育方面,通过调查走访,报道各地农民教育开展的具体情况,对其先进做法进行扩大宣传,对其不足之处进行监督曝光,使其在大众的关注下自觉地进行改正提高。

最后,休闲娱乐方面。可以将日常呆板枯燥的农民教育教学活动转变为生动活泼、喜闻乐见的形式,以达到为广大农民所接受的目的。基于大众传媒对农民教育的促进作用,应加强大众传媒的建设,积极开辟新的报道、宣传农民教育的大众传媒种类,如开辟福建省农民教育(培训)网、农民教育杂志、农民之家、农民教育热线等。从专业化、系统化、精细化的角度,更深入、更有针对性地进行分析评价。

总之,各地农民教育的蓬勃发展,离不开大众媒体的积极、正面参与和宣传,需要引导全社会对农民教育的关注与重视,加强大众媒体的正面引导。

8.5.4 完善监督评估和反馈沟通机制

监督评估是对过程的一种控制,其主要任务是发现和纠正一切违反既定目标和管理要求的行为,防止和纠正执行过程中出现的偏差和失误。其目的在于确保各项活动的正常运行,保障各项政策纪律的执行到位,推动各项工作的顺利完成。在当前社会条件下,不受任何监督的"全权"可以说是百害而无一利。在决策前监督评估可以防止决策的错误,实施过程中监督评估可以提前排除问题和杜绝潜在隐患,防止出现偏离目标的现象。因此,农民教育活动的开展,监督评估同样是一个最重要、又最容易被忽视的一环。

应该说,当前我国农民教育活动的监督评估还很不健全,监督评估工作缺乏统一的规划和指导。其内容和标准的确立,乃至程序和方法的设计多是基于本级领导机关的需要而定,缺乏客观的衡量标准,存在着一定的随意性、主观性和封闭性,没有形成工作常态和工作制度。比如,农民教育的供给主体、组织实施、供给方式、供给内容、经费来源、师资队伍等方面的优劣好坏,都要有科学的监督评估机制予以保证,才可能了解农民教育工作的实际情况及其与计划目标的差距,从而给予必要的奖励、惩罚,或者为针对性地改正提供评判依据。建立一套完整的农民教育供给评估监督体系应该包括评估内容、评估目的、评估程序、评估方法、评估主体、评估客体以及评估时间七个要素,并全程参与农民教育供给工作的决策、执行、总结、验收的全过程。

当然,农民教育供给的监督评估也非常复杂,既包括评估方案制订,又包括农民教育的集中调研,还需要对调查的相关数据进行统计与分析,每一个环节都要求工作人员严谨认真、一丝不苟,从而及时准确地发现和分析问题。农民教育供给的监督评估主要应把握四个方面:一是供给的主体是否明确;二是教育的供给途径是否畅通;三是教育培训机构是否以提高教育培训质量、注重教育培训的实用性为目标,把学习技术与发展农村、增加农民收入紧密结合起来;四是监管可能出现的额外收费,严禁高收费、乱收费,反对以盈利为目的。

沟通是人与人、人与群体之间思想与感情传递和反馈的过程,以求思想一致和感情通畅。可以说,没有沟通任何活动都无法正常顺利地进行,农民教育供给同样如此。沟通的目的在于把供给主体的信息、思想、观念用一定的符号向农民表示出来,并且保证农民在接收到相应信息之后有相应的反馈。反馈是沟通过程中信息的接收者向信息的发送者做出回应的行为,所以没有反馈的沟通显然是无效的。农民教育的有效沟通必须是“自上而下”与“自下而上”同时并存,供给主体应该明确表达供给的意图和目的,农民作为教育供给的接收者不仅要认真倾听这些要求,并且应及时反馈自己接受教育后的反应和感受,以使供给主体及时调整供给内容、方法或其他方面,使沟通成为一个交互过程。因此,在农民教育供给过程中充分发挥沟通

反馈的效用,应注意以下三方面:

第一,高度重视沟通的效用。在农民教育活动的供给及开展过程中,不论在决策的制定还是在具体的组织实施中,都必须时时将沟通贯穿其中。让任何新的决定、新的举措能够及时、准确而真实地互通。

第二,加强信息监控,建立反馈机制。没有反馈机制的沟通就不是一个系统的沟通,完整的沟通必然具备完善的反馈机制,否则沟通的有效性就会因信息链的不完整而大大降低。农民教育供给者将所要供给的内容、方法告知农民,农民将自身需求表达出来,不断调整组合,农民教育供给效率和满意度必然会提高。

第三,培养农民精英代表。农民精英应该是更具典型性的"新型农民",在农民群体中具有较高的文化素质、能力和威信,是有奉献精神的农民代表,能够较民主、开明、有效地充当农民教育过程的中介桥梁,能够将上层决策与基层需求进行有效整合,大大提高农民教育活动的沟通反馈效率。

参考文献

1. 马克思、恩格斯:《马克思恩格斯选集》(第 2 卷),人民出版社 1972 年版。

2.〔美〕弗雷德·E. 弗尔德瓦里:《公共物品与私人社区——社会服务的市场供给》,经济管理出版社 2007 年版。

3.〔美〕西奥多·W. 舒尔茨:《人力投资——人口质量经济学》,华夏出版社 1990 年版。

4.〔秘〕赫尔南多·德·索托:《资本的秘密》,华夏出版社 2007 年版。

5.〔美〕西奥多·W. 舒尔茨:《改造传统农业》,商务印书馆 2006 年版。

6.〔法〕H. 孟德拉斯:《农民的终结》,中国社会科学出版社 2010 年版。

7.〔英〕弗兰克·艾利思:《农民经济学——农民家庭农业和农业发展》(第 2 版),上海人民出版社 2006 年版。

8.〔巴西〕保罗·弗莱雷:《被压迫者教育学》,华东师范大学出版社 2001 年版。

9.〔爱尔兰〕瑞雪·墨菲:《农民工改变中国农村》,浙江人民出版社 2009 年版。

10.〔美〕白苏珊:《乡村中国的权力与财富:制度变迁的政治经济学》,浙江人民出版社 2009 年版。

11.〔美〕李侃如:《治理中国——从革命到改革》,中国社会科学出版社 2010 年版。

12.〔英〕克里夫·R. 贝尔菲尔德:《教育经济学——理论与实践》,中国人民大学出版社 2007 年版。

13. [美] W. 阿瑟著, 刘易斯、梁小民译:《经济增长理论》, 上海人民出版社 1994 年版。

14. [英] E. F. 舒马赫:《小的是美好的》, 译林出版社 2007 年版。

15. [法] 保罗·郎格朗:《终身教育引论》, 中国对外翻译出版 1985 年版。

16. [美] 詹姆斯·M. 布坎南:《公共物品的需求与供给》, 上海人民出版社 2009 年版。

17. [美] 西奥多·W. 舒尔茨:《论人力资本投资》, 北京经济学院出版社 1990 年版。

18. [英] 马歇尔:《经济学原理》(上卷), 商务印书馆 1964 年版。

19. [美] 苏戴瑞:《在中国城市中争取公民权》, 浙江人民出版社 2009 年版。

20. [美] 塞缪尔·亨廷顿:《文明的冲突与世界秩序的重建》, 新华出版社 2010 年版。

21. 陈永:《南中国"三农"问题调查》, 南方日报出版社 2006 年版。

22. 刘精明等:《转型时期社会教育》, 辽宁教育出版社 2004 年版。

23. 钱理群、刘铁芳编:《乡土中国与乡村教育》, 福建教育出版社 2008 年版。

24. 罗必良:《新制度经济学》, 山西经济出版社 2005 年版。

25. 中国农民素质报告课题组:《中国农民素质报告——新型农民素质调查评估与分析》, 中国农业出版社 2008 年版。

26. 徐勇等:《中国农村与农民问题前沿研究》, 经济科学出版社 2009 年版。

27. 李水山、赵方印:《社会主义新农村建设启示录:中外农民教育研究》, 广西教育出版社 2006 年版。

28. 易红郡、谭建平:《新型农民与农民工的教育培训》, 湖南人民出版社 2009 年版。

29. 周永亮:《当代农民教育与管理》, 中国统计出版社 1993 年版。

30. 傅春生、周清玉:《农民教育学》,河南人民出版社 1996 年版。

31. 路明:《中国农业教育 50 年历史回顾与展望》,中国农业出版社 1999 年版。

32. 李水山等:《新农村建设时期中国农民教育研究》,广西教育出版社 2009 年版。

33. 何建斌:《农民教育理论与实践探索》,中国农业出版社 2005 年版。

34. 李水山:《中国农村教育焦点问题与发展对策》,中国农业科技出版社 2003 年版。

35. 杨豪:《中国农民大迁徙》,浙江文艺出版社 2007 年版。

36. 陈东:《我国农村公共品的供给效率研究——基于制度比较和行为分析的视角》,经济科学出版社 2008 年版。

37. 朱金鹤:《中国农村公共产品供给制度与效率研究》,中国农业出版社 2009 年版。

38. 鲁可荣:《后发型农村社区发展动力研究——对北京、安徽三村的个案研究》,安徽人民出版社 2009 年版。

39. 杨静:《统筹城乡中农村公共产品供给:理论与实证分析》,经济科学出版社 2008 年版。

40. 邓曲恒:《教育、收入增长与收入差距》,格致出版社 2009 年版。

41. 雎党臣:《农村公共产品供给结构研究》,中国社会科学出版社 2009 年版。

42. 秦晖:《传统十论——本土社会的制度、文化及其变革》,复旦大学出版社 2008 年版。

43. 李水山、黄长春:《当代中国农民教育史》,中国农业科学技术出版社 2010 年版。

44. 刘立德、谢春风:《新中国扫盲教育史纲》,安徽教育出版社 2006 年版。

45. 曾一春:《全国农民教育培训基本情况调研报告》,中国农业出版社 2007 年版。

46. 陶行知:《中国教育改造》,人民出版社 2008 年版。

47. 郑伯坤:《城市化与都市农业背景下的农民终身职业教育研究》,中国农业科学技术出版社 2009 年版。

48. 庄俭:《新农村建设与新农民教育——上海农村成人教育改革开放 30 周年巡礼》,上海远东出版社 2009 年版。

49. 曹晓鸥:《新型农民的职业生涯发展之路》,中国社会出版社 2010 年版。

50. 高鉴国:《中国农村公共物品的社区供给机制》,山东人民出版社 2009 年版。

51. 靳希斌:《人力资本学说与教育经济学说新进展》,教育科学出版社 2010 年版。

52. 萧功秦:《中国的大转型——从发展政治学看中国的变革》,新星出版社 2008 年版。

53. 李克强:《农民收入、农民发展与公共产品供给研究》,中国社会科学出版社 2010 年版。

54. 李水山:《农村教育史》,广西教育出版社 2007 年版。

55. 周发明:《构建农民终身教育体系研究》,湘潭大学出版社 2010 年版。

56. 马晓强:《教育投资收益—风险分析》,北京大学出版社 2008 年版。

57. 叶文辉:《西部新农村建设中的公共产品有效供给:理论、实践与对策》,经济科学出版社 2010 年版。

58. 王建民:《新型农民的现代意识》,中国社会出版社 2010 年版。

59. 郭瑞萍:《我国农村公共产品供给制度研究》,中国社会科学出版社 2008 年版。

60. 刘文勇:《新农村公共产品有效供给研究》,黑龙江大学出版社 2008 年版。

61. 石义霞:《中国农村公共产品供给制度研究》,中国财政经济出版社 2011 年版。

62. 成刚:《中国教育财政公平与效率的经验研究》,知识产权出版社2011年版。

63. 中国成人教育协会:《中国成人教育改革发展三十年》,高等教育出版社2008年版。

64. 张兴杰等:《农村社区建设与管理研究》,华南理工大学出版社2007年版。

65. 杜以德等:《成人教育发展纵论》,中国人民大学出版社2007年版。

66. 肖玉梅:《现代成人教育管理学》,中国人民大学出版社2006年版。

67. 张德、吴剑平:《文化管理——对科学管理的超越》,清华大学出版社2008年版。

68. 韩子荣、连玉明:《中国社区发展模式——学习型社区》,中国时代经济出版社2005年版。

69. 吴锦程:《农民教育供给制度研究》,福建农林大学2011年博士论文。

70. 秦钠:《中日都市社区教育比较研究——以上海和大阪为例》,上海大学2005年博士论文。

71. 吴雨才:《中国农村人力资源开发政府行为研究》,南京农业大学2007年博士论文。

72. 储诚炜:《新中国农民教育发展研究》,西北农林科技大学2010年博士论文。

73. 彭希林:《新农村建设中培养新型农民问题研究》,湖南农业大学2008年博士论文。

74. 颜华:《我国统筹城乡发展问题研究》,东北农业大学2005年博士论文。

75. 谢好:《农村公共产品供给制度变迁研究》,华中科技大学2006年硕士论文。

76. 曲延春:《我国农村公共产品供给体制变迁研究》,山东大学2008年博士论文。

77. 刘千贺:《后农业税时代我国农村公共产品供给主体研究》,苏州大学 2006 年博士论文。

78. 张蕊:《基于城乡统筹的我国投资配置研究》,哈尔滨工业大学 2007年博士论文。

79. 吴宏超:《我国义务教育有效供给研究》,华中师范大学 2007 年博士论文。

80. 谷峪:《日本社会转型期的职业技术教育——兼谈对我国职业技术教育发展的启示》,东北师范大学 2006 年博士论文。

81. 王利娟:《社会转型期城郊农民教育投入行为选择的研究——以 D市 C 村为个案研究》,吉林大学 2008 年博士论文。

82. 莫鸣:《新型农民培养模式研究》,湖南农业大学 2009 年博士论文。

83. 朱斌:《统筹城乡发展制度创新研究》,苏州大学 2006 年博士论文。

84. 马云:《共和国农村扫盲教育研究》,华东师范大学 2006 年博士论文。

85. 王一涛:《农民的社会流动与教育——基于英山县的个案分析》,华中师范大学 2007 年博士论文。

86. 李君甫:《贫困地区农民非农就业中的职业教育和培训研究》,西北农林科技大学 2004 年博士论文。

87. Shleifer A. , *State Versus Private Ownership*, Journal of Economic Perspectives, 1998(12):pp. 133 - 150.

88. Davis E. , *Public Spending*, Harmondsworth: Pengguin Books,1998.

89. Lott J. R. , *an Explanation for Public Provision of Schooling: the Importance of Indoctrination*, Journal of Law and Economics, XXXIII, 1990: pp. 199 - 231.

90. W. W. Cochrane, *the Development of American Agriculture*, University of Mimmesota Press-Minneapolis, 1981:p. 247.

91. Cohn E. , *Equity Effects of the Educational Finance Act in South Carolina*, Economics of Education Review,1984(03):pp. 269 - 278.

92. Rainer Winkelmann, *How Young Workers Get their Training*: *A Survey of Germany Versus the United States*, Journal of Population Economics, 1997 (10): pp. 159 - 170.

93. C. T. Jongmans, *In-service Teacher Training for Agricultural Education in the Netherlands*: *From Supply to Demand*, Education Development, 1996 (01): pp. 89 - 95.

94. SOnia Laszlo, *Education*, *Labor Supply and Market Development in Rural Peru*, World Development, 2008(11): pp. 2421 - 2439.

95. Marc Gurgand, *Farmer Education and the Weather*: *Evidence from Taiwan*(1976 - 1992), Journal of Development Economics, 2003 Vol(71): pp. 51 - 70.

96. M. Pyrovetsi and G. Daoutopoulos, *Farmer's Needs for Nature Conservation Education in Greece*, Journal of Environmental Management, 1999 vol (56): pp. 147 - 157.

97. Huffman W. E. , *Farm and off-farm Work Decisions*: *the Role of Human Capital*, Review of Economics and Statistics, 1980 vol(62): pp. 14 - 23.

98. 金荣枰、徐海港:《韩国的新村运动及其政府角色》,《学海》2007 年第 4 期。

99. 蒋建微:《〈卡尔·柏金斯法案〉的历史演变及启示》,《职业技术教育》2006 年第 34 期。

100. 龚菊芳:《巴西发展农业的成功做法及启示——中国热带作物培训团赴巴西培训考察报告》,《中国农垦经济》2001 年第 7—8 期。

101. 黄志成:《巴西全民教育十年计划(1993—2003)的制定》,《外国教育资料》1998 年第 2 期。

102. 宋霞:《巴西与中国职业技术教育比较研究》,《拉丁美洲研究》2009 年第 4 期。

103. 潘书阁:《巴西职业技术培训的筹资方法与使用》,《职业教育研究》1998 年第 3 期。

104. 康宝利等:《对农民教育培训模式与效果的探讨》,《农民科技培训》2010 年第 4 期。

105. 李守身、黄永强:《贝克尔人力资本理论及其现实意义》,《江淮论坛》2001 年第 5 期。

106. 赵亮、赵德余、辛广海:《财政分权下地方政府三大"支出偏好"与经济绩效研究》,《中央经济大学学报》2011 年第 2 期。

107. 杜超、焦文超:《财政分权下中央及地方政府实现经济增长的模型研究》,《统计与决策》2011 年第 7 期。

108. 肖平等:《从教育功能看政府责任》,《西南民族大学学报》2011 年第 1 期。

109. 郭徽:《法国农民培训教育状况及对我国农民教育的启示》,《河北大学成人教育学院学报》2007 年第 9 期。

110. 马永霞:《教育经济学理论基础的拓展——从人力资本理论到新制度经济学》,《教育与经济》2004 年第 2 期。

111. 王然:《教育与经济发展——美国巴西比较研究》,《内蒙古师范大学学报》2005 年第 5 期。

112. 杨雄年:《农民教育培训工作的回顾与展望》,《高等农业教育》2009 年第 1 期。

113. 李义平:《人力资本理论的脉络及其现实启迪》,《国家行政学院学报》2002 年第 3 期。

114. 谭永生:《人力资本理论述评及对我们的启示》,《首都经济贸易大学学报》2006 年第 3 期。

115. 顾金峰、阳金萍:《日本农业教育培训经验对我国新型农民培训的启示》,《中国校外教育》2009 年第 8 期。

116. 赵正洲等:《国外农民培训模式及特点》,《世界农业》2005 年第 6 期。

117. 李志远、朱建文:《解决"三农"问题重在农民教育》,《农业经济问题》2004 年第 7 期。

118. 于奎:《农业税免征后的农村公共产品供给分析》,《中州学刊》2007 年第 6 期。

119. 胡洪曙:《农村公共产品供给体制的历史演变及对比研究》,《中南财经政法大学学报》2007 年第 2 期。

120. 陈荣佳:《我国农村公共产品供给问题探讨》,《厦门特区党校学报》2006 年第 4 期。

121. 刘保平、秦国民:《试论农村公共产品供给体制:现状、问题与改革》,《甘肃社会科学》2003 年第 2 期。

122. 何菊芳、虞拱辰:《农村公共产品供给的决策制度和结构改革》,《山东经济》2005 年第 2 期。

123. 刘勃言、梁志勇:《准公共服务有效供给的制度界定及其理论意义——以我国高等教育为例》,《辽宁教育研究》2005 年第 8 期。

124. 林丽娅:《农民终身教育研究现状及展望》,《现代教育》2010 年第 8 期。

125. 彭玉林:《区域新型农民教育培训的探索与实践》,《中国农村教育》2010 年第 8 期。

126. 杨振兵等:《新时期如何开展农民教育培训》,《天津农林科技》2010 年第 5 期。

127. 赵旭、徐君:《晏阳初平民教育思想及其对农民教育的启示》,《河北大学成人教育学院学报》2010 年第 9 期。

128. 朱拥军:《农民教育现状与农民受教育意愿分析》,《继续教育研究》2008 年第 10 期。

129. 阚长侠等:《我国政府主导型农民培训存在的问题及解决对策》,《农业科技管理》2009 年第 4 期。

130. 杨德才:《三农迷局:路在何方——从梁漱溟到舒尔茨的思考及其启示》,《江海学刊》2009 年第 2 期。

131. 许喜文等:《农民教育的核心问题与时代需求——基于社会主义新型农民培养视角》,《继续教育研究》2009 年第 7 期。

132. 李水山:《韩国农业科技教育创新体系建设》,《职教论坛》2005 年第 1 期。

133. 白永秀、惠宁:《论人力资本理论的三次飞跃》,《经济评论》2005 年第 2 期。

134. 徐孝勇等:《我国农村扶贫的制度性陷阱与制度创新》,《农业现代化研究》2009 年第 3 期。

135. 董仁忠:《职业教育供给:在政府与市场之间的选择》,《教育学报》2009 年第 5 期。

136. 冯顺桥:《"五轮"驱动:朝着城乡一体化》,《求是》2004 年第 11 期。

137. 朱文军:《澳大利亚职业技术教育及其对中国农民培训的启示》,《世界农业》2007 年第 6 期。

138. 徐金海、蒋乃华:《"新型农民培训工程"实施绩效分析——基于扬州市的调查》,《世界农业》2009 年第 2 期。

139. 孙中叶:《布罗代尔钟罩与制度收益共享——一个分析城乡统筹发展的新视角》,《江汉论坛》2009 年第 3 期。

140. 黄龙威、邹立君:《城乡教育统筹发展:目标、责任与监测》,《教育研究》2009 年第 2 期。

141. 宋明江:《城乡统筹发展视野下农民教育新机制探析》,《重庆文理学院学报》2008 年第 5 期。

142. 侯东德:《城乡统筹下的农民职业教育问题研究——以重庆市为例》,《农业经济》2007 年第 12 期。

143. 屠火明、屈陆:《城乡统筹视野中的教育均衡发展问题与对策分析》,《理论与改革》2009 年第 4 期。

144. 陆芳:《城乡统筹视角下的农村劳动力资源开发研究》,《生产力研究》2009 年第 11 期。

145. 李文星等:《城乡统筹中失地青年农民培训及就业的困境及对策——对西部某大城市周边六个乡镇的实证研究》,《生产力研究》2007 年第 10 期。

146. 林红:《刍议扩大农村教育供给》,《厦门特区党校学报》2003 年第 3 期。

147. 蒋寿建:《村支书视角的新型农民培训需求分析——基于扬州市 216 个村支书的调查》,《农业经济问题》2008 年第 1 期。

148. 朱军文:《当前教育供求矛盾具体表现及对策探讨》,《民办教育研究》2003 年第 1 期。

149. 陈遇春等:《当前我国农民职业教育供给的基本特征及存在问题》,《中国农业教育》2004 年第 5 期。

150. 刘建生、余善云:《电大远程教育在城乡统筹发展中的重要作用》,《现代远程教育研究》2009 年第 3 期。

151. 陈友斌等:《高邮市农民培训的需求意愿与对策研究》,《湖南农业大学学报》2009 年第 2 期。

152. 贾敬全:《公共产品视角下的农村基础教育供给路径》,《阜阳师范学院学报》2008 年第 3 期。

153. 胡宝娣:《构建公共产品城乡统筹供给体系》,《未来与发展》2009 年第 7 期。

154. 李文清等:《广东农民教育需求特点与发展策略——基于广东省部分农村地区的调研》,《成人教育》2009 年第 8 期。

155. 郝俊杰、董珍:《国外统筹城乡教育发展的经验及启示3》,《成人教育》2009 年第 8 期。

156. 张英婕:《教育需求供给分析及民办教育发展潜力——从教育经费的角度》,《教育理论与实践》2006 年第 3 期。

157. 王保军:《教育供求矛盾的产生及其一般表现形式》,《江西教育学院学报》2004 年第 1 期。

158. 乔锦忠:《教育供给方式的新变化》,《人民教育》2003 年第 12 期。

159. 路明兰:《教育公平与教育供给问题研究》,《河南教育学院学报》2009 年第 5 期。

160.周游:《教育产品供求变化及其价格决定》,《贵州财经学院学报》2005 年第 1 期。

161.赵黎明:《加强新农民培训——新农村建设的基础》,《湖南农机》2007 年第 3 期。

162.姜洛等:《加快发展我国农村教育 不断满足农民的教育需求》,《未来与发展》2008 年第 9 期。

163.任南:《垄断是教育供给不足的总病根》,《中国改革》2004 年第 12 期。

164.胡萍:《论教育供给与需求的决定因素及关系》,《武汉船舶职业技术学院学报》2002 年第 2 期。

165.张学敏:《论教育供给中的政府失灵》,《高等教育研究》2004 年第 1 期。

166.吴兴南等:《满足农民教育需求是政府义不容辞的责任》,《继续教育研究》2009 年第 2 期。

167.史宏协:《论我国农村教育的有效供给》,《经济体制改革》2005 年第 1 期。

168.金蕾:《农村教育产品的有效供给模式》,《宁波党校学报》2006 年第 2 期。

169.刘小锋等:《农村教育供给问题研究——以福建省 40 个行政村为例》,《教育发展研究》2008 年第 11 期。

170.李禄俊:《论城乡统筹视角下的教育均衡发展策略》,《中共四川省委党校学报》2009 年第 3 期。

171.邓卓明:《论教育在城乡统筹发展中的作用》,《重庆大学学报》2008 年第 3 期。

172.彭佑元:《农村教育问题的经济学分析及其解决途径》,《中北大学学报》(社科版)2005 年第 3 期。

173.马静、侯军岐:《农村劳动力教育投资需求的制约因素分析及对策》,《西北农林科技大学学报》(社科版)2005 年第 1 期。

174. 徐敏丽、来洪渝:《农村人口流动条件下的教育供给模式》,《开放导报》2008 年第 5 期。

175. 邹小华:《农民的教育需求与农村教育改革》,《江西科技师范学院学报》2006 年第 1 期。

176. 张筱峰、王健康:《农民负担过重的制度性根源》,《税务研究》2004 年第 6 期。

177. 伍均锋:《农民教育培训需求情况调查与研究》,《职教论坛》2007 年第 10 期。

178. 朱拥军、成新华:《农民教育现状与农民受教育意愿分析——基于江苏苏南、苏中、苏北农民(户)896 个农民(户)的调查》,《继续教育研究》2008 年第 10 期。

179. 崔子龙:《农村劳动力人力资本投资与城乡统筹发展》,《重庆工商大学学报》2008 年第 5 期。

180. 洪绂曾:《农村职业教育是城乡统筹发展的重要着力点》,《中国职业技术教育》2005 年第 20 期。

181. 杜玉珍:《农民教育中的问题与对策思考》,《宝鸡文理学院学报》2007 年第 1 期。

182. 李涛:《农民视角下的统筹城乡教育综合改革——以重庆和成都若干乡镇调研为例》,《河北师范大学学报》(教育科学版)2009 年第 6 期。

183. 张永成:《农民职业教育需求的现状及其原因分析》,《商业文化》2009 年第 5 期。

184. 程林顺:《提升农民教育消费力的思考》,《河南职业技术师范学院学报》2005 年第 4 期。

185. 罗丹:《试论农村公共教育的供给现状与对策》,《当代教育论坛》2007 年第 2 期。

186. 景宇琨、王华夏:《浅析我国职业教育供求矛盾》,《经营管理者》2009 年第 2 期。

187. 张雪梅:《浅析农民培训中的"需求"与"错位"》,《农村经济》2008

年第 3 期。

　　188. 王军等:《农业大学参与农村劳动力职业技能培训的分析》,《科技管理研究》2007 年第 10 期。

　　189. 刘晔、郭继强:《农民培训工程中的财政补贴分析》,《技术经济与管理研究》2005 年第 4 期。

　　190. 邱俊杰:《统筹城乡发展进程中的农村成人教育供求分析》,《安徽农业科学》2009 年第 10 期。

　　191. 邵金霞、冯啸:《我国教育供给与需求研究的回顾与展望》,《中国电力教育》2009 年第 8 期。

　　192. 吴宏超、范先佐:《我国教育供求研究的回顾与反思》,《教育与经济》2006 年第 3 期。

　　193. 程林顺:《提升农民教育消费力的思考》,《河南职业技术师范学院学报》2005 年第 4 期。

　　194. 覃社昌等:《通过"培训券"制度建立农民培训新机制》,《农村·农业·农民》2005 年第 1 期。

　　195. 邱俊杰:《统筹城乡发展进程中的农村成人教育供求分析》,《安徽农业科学》2009 年第 10 期。

　　196. 闫红梅:《统筹城乡发展下的农民继续教育问题研究》,《继续教育研究》2008 年第 7 期。

　　197. 熊磊:《统筹城乡发展中的农村人力资源开发》,《生产力研究》2009 年第 12 期。

　　198. 郑献丰:《统筹城乡发展重在统筹城乡公共品供给》,《继续教育研究》2008 年第 2 期。

　　199. 孙宇伟、陶志刚:《统筹城乡视域中的农民主体性分析》,《西北农林科技大学学报》2009 年第 3 期。

　　200. 王素君、李英:《创新农民教育模式培育新型农民——基于河北省农民素质及教育现状的思考》,《农业经济》2008 年第 6 期。

　　201. 苏霞:《我国教育投资短缺的原因及对策研究》,《唐都学刊》2000

年第 3 期。

202. 潘峰:《现阶段我国教育供求矛盾调节的制度性思考》,《河北师范大学学报》2004 年第 2 期。

203. 张白鸽:《新型农民培养与新农村建设关系研究——以四川成都为例的实证分析》,《农村经济》2009 年第 1 期。

204. 谷小勇等:《杨凌示范区农民职业教育供给现状及发展对策》,《西北农林科技大学学报》(社科版)2003 年第 3 期。

205. 蔡立安、柳夏:《新农村建设中人力资源有效供给研究》,《农业经济问题》2006 年第 6 期。

206. 王鹏:《以有效的教育供给引导和开发教育消费》,《教育探索》2004 年第 3 期。

207. 贾琳琳:《应用经济学的供求理论分析我国教育需求与教育供给的矛盾及解决办法》,《辽宁教育行政学院学报》2005 年第 5 期。

208. 李水山:《新时期韩国农民教育的特征和发展趋势》,《职教论坛》2005 年第 6 期。

209. 李水山:《新农村建设与城乡统筹发展研究与对话》,《中国农村教育》2008 年第 1—2 期。

210. 田静、刘福军:《新时期云南农民职业教育存在的主要问题与发展对策》,《中国农业教育》2008 年第 2 期。

211. 张志松:《沿海发达地区城乡成人教育资源统筹开发与配置的个案研究》,《教育发展研究》2005 年第 3 期。

212. 梁娜等:《中国西北地区现代农业建设中新型农民教育培训研究——基于陕西、甘肃和宁夏的调查》,《中国农学通报》2007 年第 10 期。

213. 杨娟:《重庆市统筹城乡发展中的农民教育问题及对策》,《重庆教育学院学报》2009 年第 1 期。

214. 李彤等:《中国农民培训需求状况调查分析》,《中国农学通报》2008 年第 9 期。

215. 刘春芳等:《中国农业科技推广体系主要模式评价》,《重庆教育学院学报》2009 年第 10 期。

216. 刘长海、杜时忠:《转型期低学历农民教育需求与供给调查报告》,《教育与经济》2009 年第 1 期。

217. 张峭、徐磊:《中国新型农民培训体系研究》,《经济问题》2009 年第 6 期。

218. 马汉波、白术明:《创新农村社区学院服务农民教育培训》,《中国农村教育》2010 年第 9 期。

219. 郝瑞新:《大力开展农民教育培训为新农村建设提供人才支撑》,《中国科技博览》2010 年第 17 期。

220. 运迪:《论中国共产党在农民教育中的主体地位》,《陕西行政学院学报》2010 年第 8 期。

221. 马建富、黄晓赞:《社会转型与农村职业教育发展取向》,《职教论坛》2010 年第 19 期。

222. 宋明江:《城乡统筹发展视野下重庆农民教育机制创新探》,《重庆高教》2010 年第 6 期。

223. 刘建兰:《职业化农民教育培训平台建设意义和思路》,《农业科技管理》2010 年第 10 期。

224. 王春艳:《对农广校开展农民教育培训工作的思考》,《现代农业科技》2010 年第 12 期。

225. 梁艳萍:《发达国家农民教育培训的经验与启示》,《高等函授学报》(哲学社会科学版)2010 年第 7 期。

226. 林丽娅:《构建我国农民终身教育体系的难点与意义》,《农村经济与科技》2010 年第 7 期。

227. 王韦韦、徐君:《韩国新村教育思想对我国农民教育的启示》,《河北大学成人教育学院学报》2010 年第 2 期。

228. 何云峰、赵志红:《基于新农村建设视域下的农民素质提升探微》,《高等农业教育》2010 年第 5 期。

229. 路来庆、牟文谦:《李大钊的农民教育思想及其对新农村建设的启示》,《教育探索》2010 年第 6 期。

230.毛红忠:《论社会主义新农村建设中的农民教育》,《农村经济与科技》2010 年第 7 期。

231.苗国强:《毛泽东农民教育思想的当代价值研究》,《前沿》2010 年第 14 期。

232.储诚炜、张波:《美国农民教育的现状和基本经验》,《教育科学文摘》2010 年第 5 期。

233.储诚炜、张波:《农民教育发展的现代化路径和农民教育创新》,《河北青年管理干部学院学报》2010 年第 4 期。

234.张颖举:《当前农村公共产品供给问题分析与对策建议》,《四川行政学院学报》2008 年第 2 期。

235.吴友群、廖信林:《我国农村公共产品供给主体研究》,《山东省农业管理干部学院学报》2007 年第 5 期。

236.辛岭:《我国农民受教育水平与农民收入关系的实证研究》,《技术经济》2008 年第 4 期。

237.丁林志:《突出"农民"主体教育地位的探讨》,《高等农业教育》2007 年第 9 期。

238.李水山:《我国农民教育问题的思考与对策研究》,《高等农业教育》2008 年第 9 期。

239.刘国瑜:《新农村建设背景下的农民教育研究》,《中国成人教育》2007 年第 1 期。

240.赖宏宇:《新世纪农民教育培训政策与管理研究》,《南方农村》2008 年第 4 期。

241.卢嘉瑞:《试论农民教育消费力》,《湖北经济学院学报》2008 年第 1 期。

242.朱启臻:《农民教育重在提高有效性》,《乡镇论坛》2008 年第 8 期。

243.华彦玲:《农民教育:解决"三农"问题的源动力》,《职教论坛》2007 年第 8 期。

244. 吕亚荣:《新农村建设的重点是建立起农村公共产品供给的长效机制》,《求实》2007 年第 7 期。

245. 李莉:《论农村公共产品供给机制的社会化改革途径》,《山东社会科学》2009 年第 8 期。

246. 张雪梅:《浅析农民培训中的"需求"与"错位"》,《农村经济》2008 年第 3 期。

247. 朱闻军:《澳大利亚职业技术教育及其对中国农民培训的启示》,《世界农业》2007 年第 6 期。

248. 侯东德:《城乡统筹下的农民职业教育问题研究》,《农业经济》2007 年第 12 期。

249. 朱之鑫:《我国统筹城乡发展仍存在五大问题》,《城市规划通讯》2008 年第 18 期。

250. 郑国、叶裕民:《中国城乡关系的阶段性与统筹发展模式研究》,《中国人民大学学报》2009 年第 6 期。

251. 穆养民、张俊杰:《推进农村科技入户工作的实践与思考》,《中国科技论坛》2006 年第 5 期。

252. 张建华、吴上德:《拓多元培训之路 促农民素质提升》,《新农村》2006 年第 12 期。

253. 林慧:《农村劳动力转移培训中的八种模式》,《成人教育》2006 年第 10 期。

254. 来永宝:《农村劳动力培训模式的探讨——以福建省龙岩市为例》,《龙岩师专学报》2004 年第 4 期。

255. 任志武:《农民科技教育培训的五种推动模式》,《天津农林科技》2004 年第 5 期。

256. 席军:《农民终身教育服务体系的构建》,《山东省农业管理干部学院学报》2004 年第 2 期。

257. 朱闻军、王泰群:《坚持科学发展观推动农民教育培训全面发展》,《北京农业职业学院学报》2005 年第 1 期。

258. 刘平青、姜长云:《我国农民工培训需求调查与思考》,《上海经济研究》2005 年第 9 期。

259. 邵喜武、郭庆海:《我国农村科普市场的需求分析及路径选择》,《农业经济》2006 年第 2 期。

260. 梁贤:《现阶段农业科技培训的需求分析与思考》,《广西农业科学》2005 年第 5 期。

261. 吴淑芳:《结合实际选好农民工培训内容》,《中国培训》2006 年第 7 期。

262. 马张木:《开展农民教育培训的几点思考》,《新农村》2006 年第 2 期。

263. 易钢等:《农村人力资源开发与农民教育》,《高等农业教育》2005 年第 10 期。

264. 徐薇、张鸣鸣:《构建农村劳动力培训长效机制的政策思考》,《经济体制改革》2006 年第 4 期。

265. 王勇:《农民培训教育的难点及对策分析》,《党政干部论坛》2006 年第 2 期。

266. 边黎霞、方岳:《农村劳动力培训存在的问题及对策》,《中国培训》2004 年第 9 期。

267. 李苏英:《农村劳动力素质教育问题研究》,湖南农业大学 2005 年硕士学位论文。

268. 吴苏芳、王云兰:《农村剩余劳动力转移培训的供需状况分析及对策》,《中国农业教育》2006 年第 4 期。

269. 韩云鹏、涂莲英:《农民工培训的需求导因、制约因素与对策思考》,《职教论坛》2005 年第 16 期。

270. 鲍冬和、瞿蔚:《免费培训 农民工为啥"不买账"》,《工人日报》2006 年 7 月 11 日。

271. 吴先槐:《政府买单为何农民"不买账"》,《四川劳动保障》2006 年第 10 期。

272. 夏丽霞、张洪金:《农民工免费培训有点冷》,《小康生活》2006 年第 3 期。

273. 柳娥等:《农民工培训现状及培训需求调查报告分析》,《中国农学通报》2005 年第 10 期。

274. 张金铭:《建设新农村 农民盼什么》,《共产党人》2006 年第 20 期。

275. 王建超、孙建:《从农民增收的阶段性变化看农民的培训需求》,《科技资讯》2006 年第 32 期。

276. 刘登云、曾桂香:《谁来为农民工培训买单》,《建筑》2006 年第 5 期。

277. 曾一春:《农民教育培训要抓住机遇应对挑战》,《农民日报》2008 年 12 月 24 日。

278. 李君甫:《农民就业,培训什么》,《继续教育研究》2009 年第 10 期。

279. 安凯春:《做好农业科技入户示范工程的思路与对策》,《安徽农学通报》2005 年第 4 期。

280. 董桂才:《皖西北平原地区农业劳动与非农业劳动报酬调查》,《技术经济》2006 年第 9 期。

281. 张梅芳:《巴西成人教育发展述评》,《河北大学成人教育学院学报》2011 年第 2 期。

282. 崔金虎、边少锋:《巴西的农业与可持续发展》(一),《吉林农业科学》2002 年第 4 期。

283. 崔金虎、边少锋:《巴西的农业与可持续发展》(二),《吉林农业科学》2003 年第 1 期。

后　记

　　本著作的完成得到教育部人文社会科学项目和福建省科技计划项目（软科学）的资助，同时也是以本人博士论文为基础撰写而成（第 8 章由杨素铧与本人共同完成）。虽然研究还存在着诸多的问题，但伴随着书稿的提交，仍然心存一丝窃喜，更让我对那些研究中曾经帮助过我的人充满感激，真诚感谢他们的关心、帮助和支持！

　　当然，最需要感谢的是我的导师杨孔炽教授和郑金贵教授，是他们帮我共同选定了农民教育研究方向。杨孔炽老师那种学者的儒雅和超然是我永远的追求，睿智而富有崇高精神追求的郑金贵老师更是我终身学习的楷模。这些已经注定将成为我永远的精神财富。

　　感谢福建省科技厅吴立增处长、黄铁庄处长和林海萍科长，感谢福建省农村工作办公室农科教处陈弇副处长和福建省教育厅职成处刘福华副处长、黄忠仁科长以及其他许多朋友在调研中给予的无私帮助；感谢同事林建鸿老师、郭涵老师和我指导的硕士研究生陈榕、刘海燕、张丽萍、时磊、杨素铧、刘慧芳等同学以及许多毕业后在乡镇工作的学生，他们在本研究调查和收集、整理资料中给予了很多帮助。对众多参考文献的作者，在此一并表示谢意。

　　农民教育在我国虽说有较长的供给历史，但供给总量不足、供给主体单一、供需矛盾突出，对其研究也相对偏少。因此，本书的出版希望能起到抛砖引玉的作用，让大家更多地关注农民教育、研究农民教育，为农村发展、城乡和谐发展贡献力量。

吴锦程

2012 年 10 月 1 日

责任编辑:詹素娟
装帧设计:周涛勇
责任校对:史　伟

图书在版编目(CIP)数据

中国农民教育供给制度研究/吴锦程 著. -北京:人民出版社,2012.12
(社会主义新农村建设研究系列)
ISBN 978-7-01-011606-8

Ⅰ.①中…　Ⅱ.①吴…　Ⅲ.①农民教育-供给制-研究-中国　Ⅳ.①G725

中国版本图书馆 CIP 数据核字(2012)第 312412 号

中国农民教育供给制度研究

ZHONGGUO NONGMIN JIAOYU GONGJI ZHIDU YANJIU

吴锦程　著

人民出版社 出版发行
(100706　北京市东城区隆福寺街99号)

北京市文林印务有限公司印刷　新华书店经销

2012 年 12 月第 1 版　2012 年 12 月北京第 1 次印刷
开本:710 毫米×1000 毫米 1/16　印张:15
字数:250 千字

ISBN 978-7-01-011606-8　定价:42.00 元

邮购地址 100706　北京市东城区隆福寺街99号
人民东方图书销售中心　电话 (010)65250042　65289539